JN007285

1兆円を盗んだ男

仮想通貨帝国FTXの崩壊

GOING INFINITE

THE RISE AND FALL OF A NEW TYCOON

マイケル・ルイス

小林啓倫＝訳

日本経済新聞出版

1兆円を盗んだ男

仮想通貨帝国FTXの崩壊

ディキシー・リー・ルイスを追悼して
あなたは私の心のなかにいる

どんな経験、観察、知識に訴えようと、無限というものは現実のどこにも見出せない。事物についての思考は、事物そのものとこれほど異なりうるのだろうか？　思考の過程は、実際の事物の過程とこれほど違いうるのだろうか？　つまり、思考は現実からこれほどかけ離れうるのだろうか？

——ダフィット・ヒルベルト、ドイツの数学者（1862‐1943）

1兆円を盗んだ男

仮想通貨帝国FTXの崩壊

目次

第3部

序文

私がサム・バンクマン・フリードの名を初めて聞いたのは2021年の年末だった。ある友人がサムの素性を知りたがっており、なぜか私に連絡してきた。友人は、サムの会社と自分の会社との間に数億ドル規模の株式交換契約を結んで運命共同体になる寸前だが、まだ不安が残るという。サムが開設した暗号資産（仮想通貨）取引所「FTX」についてはよく理解しているつもりだが、サム自身のことがよくわからないのだ。周囲に聞いて回ったらしいが、サムの会社に数百万ドルを投資している人ですら彼をよく知らないという。一般的な知名度の低さはサムの状況に原因があるのかもしれないと友人は考えた。FTXは設立2年半だし、サムは29歳の風変わりな青年だし、過去3年間はほとんど米国外にいた。誰も彼のことを知らないのは、それが理由かもしれない。私は友人から、サムと面会して、その印象を確かめてくれと頼まれた。

数週間後、カリフォルニア州バークレーにある私の自宅の玄関先に、サムがウーバーで乗りつけた。カーゴの短パンにTシャツ、よれよれの白い靴下、ぼろぼろのニューバランスのスニーカー。すぐにわかったのだが、これが彼のお決まりの服装だった。私たちは散歩に出かけたが、いつもハイキング用の服を着ている彼が実際にハイキングらしきことをしたのは、そのあと2年間一度も見ていない。散歩は私の質問から始まったが、次第に私は聞く一方になった。彼の話はどれも信じられないような内容だったが、後にすべて本当だと判明した。まず彼が手にしたカネの額だ。過去2年間で数百億ドルを積み上げていただけでなく、シリコンバレーを代表するベンチャーキャピタリストたちから、数億ドルの投資を受けていた。その１人が後に私に語ってくれたが、ベンチャーキャピタリストたちはサムが人類初の「兆ドル単位」の資産を持つ人間になると踏んでいた。ＦＴＸの収益は驚くべきスピードで伸びていて、２０１９年には２０００万ドル、２０２０年には１億ドル、２０２１年には10億ドルに達した。私は散歩の途中で、ＦＴＸを売ってカネ儲け以外の何かをするとしたら、どのくらいのカネがあれば満足かと尋ねてみた。彼はよく考えてから「１５００億ドル」と答えたが、「無限（インフィニティ）のドル」でもその使い途はあると付け加えた。

　彼はあらゆる面で風変わりだった。まず動機、あるいは彼がやる気の元だと思っているものからして風変わりだ。それを散歩中にすべて明かしてくれなかったのは、赤の他人にとって信じがたい内容だとわかっていたからだろう。「無限のドル」が必要な理由は、地球上のあらゆる生命の存亡にかかわるリスクを解決したいからだ——たとえば核戦争、新型コロナよりもはるかに致死的なパンデミック、人類を絶滅させようとするＡＩ、など。最近このリストに「米国の民主主義に対する攻撃」が追加された。米国の民主主義が壊れれば、他の大問題の解決が遠のく。１５００億ドルは、そうした大問題の少なくともひとつに手をつけるために必要な額だった。

他にもカネで解決できそうな小さい問題がいくつもあり、サムはそこにカネを使うべきか考えていた。たとえばバハマだ。サムは数カ月前、自社を香港からバハマに移転させていた。中国政府による暗号通貨（クリプトカレンシー）取り締まりへの対応らしい。サムから見たバハマのいい点は、暗号資産の先物取引所を合法化する法規制があること（米国にはない）、悪い点は新型コロナによってバハマの経済が破壊されたことだ。サムは世界的な金融帝国を狙っていたが、バハマにはそれを支えるインフラが不足しており、整備するカネもない。私と会ったころ、彼は40人ほどの従業員――多くは中国やその周辺国の出身者――を説得し、転勤させようとしていた。なにせバハマは香港から1万4000キロメートルも離れているし、子どもを通わせる学校もない。サムは自力でバハマの政府債務90億ドルを返済し、その見返りとしてバハマ政府に道路整備や学校建設などインフラ整備をさせる、という私案を実行すべきか悩んでいた。バハマの新首相とも直接話し合った。私が首相の側近から後日聞いた話では、2021年9月のバハマ総選挙後、首相の面会リストのトップがサムだったそうだ。

非常識に聞こえる話だが、サムのこれまでの成果と風変わりさを前にすると、非常識さが薄れる。彼はカネで人格を歪めていなかった。自慢話もしなかった。聞き手が自分の意見に同意しなくても気にしていなさそうだったし、明らかに興味がない私の話にも耳を傾けるそぶりを見せた。自分の風変わりな話にすら、夢中というわけでもなさそうだった。彼の両親はスタンフォード大学ロースクールの教授でカネに無関心、息子はどうしたのかと当惑している――その日、サムから聞けた身の上話はこのくらいで、そのあと数カ月間もこれ以上は何もわからなかった。一方、自分以外の話題については、彼は驚くほど無防備だった。暗号資産業界や彼のビジネスについて、どんな質問にも喜んで答えてくれそうだった。彼の野心は尊大とも言えたが、彼自身はそうではなかった。

散歩が終わるころには、私はすっかりその気になっていた。私は友人に電話して、こんなことを言った。いいよ！　サム・バンクマン・フリードと株式交換しろよ！　彼がやりたいことは何でもやれ！　どんな失敗が考えられるっていうんだ？　あとになって、私は友人のそもそもの質問に答えていなかったことに気づいた――この男は一体何者か？

第1部

1　確率はゼロではない

サム・バンクマン・フリードのもとで働く人々のほとんどは、明らかに資格や経験に見合わない職種に就いていた。ナタリー・ティエンも例外ではない。彼女は台湾の中流階級で育ち、両親が娘に望んでいたのは、金持ちと結婚することだけだった。小柄で人当たりが良く、従順で、笑うときは手で口を覆う癖がある。彼女は、両親から低く評価されていると思っていた。大学を卒業すると、両親を見返すために、夫ではなく仕事を探すことにした。自分の決断に自信を持てなかった彼女は、採用面接を受ける前には常に、自己紹介文を書いて丸暗記した。最初の就職先は英語教育会社で、完全に退屈な仕事だった。そして２０１８年、28歳の年に、彼女は暗号資産に出会った。

その前年、ビットコインの価格は１０００ドルから1万９０００ドルへと、ほぼ20倍に急騰し、日別取引量も正確に把握できないほど大幅に増加した（２０１７年当時の状況を最も正確に記録していたのは暗号資産取引所コインベースで、彼らの取引量は前年の30倍に急増していた）。アジアの全域で、毎月のように新たな暗号資産取引所が誕生し、ギャンブル参加者にサービスを提供した。そうした取引所はどこも資金力があり、若い女性を大量採用した。いちばん急成長していた取引所の出した求人には「営業職募集：美人、巨乳、ライブストリーミングの経験あり、２０００年以降生まれ、雑談が得意」とあった。２０１８年には、多くの若いアジア人女性がこうした条件を満たそうと躍起になっていた。しかしナタリーのとったアプローチは違った。彼女は１カ月かけて、暗号通貨とブロックチェーンに関するありとあらゆる情報を読み漁った。そこには「暗号通貨とブロックチェーンは詐欺だと書いてありました」と言う。

ナタリーもそれを心配していたが、いざ業界に足を踏み入れると、今度は別の種類の衝撃を受けることになる。暗号資産に携わる人々のなかに、ビットコインとは何かを説明できる人がほとんどいなかったのだ。それだけでなく、企業のほうも、事業内容とその理由を理解していなかった。取引所が大勢の従業員を雇ったのはカネが余っていたからで、数が多ければ一流の取引所に見えるからだ。ナタリーは自分の能力が無駄になるのではないかという気がしたが、働きつづけた。暗号資産が次の重要なビジネスになる予感がしたからだ。「勝てるギャンブルだと思っていました」

２０２０年６月、彼女がアジアで２番目の暗号資産取引所で働いていたとき、ＦＴＸの募集を耳にした。他の取引所同様、ＦＴＸもナタリーを１回面接しただけで採用し、彼女はＦＴＸの49人目の従業員となる。ＦＴＸと他の取引所との違いは、主に経営者であるサム・バンクマン・フリードと他の経営者の違いによるものだった。ナタリーがこれまで暗号資産業界で出会った男性の興味はほぼカネと女性にあったが、サムの興味はどちらにもなかった。もっとも彼の興味がどこにあるかを理解するのには時間がかかった。ここではすべてが５倍だと彼女は思った。5倍の仕事、5倍の成長、5倍のカネ、5倍の責任。いつも働いていろとか、仕事以外の生活はないなどと言われるわけではないが、普通の生活を送ろうとする人は、ただFTXを辞めていく。ナタリーは残り、FTXの香港オフィスに移って数カ月で、広報責任者に任命された。それはおかしな話だった。彼女には広報の経験がなかっただけでなく、FTXには広報部門がなかったからだ。サムは広報の必要性を信じていませんでした。それはまったくのナンセンスだと思っていたのです」

ナタリーは当初、ジャーナリストと話すべきだとサムを説得しようとし、ジャーナリストに対しても、サムと話すべきだと説得しようとした。「2020年7月の時点では、サムに興味を持っているジャーナリストはいませんでした。ゼロです」。暗号資産に対する熱狂は、1637年ごろのアムステルダムを彷彿させた。当時はチューリップの球根1個が、レンブラントの絵の3倍の価格で取引されていたのである。FTXで取引される暗号通貨の規模も、日に日に膨らんでいた。ナタリーはジャーナリストとサムに対して、粘り強く働きかけた。

2021年5月11日の朝、サム・バンクマン・フリードは初めてテレビに出演する。トレーディング用のデスクに座り、コンピューターの画面越しに、ブルームバーグTVの2人の女性レポーターと話した。サムの黒い巻き毛はあらゆる方向に伸びていた。サムの髪型を形容するのに、正確な説明を諦めて「アフロ」と呼ぶ人もいたが、それはアフロではない。ただの乱髪で、サムの外見がすべてそうであるように、こうしようと決めたというより、何も決めないと決めた結果なのだ。彼はいつもと同じもの、つまりしわくちゃのTシャツとカーゴの短パンを着ていた。むき出しの膝は1秒に4回の速さで上下し、目は左右にせわしなく動き、インタビュアーと視線が合うのはただの偶然。全体的な態度は、居間で両親の友人に引き合わされ、関心のあるふりをしている子どものようだった。彼は何の準備もしていなかったが、質問が非常に簡単だったため問題はなかった。テロップには「暗号通貨の神童」と出て、画面の左側には、過去1年間でビットコインの価格が500%以上も上昇したことを示す数字が表示されていた。

ナタリーはサムの最初のテレビ出演を自分のデスクから見ていたが、その後のインタビュー中にサムのデスクの後ろに回ったとき、彼の目があちこち動くのは、なんとビデオゲームをしているからだとわかった。テレビの生放送中に！　ビデオゲームをするだけでなく、メッセージに返信したり、文書を編集したり、ツイッターをやったりしていた。

インタビュアーが何か尋ねると、サムは「ああー、それは興味深い質問ですね」と答えたが、実際には、どんな質問にも興味などなかった。彼がそう答えるのは、ゲームを中断して会話に戻るための時間稼ぎにすぎないことをナタリーは知っていた。テレビの生放送中にどう振る舞うべきか彼女にもわかっていなかったが、このような振る舞いではないはずだ。

それでも彼女は、サムの初めてのテレビ出演のときでさえ、これはうまくいくかもしれないと感じた。サムはテレビで風変わりな振る舞いを見せたが、実生活も風変わりだ。彼に実際に会った人々は、たいてい彼のことをこれまで会ったなかで最も興味深い人物だと思った。彼女は、メディア対応の練習はやめよう、サムからサムらしさを失わせるようなことは何もすまい、と決めた。

ブルームバーグによる初めてのインタビューから間もなく、今度はフォーブス誌から依頼があった。同誌は２０１７年から暗号通貨の長者番付をつくっているが、サムは調査対象ですらなかった。当時のサムはビットコインについて説明できなかっただけでなく、資産がほぼゼロだった。「彼は突然現れた」と、フォーブス誌の記者、スティーブ・アーリックは言う。スティーブはこの29歳の無名の若者の純資産を算出した。「衝撃を受けました。彼が買ったビットコインの価値がゼロから2万ドルになった、という話ではなかったのです」

サム・バンクマン・フリードはたった3年で、極めて価値のあるビジネスを創出し、今や30歳未満では世界一裕福になっているらしい。フォーブス誌の調査チームを率いていたチェイス・ピーターソン・ウィソーンは言う。「最初に数字を見たとき、本当にこんなことがあるのだろうかと思いましたよ。本当にこの男に２００億ドルの価値があるのだろうか、とね。前代未聞でした。マーク・ザッカーバーグを除けば、これほどの速さで裕福になった人はいません。ほぼ同じスピードでしょう」

その疑問から、すぐに別の疑問が浮かんだ。この男の資産の価値は正確には２００億ドルをどのくらい超えているのだろうか？　暗号資産取引所ＦＴＸに加えて、彼はアラメダ・リサーチという、暗号資産のクオンツ運用〔投資に関係するさまざまなデータをコンピューターで分析し、その結果に基づいて資産運用を行う投資方法〕を行う別の企業も所有していた。前年の２０２０年、アラメダはわずか数人の従業員で10億ドルの営業利益を上げ、他企業の株式や暗号資産のトークン〔ブロックチェーン技術を使って発行された電子的な証書。暗号資産の場合、その単位にほぼ等しい〕を驚くべき速さで蓄積していた。アラメダ・リサーチを調べれば調べるほど、ヘッジファンドというより、宝物をごちゃまぜに詰め込んだドラゴンの巣に見えた。

フォーブス誌で資産分析を行うアナリストのアプローチはシンプルだ――あなたの資産の価値は、他の人がそれにいくら払おうとするかによって決まる。この手法は、ITバブルの時代には有効だった。いくらペッツ・ドット・コム［バブル期に存在したネット企業］がばかげていたとしても、投資家が4億ドルという評価額で喜んで買ったのだから、その価値があると誰もが納得できたのだ。

しかし暗号資産という新しい富の評価に対しては、フォーブス誌のアプローチには限界があった。たとえば、サムがアラメダ・リサーチ内で所有していたソラナのトークンをどう評価するか？　ビットコインのライバルとして生み出された新しい暗号通貨であるソラナとは何か、ましてやその評価方法など、ほとんど誰も知らなかった。

市場価格からすると、サムが保有するソラナの価値は、およそ120億ドルに達する可能性があった。一方で、サムは世界中のソラナの約10％を所有していたが、そのすべてを売ろうとした場合、誰がどれだけ払うかはわからない。フォーブス誌は、サムが保有するソラナをほぼ無視することにし、彼のドラゴンの巣にあった残りの物の大部分も同様に扱った。

フォーブス誌の記者とやりとりしている間、サム（そしてナタリー）が心配していたのは、フォーブス誌の発表する数字によって、説明したくないことまで説明するよう強いられるのではないかということだった。サムはフォーブス誌の記者たちに、彼らが知っていること、あるいは知っていると思っていることについて詳しく説明した。
「記者たちと話した理由は２つある」と彼は言う。「第１に、いずれにせよ記事にされるから。第２に、話せば僕らをもっと信頼してもらえるからだ」。それでも彼は、フォーブス誌にすべてを話してしまって、自分で認識している裕福さが公になるのを心配していた。「ただ、僕の資産はいくらいくらです、と伝えたわけではない。それは間違った印象を与えてしまう。数字が大きすぎるんだ。フォーブス誌に僕の資産が１０００億ドルだと載ったら、誤解されて、とんでもないことになる」。たとえば彼は、過去2年間に買収したおよそ１００社の企業のリストを送っていなかった。彼のストーリーとしては素晴らしいが、信憑性が必要だった。

結局、サムの心配は杞憂に終わった。２０２１年11月、フォーブス誌は彼の純資産をルパート・マードックより一段下、ローレン・パウエル・ジョブズより一段上の２２５億ドルと発表した。それは、ＦＴＸの暗号資産取引所事業だけで４００億ドルの価値があるという、世界有数のベンチャーキャピタルが下した意見をほぼ受け入れた金額だ。サムはＦＴＸの60％を所有しており、４００億ドルの60％は２４０億ドルになる。

それでも、フォーブス誌が富豪の資産に関する報道を始めてからの40年間で、サムは異例の存在と言えた。「自力で富を築いた人物としては、彼はフォーブス誌の世界長者番付に初登場したなかで最も裕福でした」とチェイス・ピーターソン・ウィソーンは言う。「しかも、もっと数字を大きくすることも簡単にできた。私たちは保守的な数字にしたのです」。サムの資産額が信頼できるものだったため、フォーブス誌の幹部たちはすぐに自社の買収にも興味があるかどうか彼に尋ねた。

フォーブス誌の世界長者番付への反響と、それに続く同誌の報道を見て、サムが広報の価値について抱いていた疑問は消えた。ナタリーの仕事は単純になり、また複雑にもなった。単純になったのは、今や誰もがサムと話したがったからで、サムもビデオゲームで遊びながらであれば誰とでも話した。

サムは誰にも知られていない存在からメディアの寵児へと変わった。彼はウェストウィゴ・クリプト・デイリー紙の記者との1時間にわたるおしゃべりから、ニューヨーク・タイムズ紙との対話まで、喜んで応じた。ナタリーはサムのために、彼が会う可能性のある100人ほどのジャーナリストのリストを作成し、彼らに対応するときのアドバイスを書き添えた——「この人はただの嫌な奴だから絶対に気をつけて」「フィナンシャル・タイムズ紙の人を避けることはできないけれど、彼らにはとにかく用心して。ここは暗号通貨にとても否定的だから」といった具合に。

急成長する多国籍企業の広報責任者になるのは、それほど難しいことではなかった。「行動しながら学ぶだけです」とナタリーは明るく言う。

仕事で大変なのはサムへの対応だった。取材が殺到したので、ナタリーはすぐに、サムの個人的なスケジュール管理という役割も担うようになった。フィナンシャル・タイムズ紙の記者がサムと会いたければナタリーを通すのは以前と変わらないが、今やサムの父親すら、息子と15分過ごすのにナタリーを通さなければならなかった。2021年の末には、サムがどこにいるか、次にどこへ行くのか、そしてどうすれば彼に必要なことをさせられるかわかっているのは、ナタリーだけだった。

サムとの間に共通するものはあまりなかったが、仕事をするためには彼の頭のなかに入っていかなければならない。「彼とうまく付き合う方法を学ぶ必要があります。それは一筋縄ではいきません」

仕事を始めて1年、ナタリーはサムの行動や、その動機を誰よりも予測できるようになっていた。それでも、サムは依然として謎だった。そもそも彼がどこにいるのかさえ、はっきりとはわからなかった。「いつどこにいるか彼から教えてもらえるなどと期待してはいけません。彼が教えることは絶対にないからです。自分で頭を働かせて彼を見つける必要があるのです」。しかも、サムは思いがけない時間に思いがけない場所にいた。彼女がワシントンDCのフォーシーズンズ・ホテルに部屋を2泊予約して、サム自身がチェックインしたとしても、結局その部屋に入らない可能性もある。

彼はナタリーの知る誰よりも睡眠に問題を抱えていた。夜中の2時には、デスクで地球の裏側にいるジャーナリストと話したり、人通りの少ない通りを歩きながらツイートしまくったりして、とにかく寝室以外の場所にいた。そのくせ昼の2時のテレビ生出演をすっとばして、デスク横のビーズチェアで寝ていたりもした。「彼には仕事時間とか自由時間などという概念はありません」。ナタリーは午前3時にベッドに入り、7時にアラームで起きて、寝ている間にサムが広報上の問題を引き起こしていないか確認し、8時にもアラームで起きて確認して、また9時半まで眠る、といったこともよくあった。

約束に対する彼の姿勢は、さらに大きな問題だった。ナタリーはサムの1日を分刻みで管理していた。テレビ出演や、他社のＣＥＯや知りたがりの有名人、小国の元首との会合などだ。すべてのスケジュールはサムが同意したものだし、会議や公の場への参加など半分以上はサム自身が提案したものだったが、サムはすべてを、出ても出なくてもいい「任意出席の予定」として扱った。

スケジュールは計画というより理屈だった。サムに時間を割いてほしいと頼む人は、イエスかノーかの二択で答える質問をしたつもりでいたが、サムの返事はいつも「ノー」より「イエス」に近く聞こえた。彼らは、サムの頭のなかにはゼロから１００までの目盛りが刻まれたダイヤルがあって、「イエス」という返事には、約束が実現する確率がゼロではないという意味しかないことを知らなかったのだ。彼は個々の約束の期待値を何度も計算し直すため、約束を守るぎりぎりの瞬間まで、ダイヤルの針は大きく揺れ動いた。

「自分が何をするつもりか、彼は決して人に言いません」とナタリーは説明する。「刻々と変化する彼の考えを、常に受け入れるしかないのです」。サムの下すすべての決断には、期待値の計算が含まれていた。そしてサムの頭のなかの数字は、常に変化していた。たとえばある夜遅く、彼はナタリーにこんなメッセージを送った。「明日テキサスに行く確率は60％だ」。それを目にしたナタリーは考える。「確率が60％ってどういう意味？　飛行機を60％、車を60％、テキサスのホテルを60％予約するなんてできないわ」

もちろん彼女は、サムにそんなことは言わない。代わりに、サムが計算する前に確率の変化を予測しようとした。たとえば、ハーバード大学の教授には愛想良く、こんなふうに言う。「はい、サムは来週金曜日の午後2時に、ハーバード大学の教室で立派な方々を前にスピーチする約束をしたと言っていました。彼のスケジュールに入っています」。しかしそう言いながら、翌週の木曜日の夜にサムがハーバード大学のあるマサチューセッツ州にさえいないことの言い訳を考えていた――「新型コロナにかかってしまったから」「首相がサムに会いたいと言ってきたから」「カザフスタンで立ち往生しているから」

こうした状況で厄介だったのは、サムには無礼なことをするつもりも、人の生活を混乱させるつもりもなかった点で、そのためかえって相手に失礼だったことだ。彼はただ、自分が知っている唯一の方法で世の中を渡り歩いているだけだった。そのために他人がどんな犠牲を払うことになるかは、彼の計算にはなかった。個人的な悪意はなかったのだ。彼が約束をすっぽかしたとしても、それは決して思いつきや不注意ではなく、頭のなかで計算して「その時間には価値がない」と判断した結果だった。「いつもいろいろな人に謝ることになりますし、毎日そうすることになります」とナタリーは言う。

ナタリーは自分の仕事が好きだった。サムからは一度たりとも冷酷な扱いや暴言を受けたことがなく、セクハラまがいのこともなかった。逆に、サムが他人の攻撃から自分を守ってくれていると感じていた。彼はときどき、予期せぬ親切を見せることがあった。たとえば彼がクリントン元大統領と個人的に会ったあとのことだ。彼はクリントンに、中国が台湾に侵攻したら米国はどうするのか、と尋ねた。クリントンが何と答えたかはわからないが、サムはそのあとでナタリーに、両親を台湾から移住させるよう勧めた。

サムが彼女に反対することもめったになかった。彼はナタリーの提案に対していつもオープンな姿勢を示し、ときにはブルームバーグTV出演のように、彼女の提案を実行した。サムはいつも「うん（ヤップ）」と言った。それは彼の口癖で、相手の話を本当はあまり聞いていないときほど長く発音する――うんうんうん（ヤーーーーップ）。「ほとんどの場合、彼ははっきりした表現をしません。『うん』とか『それは面白い』などと言うのですが、本当にそう思っているわけではありません。なので彼が衝突を避けようとしているだけなのか、本気でそう言ったのかを見極める必要があります」

２０２２年の初めには、サムの状況は完全に手に負えないものになっていた。まるで地球上の重要人物は皆サムと知り合いになりたがっているようで、彼は全員にイエスと答えた。普通はサムのような状況になれば、スケジュール管理担当やアドバイザー、秘書といった人々を大勢雇うだろう。しかしサムにはナタリーしかいなかった。彼女はサムの広報責任者兼スケジュール管理者という立場を超え、ときにはボディガード役も果たした。まるで無数のボールを使ってジャグリングしているような状態だ。どのボールもそれほど重要ではなかったが、ひとつでも落とせば連鎖的な危機が発生する恐れがあると、ナタリーにはわかっていた。そして2月14日の朝、そのうちのひとつのボールが、彼女を特に不安にさせていた。

その3日前、サムはバハマで、ノートパソコンと着替えの下着だけ持ってロサンゼルス行きのプライベートジェットに乗り込んだ。その後、シャキール・オニールとブランチを共にし、カーダシアン一家と夕食をとり、ロサンゼルス・ラムズのオーナーとスーパーボウルを観戦した。ヒラリー・クリントンやオーランド・ブルームともおしゃべりをした。4つのパーティーに参加し、自分の会社を買ってほしいという起業家や、サムをもっと知りたいと熱望するゴールドマン・サックスのCEOとも会った。

それまでの3夜、ナタリーはサムがどこで寝たのか、あるいはそもそも寝たのかどうか把握できていなかったが、彼女がサムのために予約したザ・ビバリー・ヒルトンにチェックインしたことは知っていた。彼女自身がそれを見て確認したからだ。

そして2月14日を迎えた。ホテルの部屋は、まるで彼が到着していないのではと思えるほど整っていた。シーツはぴしっとして枕はへこんでおらず、ゴミ箱は空っぽ、バスルームもぴかぴかだった。唯一人間がいることを示していたのはサム自身の存在だった。彼は飛行機で着ていたのと同じ、しわくちゃのTシャツとたるんだ短パンという姿でデスクに座り、いつも通り、複数のことを同時に行っていた。スマホをチェックし、いつも乾燥している唇にリップクリームを塗り、ノートパソコンに表示されるウィンドウを開けたり閉めたりしながら、膝を1秒に4回の速さでゆすっていた。

彼がしなければならなかったのは、Zoomで行われるウェブ会議に時間通り参加することだった(ナタリーは前の晩、そして当日の朝も、彼にそうするよう念押ししていた)。彼はすでに遅刻していた。彼と会いたがっていた非常に重要な人物が、ノートパソコンのなかで待っていた。

サムはZoomを立ち上げると画面に向かって、「やあ、サムです!」と言った。

画面に映っていたのは、ヴォーグ誌の編集長アナ・ウィンターだった。黄色のタイトなドレス、念入りなメイク、切りそろったボブカットの髪は顔の横に垂れた鎌の刃のようだった。「やっとあなたにお会いできてとても嬉しいわ!」

「僕もお会いできて本当に嬉しいです！」とサムは答えた。

サムはアナ・ウィンターのことをよく知らなかった。ナタリーたちから説明を受けていたのだが、気にとめていなかった。アナ・ウィンターが雑誌の編集長であることは知っていた。だが、映画『プラダを着た悪魔』でメリル・ストリープが彼女の役を演じたこと、彼女がサムの生まれる前から女性ファッションという危険な世界を支配していたことは、知っていたかどうか定かでない。

彼女の装いは非常に洗練されていたが、彼女のアートは、すべてのアートと同様サムには理解できなかった。サムに人の外見を説明するよう求めると、たとえその人が寝たことのある相手だとしても、「どう答えたらいいかわからない、人の見た目を評価するのは苦手なんだ」と言うだろう。

アナ・ウィンターが話しはじめると、サムはボタンをクリックし、彼女を画面から消した。代わりに、彼のお気に入りのビデオゲーム「ストーリーブック・ブロール」が現れた。瞬時にキャラクターを選ぶ。サムは自分のお気に入りであるホード・ドラゴンを選んだ。

アナ・ウィンターが何を話しても、サムは「うん」と答えた。ヘッドフォン越しに彼女の声は聞こえていた。彼の目を注意深く観察しない限り、アナにはサムが自分に注意を払っていないと考える理由はなかった。

サムは無礼だと思われたくはなかった。ただ、現実世界のゲームと並行して、このもうひとつのゲームをする必要があったのだ。「世界で最も興味深い新米の億万長者」という新しい社会的役割のせいで、ありとあらゆるくだらないことをするよう要求された。彼には、自分が考えるよう期待されること以外に、心を占める何かが必要だった。そのため、彼が社会的に重要になればなるほど、こうしたゲームは彼にとってより重要になった。

　ストーリーブック・ブロールには、サムが好きなゲームのすべてが詰まっていた。生きた相手と対戦する。多くの決断を素早く下す。時間制限のないゲームはサムにとって退屈だ。ドワーフ、魔女、モンスター、プリンセスなど、ファンタジーのキャラクターで部隊を編成しながら刻一刻と過ぎていく時間は、サムにエネルギーを与えた。

　それぞれのキャラクターには2つの数値が設定されていた。攻撃力と自分のライフポイントだ。また、より複雑な特性も与えられていた。ランダムな魔法を使える能力、ゲーム中に集めた財宝を特殊な方法で相互に作用させる能力、仲間を強化する能力などだ。

　このゲームは複雑すぎて、最善手を確実に把握することはできない。スキルと同時に運も必要だ。確率の計算が要求されたが、当てずっぽうも求められた。この点は重要だった。サムは、チェスのようにプレイヤーがすべてをコントロールし、理論的に最善手が完璧に計算できるようなゲームには興味がなかった。もしチェスが、ランダムな間隔でロボットの声がルール変更を叫ぶゲームだったら、彼は好きになっただろう――「今からナイトはルークになります！」「すべてのビショップは盤から退場！」「ポーンが飛べるようになりました！」

　新しいルールによって、すべてのプレイヤーがそれまで追求していた戦略を放棄し、別のもっと優れた戦略を即興で考えなければならないものなら何でもいい。どのような状況も部分的にしか知ることができない、それがサムの好きなゲームであり、暗号資産の取引もそのようなものだった。

アナ・ウィンターが何を言ってもサムは「うんうんうん」と答えた。彼のドワーフ部隊にはプリンセスが数人加わり、ホード・ドラゴンを守っている。同時に、新たな敵のキャラクター、ワンダー・ワドルという名の太ったペンギンを攻撃している。クラフティというドワーフは、ロンリー・プリンスという悲しげな顔の弱虫を襲う。スリーピング・プリンセスはラビリンス・ミノタウロスを一掃する。眠れる乙女が目覚め、瀕死のキャラクターを任意の3体に生き返らせる魔法をかける。あまりに多くのことが同時に起きている！　サムがゲームしかしていなかったとしても、すべてを追うのは無理だっただろう。

「うんうんうん」とサムは言った。画面の女性は形式的なことを話していて、重要な内容はない。それでもサムが「うん」と言うたびに、そこに生気が感じられるようになった。そして彼女は、明らかに彼に好意を持ちつつあった。最近は誰もがそうだ。２２５億ドルを持っている相手とは、人はとにかく友だちになりたがる。何でも許してくれる。彼らはとにかくサムと関係を築きたがっているので、サムが注意を払わなくても気にしない。

それはサムにとって好都合だった。自分の限られた注意力を他のことに向けられるから。新しいバトルが始まろうとしていた。刻一刻と時間が過ぎるなか、彼は急いでキラーツリーとドワーフからなる新しい部隊を選んだ。同時に、ナタリーがこの会合のために作成した書類を取り出す。サムは初めてその書類に目を通した。アナ・ウィンターは確かにヴォーグ誌の編集長だった。

彼は「それは面白い」と言った。ゲームが始まっていた。バトルはまたしても数秒の出来事だ。すでにホード・ドラゴンはピンチに陥っていた。ヒットポイントは敵よりも早く減っている。多くのキャラクターは前半に強いが、ホード・ドラゴンは後半に力を得る稀なキャラクターだ。ホード・ドラゴンでうまくプレイするには、他のどのキャラクターよりもホード・ドラゴンに大きな利益がある財宝を購入すればいいのだが、それにはバトルを8つほどこなさなければならない。それまでは進行中のバトルからリソースを振り分けることになる。

序盤のバトルに勝つ必要はなかった。ただホード・ドラゴンを長く生かして、積み上がる財宝から将来得られる莫大な利益を享受すればいい。だが、アナ・ウィンターがサムの注意を目一杯引こうとするのでゲームに集中しづらかった。いよいよ、本題に入ろうとしていた――「メットガラ」、ヴォーグ誌主催のイベントだ。しかし彼女は、ただそれを説明して終わりにはしてくれず、メットガラについて何を知っているかとサムに尋ねた。

サムは椅子の上で体を動かし、しわくちゃの短パンからリップクリームを取り出していじりだした。貴重な時間が過ぎてゆく。ついに彼はボタンを押した。ホード・ドラゴンが消え、アナ・ウィンターが再び画面に現れる。不思議だが、彼は自分が話すときは彼女の姿を見たかった。

「僕はもちろんあなたほど、あなたの業界について詳しくありません」と彼は慎重に言った。「一般的な情報はある程度知っていますが、舞台裏のことはあまり知りません」。ある程度の情報。確かにそれは事実で、ある程度は知っていた。メットガラがパーティーであること、セレブが参加することは知っていた。

しかし、それ以上はよく知らなかった。たとえば「メット」というのがメトロポリタン・オペラのことなのか、メトロポリタン美術館のことなのか、それともメトロポリタン・ポリス〔ロンドン警視庁〕のことなのかもわからなかった。

アナ・ウィンターは明らかにこの状況に慣れていた。彼女は説明を始め、サムは安堵した。彼女が口を開いた瞬間、サムは彼女の顔をウィキペディアのページに切り替える。

メットガラは、正式にはコスチューム・インスティテュート・ガラまたはコスチューム・インスティテュート・ベネフィットと呼ばれ、メット・ボールとしても知られている。ニューヨーク市にあるメトロポリタン美術館のコスチューム・インスティテュートのために行われる、募金集めを目的とした年に一度のガラ〔慈善活動や資金調達などの目的で開催される、特別な社交イベントや祭典〕である。このイベントは、コスチューム・インスティテュートが毎年開催するファッション展のオープニングを飾る。メットガラは、その年のコスチューム・インスティテュート展のテーマを称えるものであり、そのテーマがガラに参加するゲストの着用するドレスに影響を与える。ゲストはテーマに合わせたファッションを選ぶことが期待されるからだ。

「面白い！」とサムは言った。「それは超面白いですね」。そう言いながらも彼はボタンを押してウィキペディアのページを消した。代わりに金色の巨大な手斧が現れる。ホード・ドラゴンは窮地に立たされていた。ピーター・パンツという、ホード・ドラゴンとは正反対のキャラクターとの新しいバトルが始まろうとしていた。ピーター・パンツは時間がたつにつれてパワーが落ちていく、いちかばちか型のキャラクターだ。相手を瞬殺することに全力を尽くすので、1回のバトルでホード・ドラゴンが仕留められてしまうかもしれない。

サムが戦力を整える時間は数秒しかなかった。集中しなければならない。しかしアナ・ウィンターがそれを妨げていた。

「うんうん」とサムは言った。

アナ・ウィンターは今、FTXの寄付に関する方針について聞きたいと言っていた。サムは仕方なく、彼女の顔を画面に戻した。「いくつかスポンサー契約を結んでいます」と彼は言った。「でも最初に決めた先は偶然のようなものです。その後は、どんなパートナーシップがいちばん効果があるか、真剣に考えています。そうやってトムやジゼルと提携しました」

提携。これも確かに事実だ。しかしこの表現は、彼らの関係の本質を表していない。サムはアメリカンフットボール選手のトム・ブレイディに5500万ドル、彼の当時の妻ジゼル・ブンチェンに1980万ドルを支払うかわりに、その後の3年間でそれぞれの時間を20時間提供してもらうことで合意していた。

サムが人々に対して支払う報酬は、1分あたりに換算すると、その人がそれまでの人生で受け取ったどんな報酬よりも大きい。彼はラリー・デヴィッドに1000万ドルを支払い、60秒の広告を制作してもらった（それとは別に、スーパーボウル中に放送される広告の制作と放送に2500万ドルの費用をかけていた）。サムが完成した広告を目にしたのは放送日の前日だったが、素晴らしい出来栄えだった。

ホード・ドラゴンは虫の息だった。

メットガラが何なのか、そこでの自分の役割が何なのかを、サムが完全に理解していたとはいえないが、アナ・ウィンターが何を求めているかは感じとれた。彼女は資金だけでなく彼自身を欲しがっていた。メットガラのレッドカーペットで彼女の隣に立ち、話題になることを求めていたのだ。サムはまた、自分が犠牲を払うのと引き換えに何が得られるかも理解していた——女性、正確には女性の暗号資産投機家だ。

FTXは男性の心をつかむために莫大な資金を費やしてきた。サムの考えでは、男性の頭のなかでスポーツが占める位置を、女性の頭のなかではファッションが占めていた。彼はマーケティングの専門家に、女性にアピールするためにファッション分野でできそうなことをリストアップしてもらったことがある。そのなかにメットガラがあった。そして今、彼はアナ・ウィンターとZoom会議をしている。彼女はサムに、メットガラ全体の費用を出してはどうかとほのめかしているようだった。

「ああ、もちろんだよ」とサムは言ったが、心ここにあらずだった。ホード・ドラゴンは死んだ。アナ・ウィンターが殺したのだ。どうしよう？　彼は投げやりな気持ちでもう一度ゲームを始め、別のキャラクターを選んだが、気が変わってゲームを閉じた。

彼はしばしば、2つの世界を同時に進めて、両方で勝つことができた。しかし今回は、どちらかの世界から注意をそらさないと、もう一方の世界で勝つのは難しそうだ。そしてこの女性はどういうわけか、彼のマルチタスク能力を妨害する不思議な力を身につけていた。今や彼女は、サムにカネと時間を要求するだけでなく、彼の政治活動のすべてを知りたがっていた。

「母は政治献金の効果についてフルタイムで研究していて、弟はワシントンＤＣで政策立案者と一緒に働いています」。サムはアナ・ウィンターの顔を画面に戻しながら言った。「カネで選挙戦に勝つためにどこまでできるか、かなり頑張っています。資金力で戦わざるをえないのは悲しむべきことですが」

驚くほど長い間、サムが米国の選挙に資金を投じていることは、誰にも注目されてこなかった。２０２０年、サムはジョー・バイデンの大統領選挙キャンペーンに５２０万ドルを提供した。誰に頼まれたわけでもなく、また誰からも感謝されなかった。彼はバイデンの2番目か3番目の大口献金者だったが、選対関係者が彼に連絡することさえなかった。

それ以来、サムは自分の身元が割れにくい形で、１００もの異なる候補者や政治活動委員会（ＰＡＣ）に数千万ドルの資金を投じてきた。それは「米国の政治にどう影響を与えるか」という別のゲームであり、彼はそのプレイ方法を実戦を通して学びながら、かなり楽しんだ——世間に知られず行動できている間は。

しかしその後、彼自身の言葉で言えば「しくじった」。サムはどこかのインタビューで、次の大統領選挙に10億ドルをつぎ込もうと考えていると漏らしてしまったのだ。その一言がケダモノを呼び寄せた。そして今、アナ・ウィンターはピート・ブティジェッジへの支持を公言している。彼女は、サムが今後数週間どこにいる予定なのかと聞いてきた。ピート・ブティジェッジについてもっと話したい、と。

「もちろん彼に紹介していただけたら嬉しいです」とサムは言った。「彼は大統領になってほしい人物ですね」。その言葉でアナ・ウィンターが満足すると思っていたのなら、大間違いだった。彼女は、サムが現実の世界でいつ、どこにいる可能性があるのかを具体的に知りたがった。

「60％はバハマにいます」サムは巧みに質問をかわした。「ワシントンＤＣにも一定時間います。良くも悪くも、今僕の仕事の30％は、米国における暗号資産規制がどうあるべきかを当局に伝えることですからね」。サムのむき出しの左脚は、デスクチェアとお尻の間に折りたたまれ、白い靴下に包まれた右のかかとが、カーペットの上で上下に跳ねていた。その姿は暗号資産の大物というより、おしっこがしたくなった小学1年生のようだった。

そこでアナ・ウィンターがまた話しはじめた。助かった！　解放された彼は、ツイッターの画面をスクロールした。その2日前の夜、サムはケイティ・ペリーを紹介されていた。ケイティ・ペリーは暗号資産についてあらゆることを知りたがった。そして今、インスタグラムに「音楽をやめて@ftx_officialのインターンになるわ👏」と投稿していた。

アナ・ウィンターの口調は変わりつつあった。彼女は求めていたものを手に入れ、今は機嫌良く会話を終えようとしている。彼女から解放されるためにサムがすべきことは、彼女が何を言っても、いつものように全面的に同意することだ。

うん。

素晴らしい！

すごく納得しました。

ええ、ぜひとも！

じゃまた！

サムはそう言ってボタンを押し、アナ・ウィンターは姿を消した。彼女にはこんな感触があった――世界で最も気前のいい億万長者であるサム・バンクマン・フリードが、メットガラで彼女の特別ゲストとして参加することに同意し、さらにはイベント全体の費用を負担してくれるかもしれない。

しかしサム自身は、それについて深く考えてはいなかった。メットガラについての計算すら始めていなかった。「このイベントに行きたいかどうか、真剣に考えないと」と言いながら、予備の下着と一緒にノートパソコンをバックパックにしまった。そしてロサンゼルスのホテルの部屋を出て、バハマへの帰途についた。「絶対に場違いだろうな。難しい問題になりそうだ」

その後の数週間、アナ・ウィンターの関係者の目には、彼がこの難題に取り組んでいるように見えた。FTXのマーケティング担当者はルイ・ヴィトンに、サムのTシャツと短パン・スタイルのレッドカーペット向けバージョンをつくらないかと持ちかけた。別の担当者は、おそらくリスクを分散するために、トム・フォードに依頼してよりオーソドックスな服をデザインしてもらったが、それには6万5000ドルのカフスボタンがついていた。舞台裏では車輪が回り、歯車が動いていたが、サム自身はそのプロセスに関わらなかったし、自分の考えさえ言わなかった。彼はマーケティング担当者たちが考え出したファッションの全リストを、疑いの目で見た。「どれが良くてどれが良くないのか、僕にはさっぱりわからない」と彼は言った。「それを判断する方法があるのかどうかもわからない」

彼は物心ついたころから、人々が外見で人生を形づくることに当惑していた。「まず、人は一緒にいる相手を外見で決める。そのせいで、宗教や食べ物などすべてについて間違った選択をしてしまう。それじゃあ、自分が誰になるかをサイコロで決めてしまうようなものだ」。そう考えると、アナ・ウィンターは、彼が嫌悪する側の代表だった。「僕が道徳的に強く反対するビジネスはほとんどないけど、彼女のビジネスはそのひとつだ。実際、僕はファッションを軽蔑している。身体的な魅力の重要性自体を軽蔑してるんだ。ファッションへの軽蔑もそこから来ている」

サムはファッション業界に対する軽蔑を一瞬だけ脇に置き、計算してみようとした。地球上には40億人の女性がいる。そのうち1000人に1人がメットガラに注目するとしよう。そのうち100人に1人がFTXに興味を持つとしよう……。しかしそれは、チューインガムがこびりついたままの髪をとかそうとするような気分だった。短パンを着替えることとさえ、彼には耐えられそうもなかった。

それでも彼は数カ月間、決断を先送りにした。メットガラは5月2日まで開催されない。サムの考えでは、前日の夜くらいまでに、ナタリーにどうするつもりかを伝えれば大丈夫だ。

ナタリー・ティエンは、サムの欠席を告げたらアナ・ウィンターの関係者はがっかりするだろうとは覚悟していた。しかし驚いたことに、彼らは怒り出した。「彼らは電話してきて、サムは二度とファッション業界に足を踏み入れられないからな、と叫んだんです!」。女性を暗号資産の世界に引き込む企てもこれで終わりだった。

ナタリーは、なぜメットガラがそんなに大事なのか理解できなかった。サムが土壇場で「行かない」と決めたところで、サムの他の決断が起こしたほどの大混乱にはならないはずだ。サムが自分たちの会社を買収することに同意したと勘違いしてバハマに飛んできたCEOが何人もいた。世界経済フォーラムは、サムがダボスでの重要なスピーチを前日になって行わないと決めたため、その穴埋めとメディアインタビューのキャンセルに追われた。

サムはタイム誌が主催した「世界で最も影響力のある100人」のパーティーで基調講演をするはずだったが、結局ドバイの会場に行かなかった。同誌は彼を100人のリストに入れただけでなく、パーティーの1週間前の記事でこんなふうに持ち上げていた。「詐欺、快楽主義、欲望にまみれた暗号資産業界のなかで、バンクマン・フリードは、より優しく、より影響力のあるビジョンを、新技術の実現によって提供する」

タイラ・バンクスやウィル・アイ・アムなど世界で最も影響力のある人々は、アダム・ジェイコブスという地味なFTX従業員から急ごしらえのスピーチを聞かされた。彼はサムの代役となることに戸惑っていた。「なんで経理の出金業務責任者の私がこんなスピーチをしているんだ、という感じでした」とジェイコブス。「なんで私がウィル・アイ・アムと一緒に酒を飲んでるんだ、ってね」

しかしタイム誌の人々は騒ぎ立てなかった。騒いだのはアナ・ウィンターの関係者だけ。2022年5月2日までは、サムはサムであるべきというのが人生の法則だった。サムに苛立ちを覚えることは、ナタリーには少しもなかった。サムが起こした混乱を自分が片付けることになっても、彼女は決して彼を責めようとしなかった。彼には混乱を引き起こす意図などまったくないとわかっていたからだ。サムのことで怒って彼女に電話をかけてくる人々を許すことさえできた。彼女自身がサムを完全に理解していないのだから、他の誰が理解できるだろうか？

2 サンタクロース問題

私がサムに、18歳になる前の彼がどんなだったかを話せる人のリストが欲しいと言うと、彼は深く息を吸って、「そんなにいないよ」と言った。まず両親であるジョー・バンクマンとバーバラ・フリードの名を挙げた。また、ゲイブという弟がいるとも言った。彼らを除けば、彼を理解するのに役立つような幼少期の人間関係はなく、またその時期はそれほど重要な経験をしていないという。

「自分の子ども時代については少し混乱してる。どう過ごしていたのかわからない。していたことを思い出しても、それを1日24時間にうまく組み立てられないんだ。空想にふけったり、本を読んだりした。ビデオゲームもやったけど、それは高校に入ってからだ。たまに一緒に遊ぶ友人が数人いた」。そうした友人の名前は、1人を除いて思い出せなかった。生年月日は喜んで教えてくれたが（1992年3月5日だ）、それ以上は多くを語らず、子ども時代が自分の何かを説明するとは思っていなかった。私にはそれが奇妙に感じられた。彼の人生のおよそ3分の2は子ども時代なのだから。

彼は13年間、他の子どもたちと一緒に学校に通った。そして教師に推薦状を書いてもらい、複数の大学への入学が許可された。両親は有名な教授だ。日曜日になるとたいてい、両親は夕食会を催し、参加したゲストは今でもそれを懐かしく思い出している。ティノ・クエリャル（スタンフォード大学ロースクールの元教授でカリフォルニア州最高裁判所の元判事、現在はカーネギー国際平和基金の理事長）は、「彼らとの会話は心躍るものでした」と振り返る。「会話の15％は人生で起きていること、15％は政治のこと、そして残りはさまざまな考えについてでした。何について、どう考えるか――美、音楽、何でもね」。サムも夕食は共にしたが、そこにいたゲストのなかで、私が取材すべき人物を思い浮かべることはできなかった。

悩んだ彼は、弟に電話することを提案した。3歳年下のゲイブは、現在はサムの資金を政治家候補に分配するために雇われている。私がコンタクトをとると、時間の無駄だと彼は言った。「幼いころから仲のいい兄弟だったわけじゃない。サムはそんなに学校が好きじゃなかったと思うけど、よくわからないな。彼は自分の殻に閉じこもっていた。僕は彼を、自分の家にいる同居人だと思って接していたよ」

サムの両親は、もう少しだけ役立つ情報をくれた。サムは彼らにとって初めての子どもだったので、彼を育てるのに育児書は何の参考にもならないと気づくのには時間がかかった。「子ども時代はサムにとって妙なものでした」とジョーは言う。「他の子どもたちと一緒にいるのも、自分自身が子どもであることも、居心地が悪かったんです」

両親は彼に普通の子ども時代を過ごさせようともしたが、意味はなかった。遊園地がいい例だ。サムが小さいころ、母親はシックス・フラッグスやグレート・アメリカといった遊園地に連れて行った。次々とアトラクションを回ったが、彼が楽しんでいないことに気づいた。アトラクションに夢中になるどころか、じっと母親を見て、しまいに「ママ、楽しいの？」と聞いてくる。本当にこれが、あなたや他の人には楽しいものなの？という意味だ。「これはだめだと思いました」とバーバラは言う。

サムが8歳になるころには、彼の欲求やニーズは他の子どものそれとは違うのだと考えるようになった。その瞬間のことを憶えている。彼女はスタンフォード大学に10年以上在籍し、学術誌に難解な論文を頻繁に寄稿していた。「一緒に学校まで歩いているとき、彼は私に何をしているか聞いてきました」とバーバラは回想する。「論文を書いているのよと言うと、『何についてるの？』と尋ねてきたのです。私は適当に答えましたが、彼は食い下がって、学校に着くころには私たちは論文について突っ込んだ話をしていました。彼の指摘は、どの査読者のものより優れていました。その瞬間、私の子育て法は変わりました」

日曜夜の夕食会に来る友人たちから見ると、ジョーはいつも明るく面白く、バーバラは真面目で厳しかった。ゲイブは明るく陽気な子どもで、みんなに愛されていた。サムは常に存在感があったが、弟に比べると静かで、警戒心を感じさせ、近づきにくかった。

友人たちには、両親、特にバーバラが、長男のことを気遣い、心配しているように見えた。サムがこの世界になじめるかどうか懸念している、と。「ゲイブは能力を発揮できるだろうけど、サムはそれを生かせないのではないかと心配でした」とバーバラは言う。

サム自身は、他の子どもたちとの間の溝に気づくのに、両親より時間がかかった。自分にはなぜ他の子のように友だちがいないのか、よくわからなかったのだ。8歳から10歳の間に、彼は衝撃的な2つの事実を知り、それがまさに啓示となった。最初は小学3年生のときだ。12月のある日、クリスマスが近づき、同級生の何人かがサンタクロースという重大な話題を持ち出した。

バンクマン・フリード家は祝日に関心がなかった。ハヌカは祝っていたが、とても熱心とはいえず、ある年にはそれを忘れてしまった。しかも誰もそのことを気にしていないとわかったので、お祝いそのものをやめてしまった。「『さて、みんなハヌカを忘れてしまったけど、それが気になった人はいる？』という質問に、誰も手を挙げなかったよ」とサムは語っている。彼らは誕生日も祝わなかったが、サムはまったく不満を感じなかった。

「両親はこんな感じ。『何か欲しいものはある？　言ってごらん、手に入るかもしれないよ。12月まで待たなくても、2月でもいい。欲しいものがあるなら、それについてオープンに正直に話し合おう。何を欲しがってるか私たちが当てるんじゃなくてね』」

サムも両親と同様、他人が何を欲しがっているかを想像することの意味がわからなかった。一家が慣習というものに無関心なのは、自然で無意識のものだ。「ほら、アメリカ人らしい行事を一切やらない私たちはとても面白いでしょう？」という態度ではない。「『贈り物なんてばかげてる』と言われたわけではない」とサムは振り返る。「贈り物について両親から何か説得されてはいない。そういうことじゃないんだ」

バンクマン・フリード家の行動は、これ見よがしのものではなかった。そういう人たちではなかった。彼らはただ、何かをする前にそれについて真剣に考えた。サムは20代になって、両親が結婚していなかったことを知る。ゲイの友人たちが法的に結婚できないことに対する無言の抗議として、シビル・ユニオン〔主に同性カップルに対し、結婚と同様の法的な権利や地位を提供するために設計された制度〕を結んだのだ。そしてサムが知る限り、彼らは子どもたちだけでなく他の誰にも、そのことを一切話さなかった。

後にサムは、「彼らは明らかに他の人たちと異なる価値観で動いている」と理解した。幼いころにわかっていたのはただ、他の子どもには当たり前だが自分にはそうではない物事がある、ということで、そのひとつがサンタクロースだった。

もちろんサムはサンタのことを知っていた。「聞いたことはあったよ。でも深く考えたことはなかった」。彼はサンタのことを、アニメのキャラクターと同じように考えていた。バッグス・バニーもある意味で存在しているが、実在はしていない。しかし8歳のとき、彼は他の子どもたちが、バッグス・バニーとは違う意味でサンタは実在すると信じていることに気づいて動揺した。

その日の午後、彼は家に帰り、部屋に閉じこもって考え込んだ。「サンタが実在するなんて、これまで一度も考えたことがなかったと想像してみて。それがある日、世界中の君くらいの年の子の95%は彼を信じていると言われる。その男は北極で妖精たちと暮らしている。空飛ぶトナカイが引く橇でやって来て、煙突から入ってプレゼントをくれる。悪い子には石炭を持ってくるけど、なぜか実際に石炭をもらった子を知っている人はいない。しかもそれは年に1回だけのことだという。そんな話を聞いたら、『何だそれ？　ありえなさすぎる！』って思うでしょう」

彼は当面安心できる考え方を見つけた。こんなおかしなことを信じているのは子どもだけ、というものだ。子どもたちはサンタを信じている。大人は信じていない。サンタを信じることには限界があるのだ。しかしそれから1年くらいして、今度は同じクラスの男子が神を信じていると言い出した。

サムは神についても聞いたことがあった。「神はテレビのなかの存在みたいなものだった。話には出る。でも、実際に神を信じている人がいるとは思わなかった」。他の人々が神を信じていることに気づかずに米国で10年近くも生きてきたという事実は、サム自身だけでなく彼の生い立ちについても何かを物語っている。「『誰も信じていないなら、なぜ神が話題に上るのだろう？』と自問したことはなかった。そんなこと考えなかった。『人々は神を信じているのか？』と掘り下げて考えたりしなかったんだ」

そこへヘンリーという子が、サムに向かって、自分だけでなく両親も神を信じていると言ったのだ。他の多くの大人たちもそうだ、と。「僕はパニクったよ。ヘンリーもパニクった。2人ともね。『ちょっと待って、僕は地獄に落ちるってこと？』って思ったのを覚えてる。そうだとしたら大問題だからね。地獄が存在するなら、たとえばマクドナルドなんかどうでもいいよね。地獄があるのなら、なぜそんなくだらない話をする？　本当に存在するならね。めちゃくちゃ怖いよ、地獄があったら」

サンタの一件と同じ問題が、より深刻な形で現れた。神――というよりそれを信じている人いて直接尋ねてみた。

がいるという事実――は、サムの世界観を揺るがした。他の人々や、その心のなかで起きていることに対する彼の見方を覆した。彼は大人たち、主に夕食に来る両親の友人たちに、神について直接尋ねてみた。

彼はいつも、子どもより大人と話すほうが簡単だと感じていたし、大人と話すことが他の子どもより得意だった――それは他の子どもがばかみたいに幼稚なせいだと思っていた。両親の友人たちは毎週日曜日の夕食の席にいたから、質問をぶつけることができた。

「『神様を信じてる?』と尋ねると、彼らは言葉を濁したよ。たとえば、宇宙を創造した存在について何か語るとかね。僕はふざけるなって思った。これは二者択一の問題だ、イエスかノーで答えてよ、って」。彼は、本当に賢い大人でさえ、この問いに対する正しい答えを求めようとしないことが理解できなかった。「僕には奇妙に見えた。人がこのクソ問題について取り繕う理由がまったく理解できなかったんだ」

サムは、神やサンタクロースに対する広範な信仰から、ひとつの結論を導き出した。ほぼ誰もが何かについて明らかな間違いを犯す可能性がある、ということだ。「集団妄想というのは、結局のところ、世界で普遍的に見られる現象なんだ」。それについては為す術がないことを受け入れなければならなかった。他の子どもたちのサンタクロース信仰に反論しても意味はない。一方で彼は、それに同意するふりをする必要もまったく感じなかった。彼はただ、世界が何かについて完全に間違っていて、自分が完全に正しい場合があるという事実を受け入れるようになった。世の中の誰もが間違っていて自分が正しいまま、どちらも相手の考えを変えようとはしないという、ある種の均衡が存在しうるのだ。「ただお互いに見つめ合うだけという状況もあるんだよ」

サムの子ども時代についての解釈のひとつは、彼は子ども時代が終わるのをただ待っていた、というものだ。彼はおおむねそう考えている。他の子どもが成長して自分と話せるようになるまで、息をひそめていた、と。「子ども時代のいろんなことは僕にとって意味がなかった。サンタクロースについて考えてもわくわくしないなら、それはただのばかげたことなんだよ」。彼は子どもよりも大人と話すほうが楽だと感じてはいたが、大人とのつながりが子どもとのつながりより強いわけではなかった。深いところで、彼は自分が他の人類すべてから切り離されていると感じていた。

彼は他人が理解できたが、他人は彼を理解できなかった。「独力で学ばなければならないことがいくつかあった」と彼は言う。「ひとつは表情だ。微笑むべき場面では微笑むとかね。笑顔をつくるのはいちばん苦手だった」。他の人々の言動に対して、何らかの感情的な反応を示すよう期待された。彼はその反応をでっちあげるかわりに、前提を疑問視した。そもそも表情の意味って何だろう？　僕に何かを言いたいのなら、ただ言えばいい。それに対して、なぜ僕が笑顔をつくらなきゃならない？

サムは非常に早い段階で、ほとんどの人が当たり前に持っている能力を努力して身につける必要があると気づいた。一方で、人が苦労してやっと獲得できる能力を、自分が当たり前に持っていることにも気づいた。教師がこんな問題を出した。「カゴには13個のリンゴが入っています。その2倍の数のリンゴをカゴに加えたら全部で何個になりますか？」　サムは他の子どもたちよりも早く、カゴのなかのリンゴの数がわかった。

幼稚園のとき、教師が両親に、サムを公立校ではなく英才児向けの学校に進ませることを提案した。「何をおかしなことを言い出すんだ、と私たちは思いました」とバーバラは言う。それから7年間、自分たちが間違いを犯したと考える理由は見当たらなかった。サムは中学まで、優秀だが特別優れた生徒ではなく、教師の言うことに無関心だと指摘された。「やってはいけないことはしないという点で、僕は従順だった」とサムは言う。「でも、やるべきことをするとは限らない。ただぼーっと座っていたよ」

自分が幸せではないことを自覚したのは中学生のころだ。うつ病はさまざまな形で現れるが、彼の場合、深刻でない症状がずっと続いた。「うつ状態の人は一般的に、自分がうつ状態であることを自覚していると思う。僕の場合は、ネガティブな気持ちに振り回されるというより、ポジティブな気持ちが欠落していたんだ」

彼の心のなかには断層があり、そこにずっと圧力がかかっていて、中学1年生のある日、ついにずれが生じた。母親が仕事から戻ると、サムは1人で絶望していた。「家に帰ると、彼が泣いていました」とバーバラは振り返る。「退屈すぎて死んじゃいそう、と彼は言いました」。両親は保護者の小さなグループをつくって、数学の上級クラスを設けるよう学校に懇願した。学校はそれを受け入れ、専任教師を招いた。「クラスは午前7時に始まりました」とバーバラ。「サムは初めて6時半にベッドから飛び起きました。それまでは、彼が特別であることを示す明確なサインはなかったんです」

それがきっかけとなって、両親はサムを高い授業料を取る私立高校、クリスタル・スプリングス・アップランズに通わせることを決めた。

クリスタル・スプリングスに行っても状況は変わらなかった。「あそこも嫌いだった」とサムは言う。「何から何まで。授業が好きではなかったし、同級生も好きではなかった。退屈だった」。生徒には、シリコンバレーの子弟がずらりと並んでいた（スティーブ・ジョブズの息子、リードはサムと同級生だった）。

ひとつのことに集中して取り組む人が多い学校だった。陸上部員たちは本当に陸上競技に打ちこんでいた。それでもサムには真面目さが感じられなかった。「適度に気楽な、ほんとに金持ちの子どもがいっぱいいたよ。ひとつ彼らにわかっていたのは、心配する必要がないということだ。だから意欲もプレッシャーもたいしてなかった。みんなスタンフォードに行ったよ」

サムは、他の生徒が興味を持たないことについて考えたいと思っていたし、彼らが考えたいと思っていることにはまったく興味がなかった。彼は他の生徒たちに溶け込もうとさえしなかった。誰もがバックパックを背負っていたのに、彼はキャリーバッグで登校し、授業から授業へと移動する際に石畳でガラガラと音を立てた。

テスト前に苦戦している生徒たちが集まると、彼を仲間に引き入れようとすることがあった。サムが助けてくれるのではないかと期待したのだ。しかし彼は関わりを持とうとしなかった。「『悪いけど、自分でやって』という感じでした」と同級生の1人が振り返る。「そういうことからは超越した感じだったんだと思います。授業中も、いろいろなことから超越したような態度でした。好かれても嫌われてもいませんでした。ただそこにいるというか」。他の同級生は言う。「彼は仲間内みたいな冗談のネタにされることもあったけど、実際には仲間じゃありませんでした」。学校のキャンプでサムは眠ろうとさえせず、皆それを変だと思った。「僕は頭がいいねとか、オタクだねとか、そういう見方をされていた。いい奴とか嫌な奴とかではなくね」とサム。「実際、人として見られてなかったな。賢くて無害で、あまり人間味がない」。さらに悪いことに、彼は同級生の評価を完全には否定しなかった。「誤解されているとは思わなかった。彼らの適当な推測はおおむね正しいと思ったよ」

高校生になるころには、サムは単純に学校が好きではないのだという結論に達した――クラスの成績トップで卒業する人物としては奇妙なことだが。また、少なくとも責任の一部は自分ではなく学校にあるとも考えていた。

たとえば英語だ。彼が英語の授業に疑問を抱いたのは、小学6年生のころにさかのぼる。教師が単純な読み書きではなく、より深い問題に目を向けはじめた。「英語の授業が『本を読む』から『本についてのエッセイを書く』に変わったとたん、完全に興味を失った」とサムは振り返る。彼には文学批評が奇妙に思えた。物語について何を感じ、どう思うかなんて、誰が気にする？　物語は物語であり、その読み方に正解も間違いもない。「自分の好きなもの、嫌いなものについて話せと言われれば、そうするよ」。しかし、彼らがサムに求めていたのはそういうことではなかった。彼らは本を解釈するよう求め、その解釈に基づいて彼を評価した。

小学生のころ、彼は『ハリー・ポッター』を何度も繰り返し読んでいた。しかし中学2年生になると、本を一切読まなくなった。「ネガティブな気持ちと結びつくようになって、好きじゃなくなった。本が、嫌いなものと結びついてしまった」

中学生の間は、文学の世界に対する自分の考えを胸に秘めていたが、高校生になるとその考えを表しはじめた。サムは英語について、「授業全体の根本的な事実に異議を唱えた」と言う。「突然、僕は間違っていると言われたんだ。間違えるはずがないことについてね。腹が立ったのは、それ自体が誠実な行為ではないことだ。主観なのに客観のふりをしてる。採点はすべて恣意的だし、どう採点しているのかすらわからない。いい成績の背後にある暗黙の要求に反対したんだ」

中学時代には言葉にできなかったが、高校になると自分の考えに十分自信が持てるようになり、英語の教師が当然視している信念に対して、彼らが理解できないような理由で異議を唱えるようになった。たとえば、シェイクスピアは特に優れた作家だという彼らの信念に対しては、こうだ。

『空騒ぎ』における筋書きのひねりはいかにもシェイクスピアらしいが、表面的で非現実的な人物設定、非論理的なプロット、見え透いた結末に頼っている。つまり、私が言いたいのは——おいおい、婚約者の浮気を疑う正当な理由があるからって、誰かを殺そうとするか？　ということだ。ベアトリスはありえない形で明らかに行き過ぎだし、彼女の言うことを聞くベネディックは不条理なのだが、すべて当然のこととして受け入れられている。

サムの考え方では、シェイクスピアの評価に対する異議申し立ては、基本的な統計学によってもできる。

シェイクスピアの欠点はいくらでも挙げられるが、そうする必要もない。事前確率はかなり低い。1600年から現在までに生まれた人類の総数の約半分は過去100年間に生まれているうえ、さらに確率を下げる要因がある。シェイクスピアが作品を書いていた時代、ほとんどのヨーロッパ人は農業に従事しており、大学に通う人はごく少なく、読み書きができる人さえ少なかった。おそらく1000万人程度だ。これに対し、現在西欧には読み書きできる人が10億人以上いる。1564年に最も偉大な作家が生まれていた確率はどの程度だろうか？　事前確率はそれほど高くない。*1

それでも彼は英語の教師から高い評価を得ていたが、だからといって彼の猜疑心がおさまることはなかった。なぜ教師たちは僕にAをくれたんだ？　なぜ意見にすぎないものに、何らかの成績がつけられるんだ？　「僕が優秀な生徒だって教師たちを納得させられたから、いい成績がとれたんだ。ある程度自己達成的と言えるね」。教師たちがサムにAをつけたのは、彼にAをつけなかった理由を説明したくなかったからだ。彼にとって、人文科学全体がこのような感じだった。ばかげているから関わりたくないのに、なぜかあちこちに潜んでいる。大学を選ぶ際も、二度とジェーン・オースティンに関するエッセイを書かずにすむようにしたかった。

しかし、結局彼が入学することになったマサチューセッツ工科大学（ＭＩＴ）ですら、人文科学が必修だった。教養科目をひとつ受講する必要があり、彼は映画史を履修したが、それさえも彼には不快だった。

「それまでの人生に存在していたかもしれない、ある種の休戦状態は消えてしまった。もう我慢する必要はないという気持ちが生まれたんだ」。期末試験の最初の質問が彼を怒らせた。芸術と娯楽の違いは何か？「それは、自分たちの仕事の存在を正当化しようとする学者たちが考え出した、でたらめな区別である」とサムは書いて提出した。

彼は芸術を前にしても何も感じなかった。宗教は不条理だと感じた。右翼も左翼も政治的な意見はばかばかしく、思想というより仲間のアイデンティティで決まると考えていた。彼も家族も、多くの人々の生活の節目となる行事を無視していた。サムは自分の誕生日すら祝わなかった。他の人々に喜びや慰め、帰属意識を与えるものが、サムには何の感動も与えなかった。バンクマン・フリード家がヨーロッパに旅行したときなど、サムは、ただたくさんの古い建物を理由もなく見つめているだけだった。「旅行は何度かしたけど、基本的には嫌いだった」

そんな疎外感が続くなか、ゲームというひとつの例外があった。小学6年生のとき、サムは「マジック：ザ・ギャザリング（ＭＴＧ）」というゲームを知った。それから4年間、このゲームだけが、彼が飽きずに夢中になれる唯一の活動だった。

ＭＴＧは１９９０年代初頭に、リチャード・ガーフィールドという若い数学者によって生み出された。それは、おそらく新しいタイプの人々のためにデザインされた新しいタイプのゲームの第1号だった。ガーフィールドは、奇妙な問いから始めた。戦略的なゲームを、プレイヤーが異なる装備で参加できるように設計できないだろうか? 彼はそれが可能かどうかさえ確信がなかった。プレイヤーが自分でカードを選べるポーカーはないし、プレイヤーが好きな駒を並べられるチェスもない。プレイヤーが単に、より良い材料を手に入れるだけで勝てるようなゲームはないのだ。

ガーフィールドが設計したゲームでは、プレイヤーは自分のカードを選び、デッキを組んで対戦する。それぞれのカードには、魔女や悪魔など、神話に登場するキャラクターの絵が描かれている。各キャラクターには特別な特徴が与えられていて、攻撃力やライフポイントが数値化されていた(MTGがストーリーブック・ブロールに似ていると思ったかもしれないが、それはストーリーブック・ブロールがMTGをモデルに開発された無数のゲームのひとつだからだ)。

しかし、ただ最高のカードを手に入れるというわけにはいかない。どのカードが最高かわからないのだ。ゲーム自体が不安定だった。カードが予測不能な形で常に変化していた。新しいカードが導入され、古いカードは使用禁止になったりした。カード間の相互作用は複雑で、完全に理解するのは不可能だった。ガーフィールド自身でさえ自分のゲームで何が起こるか予測できないことに気づいたが、それは彼にとっていいことだった。「ゲームをつくったときに何が最善のプレイかわかってしまうようでは、そのゲームは底が浅い」と彼は言う。「勝利の戦略を特定することが不可能なシナリオが、ゲーム内に存在すべきだ」

これは「ゲームが究極的に不可知である」という革新的な概念だった。何度もプレイして最善手を記憶しても、ある程度しか役に立たない。その最善手が毎回変わるからだ。「そのため、プレイヤーは誰も予測できない事態に対して、常に戦略を適応させなければならない」とガーフィールドは語る。

MTGが得意な人は、戦略に容易に適応できる人だ。最善手がわかりにくいどころか、わからないものである以上、それが不確実であると知りながら決断を下すことも苦にしない。

サムはMTGが得意だった。ゲームのなかでは、ゲームの外より簡単に他の人々と交流ができた。ゲームを通じて友人もできた。マット・ナスという少年で、サムの子ども時代でただ1人の大切な友人だ。[*2] マットは12歳の少年としては落ち着いていて、他の子どもたちのように何かを要求してくることが一切なかった。「そもそも子どもというものがわからないのに、いろいろ求められることが問題だった」とサムは言う。

マットは彼に対して社会的または感情的な要求を一切しなかった。マットに対しては表情をつくる必要も、個人的な質問をする必要もなく、ただMTGをプレイするだけで良かった。

マットの無欲さは、かつてないほどサムの心を開いた。サムとマットは一緒にカードを手に入れ、両親に連れられて地元のトーナメントで大人の男性たちと対戦した。[*3] やがて2人は一緒にジュニア部門に参加するようになり、高校1年生の終わりには、シカゴでの全米選手権にまで出場した。

サムに対するマットの見方は他の誰とも違っていた。「非常に理性的な人はロボットのように思われがちですが、サムには当てはまらないと思います」とマットは言う。「彼は超合理的でありながら非常に親切という、本当に稀な組み合わせの人でした」。彼らは高校で疎遠になったが、それぞれの家から車で1時間の距離にある大学に通った。3年生の秋、サムがマットの寮の部屋を訪れ、ドアをノックした。「ビデオゲームに夢中で携帯電話をチェックしていなかったので、何が起きたのか全然知りませんでした」とマットは振り返る。その日の午後、マットととても仲の良かった父が心臓発作で亡くなっていた。「サムは私に直接それを伝えてくれ、私をMITのオタク仲間のところへ連れて行って、翌日家に帰るまで、一晩中ボードゲームやビデオゲームをして気を紛らわせてくれたんです」

すべての人生は、そこで起きたことだけでなく、起きなかったことによっても特徴づけられる。サムの人生の始まりは、起きたことと同様に、起きなかったことにおいても際立っている。彼は自分が他の子どもたちとは違うことを理解していた。他の子どもたちのゲームに参加しようとしなかったし、子どもたちもサムのゲームを理解しなかった。

彼は、自分自身に対して、後に「ロマンチックなほどポジティブ」と表する見方をしていた。「自分が変わっていることは幸せだとは思っていなかった」と彼は言う。「クールだと思っていたんだ」。同級生たちの嘲笑から自分を守るための武器は、軽い軽蔑と小さい優越感だけだった。「けどそれは、はっきりした理屈や信念に基づいていたわけじゃない。そう思わなければ、僕には何がある？　という感じだった」

彼は、感情的にも知的にも、自分自身を絶対視してもおかしくない状態にあった。2000年代初頭のシリコンバレーでは、数学の才能を持つ子どもはたいてい、小説『水源』（1943

年に出版されたアイン・ランドの小説で、個人主義や創造性の価値を強調している」を読んで共鳴した。しかし、サムにはそれが起きなかった。

サムは、ある種のリバタリアニズムには一定の長所があると感じていた。しかしその信奉者が「税金を払う必要がなくなるべき理由」を論じるのを聞いて、こう思った。ああ、もちろん誰だって税金を払いたくないさ、けどそれは哲学なんかじゃない。「彼らはリバタリアニズムという哲学と自分勝手な考え方とをごちゃまぜにしている」。彼の脳内は、この考え方に共感しなかった。「他の人々は自分ほど重要ではない、という考え方には無理があると感じた。そう考えること自体が妙だと思ったんだ」。自分が孤独だからといって、宇宙の中心で孤立していると考える理由にはならないし、自分と自分に起きることだけが重要であると考える理由にもならない。「世界の他の部分に起きることを気にしないというのは、向上心がないと感じた。自分に影響することだけを考えるというのは、目標が低すぎる」

彼の両親は仕事として、米国法における個人の自由と集団の利益との緊張関係という課題に取り組んできた。2人とも、広い意味で功利主義者だった。いかなる法律も、抽象的な概念としての自由を最大化するのではなく、最大多数の最大利益を追求すべきであると考えていた。両親は自分たちの考えをサムに押し付けはしなかったが、もちろんサムはそれを聞いていた。そして、両親の言うことはほとんど理解できた。

本を読むのをやめたころ、彼はインターネット上の功利主義に関する掲示板に目を向けた。彼は個々の人間とのつながりを感じなかったかもしれないが、それはむしろ、彼が人類全体の利益を考えるのを容易にした。「すごく親しい人がさほど多くなかったために、特定の誰かではなく、すべての人々に関心を持つことが自然になった。大事でない人などいない、だから誰のことも同じように気にかけよう、というのが僕のデフォルトの考え方だった」

12歳のある日、彼は部屋から飛び出し、功利主義を擁護する熱弁をふるった。「彼が自分の部屋でやっていたことがそれだとわかって、私はただ唖然としました」とバーバラは言う。サムは後にこう説明している。

12歳くらいのころ、政治的な意識が芽生えて、社会問題について考えるようになった。同性婚については考えるまでもない。筋金入りの功利主義者でなくとも、まったく害のない形で自分と少し違うという理由で、その人の人生を不幸にするのは愚かな行為だと理解できるだろう。しかし中絶については少し悩んだ。しばらくは、かなり葛藤した——望まれない子どもを持つのは悪いことだが、殺人もまた悪いことだ。

そこでサムは、中絶を功利主義の枠組みから考えてみた。母親の権利や胎児の権利に焦点を当てるのではなく、2つの行為の効用を評価したのだ。

通常、殺人が非常に悪いことだと考える理由はたくさんある。たとえば、殺された人の友人や家族に苦痛を与える。社会は多くの食糧や教育といった資源を投下してきた潜在的に価値のあるメンバーを失う。殺された人は自分の人生に対し多くの努力をしてきたが、それが無になる。しかしそのいずれも、中絶には当てはまらない。実際、中絶がもたらす実際の結果について考えてみると、親に与える苦痛（これは彼らが最も評価できる立場にある）を除けば、胎児をそもそも妊娠しなかった場合とほとんど違いはない。つまり功利主義者にとっては、中絶は避妊と同じようなものなのだ。結局のところ、殺人とは単なる言葉であり、重要なのはその言葉をある状況に適用するかどうかではなく、そもそも殺人と表現されることになる状況における事実なのだ。そして中絶の場合、殺人を悪とする理由はほとんど当てはまらない。[*4]

こうしてサムは、他人の考えを気にせず自分自身で物事を考えることによって、自分が何者であるかを理解した。しかし、他人と共に物事を考えることができた短い期間が2回あった。ひとつはマット・ナスとのMTGのプレイ、もうひとつは数学キャンプである。

高校1年生のとき、彼はコルビー大学のキャンパスで行われた、数学的才能のある子どもたちのためのサマーキャンプに参加した（父の運転で大学に向かったが、途中で道に迷った。木の下に座ってルービックキューブをいじっている不格好な子どもを見かけた瞬間、「探していた場所だと思いました」とジョーは語る）。サムにとって、数学キャンプは転機となった。そこには彼と何らかの共通点を持つ子どもたちがいた。そして彼が無表情なことを気にする人はいなかった。数学キャンプでは、他の子どもたちとの会話が、彼が自分自身としていた会話に似ていた。政治の話は、ばかげた意見の表明ではなく、選挙をモデル化し、その結果を予測する最良の方法を見つけようというものだ。

　彼らが自分たちの人生や、それをどう生きるかについて話し合うと、それはサムにとっても意味のある内容だった。数学キャンプに参加する子どもたちは、自ら考え抜いた結果の信念があった。「そして、自ら考え抜いた信念がなければ、自ら考え抜いた行動を起こすこともできない」とサムは語る。

　サムは数学キャンプで、自分が魅力を感じていた功利主義に惹かれる人々と知り合った。「人生で初めて、僕はその場にいるいちばん賢い人ではなくなった。キャンプの参加者たちは、高校でいちばん面白い人より面白かった。彼らはあらゆる面で、もっと賢かったし、もっと定量的に考えることができた。でも、標準的な文化からは距離を置いていて、それに順応すべきだというプレッシャーか、順応する能力が少なかったね」

　数学キャンプにおける社交生活の中心にあったのは数学ではなく、パズルとゲームだった。サムは自分がゲーム好きだと知っていたが、数学キャンプのあとはパズルも好きになる。家に帰ると、自分でパズルをつくり、他の人に解いてもらうことにした。数学キャンプは、自分と似た人々の存在に気づかせてくれた。彼は自作のパズルを通じて彼らを探し出すことにした。インターネット上にあるすべてのオタク向けサイトで、募集をかけたのだ。週末になると、サンフランシスコのベイエリア中からあらゆる年齢層の人付き合いが苦手な100人がスタンフォード大学のキャンパスに現れ、そこにサムがパズルを持って待っている。最初のパズルを解くと、キャンパス内の別の場所に行き着くようになっていて、うまくたどり着けばそこで、同

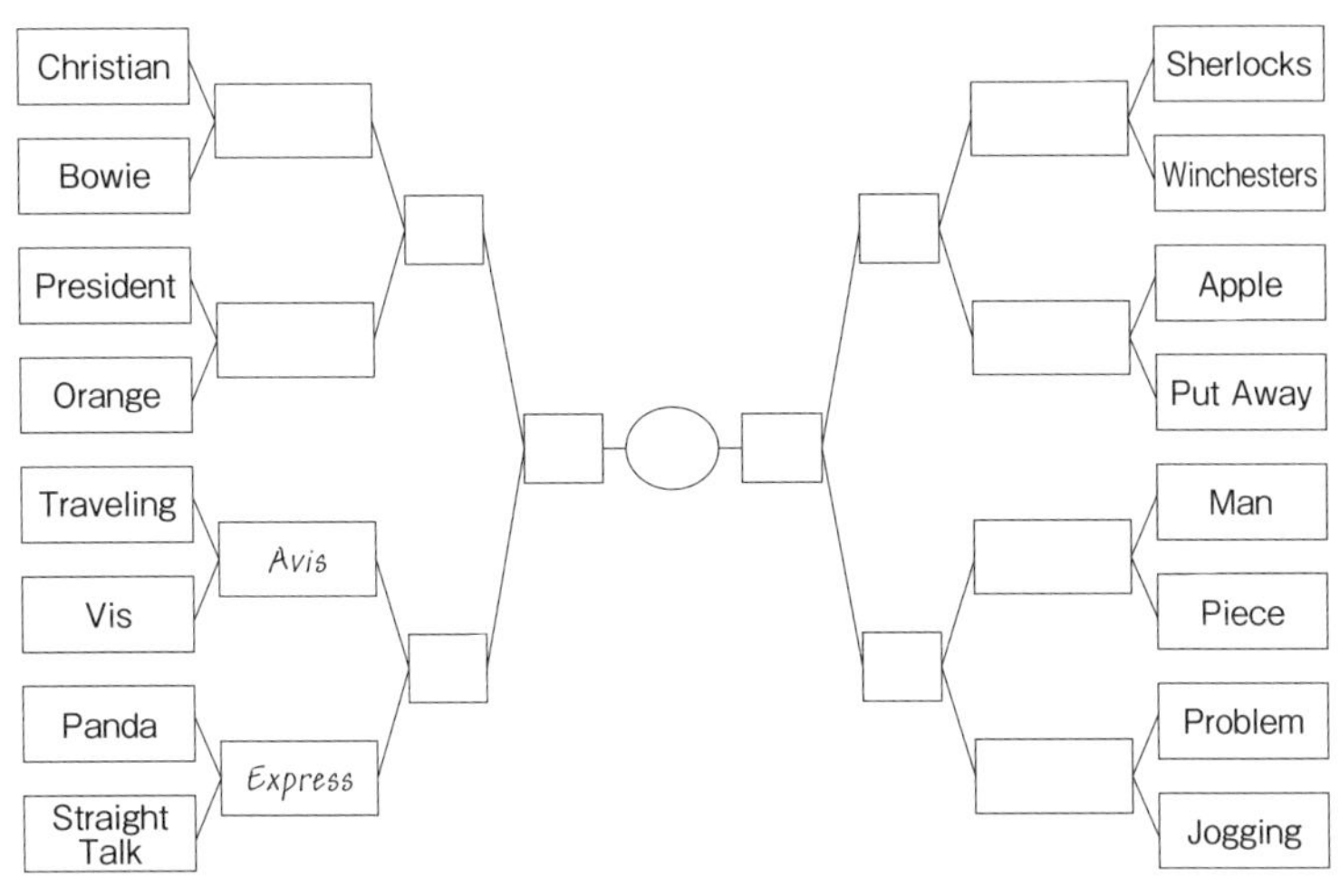

じくサムがつくった別のパズルを見つける。それを解くとまた別の場所に行き、別のパズルを解く、その繰り返しだ。サムの分霊箱〔『ハリー・ポッター』シリーズに登場する魔法の道具〕にたどり着くまで、何時間もパズルを解かねばならず、ゴールできたのは一部の天才だけだった。

　サムは非常に複雑なパズルを追求したが、単純なパズルもいくつか作成し、ネット上で公開した。たとえば上の図のようなものだ。〔2つの単語から連想される単語を見つけ、それを繰り返して中心の単語を当てるもの〕

　サムの最大の謎は自分自身だった。数学キャンプに参加する前は、自分は他人より頭がいいと自分に言い聞かせていたが、数学キャンプがそれを否定した。「そこは僕がそれまでにいたどこよりも、自分の場所のように感じた。けど僕は平均以下だ。自分に特別なものがあるとは思わなかったし、それが僕を悩ませた。数学キャンプでは、何をやっても、何を知っていても、僕が目立つことはなかった」。数学キャンプ参加者の基準から見ると、彼はパズルでもゲームでも二流だった。しかし、数学キャンプでやったようなゲームは、自分には整然としすぎているのではないかとも思った。

「僕がいちばん強いのは、他の人ならゾッとするようなことをしなければならない場所なんだ」。世界のどこを探せばそのような場所が見つかるのか、彼にはまだわからなかった。果たして存在するのかどうかすらも。

3　メタ・ゲーム

　それまでずっと、サム・バンクマン・フリードの人生に大した事件はなかったが、2012年の秋に、2つの大きな出来事がほぼ同時に起きた。続けざまだったため、互いに関連していたように思い出されることになる。サムはMITの3年生になっていたが、物理学部の他の学生たち同様、物理学への興味を失っていた。

　MITで物理学を専攻した学生のうち、卒業後に物理学者になる者はもはやほとんどいない。大部分がグーグルに入社するか、HFT業者〔高速・高頻度取引業者〕で働いた。ジャンプ・トレーディング、タワー・リサーチ・キャピタル、ハドソン・リバー・トレーディング、サスケハナ・インターナショナル・グループ、ウルヴァリン・トレーディング、ジェーン・ストリート・キャピタルなど、サムがそれまで聞いたこともなかったウォール街の企業が、その年のMITの就職フェアに参加した。そして彼は、こうした企業に少し興味を持ちはじめた。

　数カ月前のサムでも、HFT業者に対する好奇心が湧いたことに驚いただろう。彼はカネにはまったく興味がなかった。金融のことは知らなかったし、気にもかけなかった。自分の行動は功利主義的な効果に照らして評価すべきだという確固たる考えを除けば、人生で何をすべきかについて、まったく手がかりがなかった。ただ、両親のように何かの大学教授になるのだろうと思っていた。「僕は暗黙のうちに、学問の世界こそが道徳の中心だと思い込んでいた。少なくともそこは、世界に大きな影響を及ぼす方法を考える人々がいる場所だった」

しかし、その思い込みは打ち砕かれた。大学で2年間授業を受け、前年の夏のインターンシップでＭＩＴの研究者のプロジェクトを手伝った結果だ。授業中は、肉体的な苦痛に等しいほどの退屈を味わった。事前に準備された講義をずっと聞いていることができなかったのだ。教授が何を話そうとしているかわかった時点で、興味の糸がぷつんと切れた。学者の人生を知れば知るほど、それが、狭い出世の道を進むために準備された長い講義のように感じられた。「それまでと違った視点から見るようになって、幻滅を味わった。彼らが少しでも世界を変えることをやっているとは思えなかったんだ。世界に影響を与える方法を考えているかどうかさえ怪しかったよ」

将来の計画が何もなくなった彼は就職フェアに出かけ、ウォール街の企業のブースに目を留めた。どの企業の名前も聞いたことはなかったが、彼らが何をしているにせよ、すべてが同じでないことはわかった。異なる職種の人材募集があったからだ。「コア開発者」や「プログラマー」を求めているところもあれば、「トレーダー」を探しているところもある。

サムにはプログラミングの才能はなかった。ＭＩＴでできた2人の親友はどちらもプログラマーだったが、彼にはプログラマーの良し悪しもわからない。トレーディングについては、自分がその仕事に完全に不向きとは言えない、ということだけはわかっていた。彼はトレーダーを募集している会社に履歴書を渡した。それでもまだ遊び半分のような気分だった。「物理学専攻の学生もたくさんウォール街に行くよ、と誰かに言われて、そうなのかな、でもたぶん違うな、と思っていた」

驚いたことに、サスケハナ、ウルヴァリン、ジェーン・ストリート・キャピタルの3つのHFT業者から、夏期インターンシップの面接に誘うメールが来た。「あの話は本当だったんだ、と思った」。コンタクトがあったあとも、彼らの実態は依然謎だった。「ジェーン・ストリート・キャピタル」をグーグル検索しても、何ら有益な情報は得られない。ネット上には、ジェーン・ストリート・キャピタルに関する情報はほとんどなかったのだ。[*1]「何も予想できなかった。どんな面接になるのかさえわからなかった」

彼はジェーン・ストリートのトレーダーと電話面接を3回行ったが、それは彼が聞いたこともないような面接だった。彼の履歴書のどこかがトレーダーたちの目にとまったのだろうが、その内容は一切気にしていないようだった。何を勉強しているかとか、夏休みをどう過ごしたかといったことは聞かない。推薦状も求めなければ趣味を尋ねもしない。サムのそれまでの人生については何も知ろうとしなかったのだ。彼らは、彼がこの仕事に向いているかどうかを判断するのに、自分たち以外の評価は何の役にも立たないと考えているようだった。

ところが、彼らの質問のほとんどはただの暗算問題だった。最初のうち、問題があまりに簡単なので、サムはただ緊張状態での反応を見られているのだろうと思った。「12×7は?」とか「その答えにどのくらい自信がありますか?」といった具合だ。

サムが正しい答えを出すにつれ、暗算は複雑になっていった。6面体のサイコロ2個を振ったとき、少なくとも1個の目が3になる確率はどのくらいですか？　サイコロ1個であれば、3が出る確率は明らかに6分の1だ。よく考えないと、サイコロ2個ならその確率は3分の1になると思うかもしれない。この答えが間違っていることは、質問を再構成してみればわかる。2個のサイコロを振ったときに、どちらも3が出ない確率は？　サイコロ1個で3が出ない確率は6分の5なので、サイコロ2個の場合は6分の5掛ける6分の5、つまり36分の25だ。したがって、2個のサイコロを振って少なくとも1個が3になる確率は36分の11ということになる。

11月の半ばに行われた対面での面接はまったく異なっていた。ジェーン・ストリートは彼に、ニューヨーク市までの列車の切符を送り、さらにニュージャージー州トトワの災害時臨時拠点までの車と運転手を用意した。ハリケーン・サンディによって、ロウアー・マンハッタンのオフィスが被害を受けていたのだ。臨時拠点は不気味な工場のようで、机はすべて同じ、トイレを使うには鍵が必要だったが、サムには気にならなかった。そこで一日中行うよう指示されたことが彼を夢中にさせた――パズルを解き、ゲームをするのだ。

しかしそのゲームには警告が付いていた。ジェーン・ストリートの選考プロセスは、トレーダーが応募者を評価するのに費やす貴重な時間を、最小限に抑えるように設計されていた。面接官が一度でもサムのプレイに不満を持つと、ゲームは終了して彼は帰されるのだ。サムに100枚のポーカーチップの山を手渡したトレーダーは、これが彼のその日の賭け金であり、これからプレイするゲームですべてのチップを失ったら、ジェーン・ストリートで仕事を与えられることはないと説明した。

最初のゲームでサムと一緒に部屋に入ったのは、他の2人の応募者とジェーン・ストリートのトレーダーだった。トレーダーはポーカーの手札を配り、それぞれに1枚のカードを見せるように求めた。そのあとトレーダーは、ポーカーに関してさまざまな変わった提案を始めた。チップを4枚払えば、自分のカードを1枚新しいものと交換できる、誰かそうしたい人は？　といった具合だ。新しいカードが配られるたびに、トレーダーはプレイを止め、サムと他の2人をけしかけて互いにサイドベット〔メインの賭けとは別に行われる、余興としての賭け〕させようとした。次のカードがハートであることに賭けたい人はいますか？　あなたがたの手札には、合計で何枚のクラブがありますか？

これはポーカーではなく、メタ・ポーカーともいうべきものだった。あるいは、カードで行う騎士の試合だ。サムはすぐに、このゲームで勝つ鍵は、普通でない状況の期待値を素早く判断し、それに基づいて行動することだと気づいた。しかし、実際にはどの判断も、彼にとってそれほど奇異には感じられなかった。「僕にとって驚きだったのは、驚くようなことがなかったことだよ」

もちろん、これらのゲームが優れたトレーダーをどれほど正確に判別できるかはわからない。うまくプレイできなかった人には、トレードする機会が与えられなかったのだから。とはいえ、最初のラウンドが終わったとき、サムは他の2人の応募者よりもはるかに多くのチップを持っていた。その時点で、面接官たちはサムを他の2人の応募者と別にして（彼らに会うことは二度となかった)、さらに45分ずつ5つのゲームをプレイさせた。どのゲームもカードゲームと同じく奇妙なものだった。たとえば、コイン投げゲームはこうだ。

ここに、それぞれ重さの異なる10枚のコインがあります。1枚は重さが均等の通常のコインで、したがって50%の確率で表(または裏)が出ます。残り9枚のコインは、すべて重み付けが不均等で、またそのバランスもすべて異なっています。どのようなバランスになっているかは教えませんが、表が出やすいコインもあれば、裏が出やすいコインもあります。たとえば、62%の確率で表が出やすいコインもあれば、80%の確率で裏が出るコインもあります。あなたは好きなコインを30分間投げることができます。投げられるのは合計100回まで。表が出るたびに、ポーカーチップを1枚獲得できます。

サムを面接していたトレーダーは、ゲームの説明を終えたあとで、「これをプレイするのにいくら払うつもりがありますか?」と尋ねた。重さのバランスが均等なコインを選んで、それを100回投げることができるので、期待値は少なくともチップ50枚となる。コインの正確な重さのバランスは教えてもらえないので、何が正解か知る由もないが、サムはだいたいチップ65枚くらいなら払ってもいいだろうと思った。その答えは完全な間違いではなかったようで、トレーダーはプレイを許可した。

コインを投げはじめると、トレーダーが割り込んで、さらに変わった賭けを提案した。次に表と裏のどちらが出るか賭けたいですか? あなたが今5回投げて4回表が出たコインについて、その正確な重さのバランスに賭けてみる気はありますか？　サムは、このゲームには完全に正しいプレイ方法があるのではなく、間違った方法がいくつかあるのだと理解した。たとえば、ゲームを諦めるのでなければ、重さのバランスが均等なコインを投げることには意味がない。そこから新しい情報は得られないからだ。

　賢い人々は最適なコイン、つまり最も表が出やすい重み付けとなっているコインを探すために、トスを無駄にするのをいとわない。たとえばすべてのコインを5回ずつ投げて、統計計算を行うのに必要なデータを集めるのだ。この手法は、戦略としては完全に無意味ではない。しかし、最適なコインを探そうとするあまり、多くのトスが無駄になる恐れがある。

　サムが直感的にとった手法は、重み付けが均等でないコインを選んで裏が出るまで投げつづけるというものだった。裏になるまでにかかったトスの回数と、大まかな計算に基づいて、そのコインを投げつづけるか別のコインに移るかを決めた。最適なコインを探そうとするのではなく、表の出る確率が十分高そうなものを探したのだ。このゲームは、情報への対応の仕方をテストしていると彼は感じた。つまり、いつ情報を求めるか、それをどう探すか、見つかった情報に応じて自分の考えをどう更新するか、である。

　ジェーン・ストリートのポーカーは普通のポーカーではなかったし、コイン投げも普通のコイン投げではなかった。ゲームはどれも、正確にはゲームですらなく、ゲームのなかのゲーム、あるいはゲームについてのゲーム（メタ・ゲーム）だった。それぞれのゲームで最も難しかったのは、それが何であるかを正確に見極めることだ。

「一般的な米国人なら、ゲームの内容を理解するのに20分はかかるだろう」とサムは言う。「ハーバードの学生はすぐに理解でき、ハーバードの数学専攻ならゲームとその数学的構造を理解できる。定量的情報はたくさんあるけど、完璧な定量的情報ではない。部分的な知識と、部分的にしか理解できない関係性を与えるのが狙いだ。それに時間的なプレッシャーもある」

サムは時間のプレッシャーは自分に有利だと考えた。プレッシャーに強いのではなく、プレッシャーを感じないのだ。時間制限があるとふだんよりうまくやるというわけではないが、他の人々のように悪くなるということがなかった。他の人々は感情的になるが、彼はならない。複雑な問題と時間のプレッシャーに直面すると、多くの人は重要なこととそうでないことを瞬時に見極められなくなってしまう。その問題に完璧な解答がない場合は特にそうだ。

ジェーン・ストリートのトレーダーが投げかけた質問で、完璧に正しい答えがあるものはほとんどなかった。雑多な判断を行い、それに基づいて素早く行動する能力、それを彼らはテストしていたのだ。そして、自分が答えを知らない、さらに知ることのできない質問について、くよくよ悩まない能力も。「それはＭＴＧで行う直感的な判断を凝縮して、もっと複雑にしたようなものだった。ＭＴＧでさえ、あそこまでじゃなかった」

ジェーン・ストリートのトレーダーたちがサムに解かせたパズルは、賭けのゲームと同じように、発想の盲点をあばこうとするものだった。ある野球に関するパズルは最も単純な例だ。トレーダーの１人が彼にこう尋ねた。「私にプロの野球選手の親戚がいる確率はどのくらいですか？」

サムが最初に考えたのは、問題を定義することだった。問題を定義しなければ、解決することはできない。「それが、この質問でテストされていたことのひとつだった。質問の曖昧さに気づいているか？　ということだ」。彼はトレーダーに、「『親戚』とはどこまでを指すのでしょうか？」と尋ねた。「『プロ野球選手』とはどういう意味ですか？」

ある意味で、すべての人間は他のすべての人間とつながりがある。そして、メジャーリーグ球団に所属していなくても、給料をもらって野球をしている人は大勢いる。トレーダーは、「親戚」とははとこまでを指し、「プロ野球選手」とはメジャーリーグ球団もしくはマイナーリーグ球団に所属している選手のみを指す、と答えた。サムはその定義に合う野球チームがおよそ100チームあり、それぞれにおよそ30人の選手がいると推定した。つまり3000人の現役プロ野球選手がいて、それに加えて引退した選手が7000人程度いる、といったところか。米国人3億人に対して1万人の選手。つまり、米国人の3万人に1人がプロ野球選手か元プロ野球選手ということになる。サムは平均的な米国人にどのくらい親族がいるか思いつかなかったが、30人くらいが妥当だろう、と考えた。したがって、質問をしたトレーダーにプロ野球の経験ある親族がいる確率は、1000分の1ということになる。

この数字は明らかに正確ではなく、出発点としてはまずまずというところだった。しかしここでサムは暗算を中断し、こう言った。「あなたがこの質問をしたのは、それがあなたにとって重要だからである可能性がかなり高いと思います。つまり、あなたにプロ野球選手の親戚がいるからだと思います」

そこから状況が複雑になった。トレーダーは、サムがこのように考えることを予想していたのかもしれない。トレーダーはサムを欺くために、特別な理由のない質問をわざとしたのかもしれない。それはこのパズルのもうひとつの側面だった。考えをまとめるまでに、どのレベルまで掘り下げるべきかを判断しなければならない。

サムはいつもそうしていたように、2つ以上レベルを下げるのはやりすぎだと判断した。トレーダーの質問に理由がある可能性のほうが、そうでない可能性より高い。どの程度か正確にはわからないが、トレーダーが質問したという事実によって、彼の親戚にプロ野球選手がいる確率は1000分の1よりも高くなる。「それがテストされていたもうひとつのことだ」とサムは言う。「質問そのものに情報が含まれていることに気づくかどうかだよ?」

最終的にサムは、その確率を50分の1と見積もった。そしてトレーダーには、実際にプロ野球選手だったはとこがいることが判明した。しかしそれは問題の本質ではない。重要なのは、サムがどのように問題を構成したか、あるいは構成できなかったか、だ。「正しい答えはなかった。あるのは間違った答えだけだ」

1日がかりの面接が終わるころには、サムは自分自身について大切な発見があったと感じていた。「明確に言い表すのは難しい、とても重要な何かを、正しく試されていると感じた」。普通の生活にあるどんなものも、子どものころからサムを支えてきたゲームやパズルでさえ、ジェーン・ストリートでトレーダーが行った面接の代わりにはならない。「それが得意かどうかを教えてくれるようなこの種のパズルは、子ども時代には経験できない」

子ども時代に経験した数学は、得意だったとはいえ断トツというほどではなかった。子ども時代、彼にはさまざまな戦略系ボードゲームやカードゲームがあったが、やはり得意だったとはいえ断トツというほどではなかった。

ジェーン・ストリートのトレーダーたちは、彼の考え方に、これまできちんと調べられたことのない資質があるかどうかを調べた。そしてサムにとっては、まるで神がトレーディング――あるいは少なくともトレーディングをシミュレーションしたゲーム――に微調整を加え、数学やボードゲームとは違うものにしてくれたように感じられた。そうした一つひとつの微調整のおかげで、ゲームは彼の考え方により適合したものになった。「1日が終わるころには、それが、僕が断トツでいちばんうまくできることであるのは明らかだった」

ジェーン・ストリートはサムに夏のインターンシップの機会を与えた。彼に応募を勧めた他のHFT業者も同様だった。ある会社は面接を途中で切り上げ、サムが他のどの応募者よりも面接用のゲームやパズルをうまくやったので、それ以上プレイする必要はないと告げた。

後にジェーン・ストリートのトレーディングフロアでは、あるトレーダー仲間の女性がサムのためにゲームやパズルを考案し、彼がプレイする様子を見て楽しんだ。他の人々は彼女が何を言っているのか理解できず、どんなゲームかもわからない。しかしサムはゲームを瞬時に理解するだけでなく、見事にプレイするのだ。

たとえば彼女がサムに「郵便に香水」と言う。

すると彼は「送られた香り（セント・セント）」と答える。

「ブリトニー・スピアーズはもう働いていない」と彼女。

「働かないアイドル（アイドル・アイドル）」と彼。

「ゴールドマン・サックスのアナリストが未来を予測するキャッシュフローモデルを発見」と

彼女。

「利益の予言者（プロフィット・プロフェット）」と彼。

新奇なゲームを前にすると、それに合った思考プロセスがサムの頭に降りてくるようだった。

大学3年生の始め、サムにはもうひとつの重要な出来事があった。オックスフォード大学のウィル・クラウチという25歳の哲学の講師が、突然会いたいと言ってきたのだ（彼は後にウィル・マッカスキルと改名するため、本書でも、ここからそのように表記する）。サムはその男がどうやって自分を見つけたのかまったくわからなかったが、おそらくサムが功利主義に関するサイトで行っていた執筆活動からだろう。マッカスキルは、オーストラリアの哲学者ピーター・シンガーがずっと前に提唱した考え方を支持する、オックスフォード大学内の小さなグループの一員だった。

彼はサムに、一緒にコーヒーでも飲んで、そのあとハーバード大学で彼が行う講演に来ないか、と誘った。そのころのサムは、たまたま見かけた学者の講演に出席しようと思うタイプではなかった。しかし、彼がサムを探したという事実（彼が偉ぶっていない証拠だ）と、ピーター・シンガーの名前に興味を惹かれた。ピーター・シンガーは、サムが人生で何をすべきか考えるうえで、少なくとも影響を受けた考え方を提唱していた。

その考え方が現在のような形で現れたのは、１９７１年、シンガー自身が25歳で、オックスフォード大学の哲学の講師をしていたときだ。きっかけはバングラデシュの飢饉だった。裕福な人々が食糧を送ってさえいれば助かったはずの人々が餓死していく光景に、シンガーは衝撃を受け、それについて深く考えるようになった。彼は「飢饉、豊かさ、そして道徳」というエッセイで、この道徳的失敗の本質をわかりやすく訴えようとした。「私は、自分がその問題に何の責任もなくても、それを解決しようとしないのは間違っていると思わせる例を考えた」と彼は述べている。

彼が思いついた例は、散歩中に子どもが池で溺れているのに出くわすというものだ。あなたならこの状況でどうするだろうか？　とシンガーは問いかける。何も迷うことはないでしょう。あなたは池に飛び込み、高価な新品の靴が台無しになっても、子どもを助けるはずだ。ではなぜ私たちは、ベンガルの子どもたちの飢えを防ぐために、高価な新品の靴にあたるものを送ろうとしないのだろうか？　「道徳的な問題に対する私たちの見方全体、つまり道徳的な概念スキームを変える必要があり、同時に、私たちの社会で当然とされている生活様式も変えるべきだ」と彼は書いた。

そのエッセイは、そのあともずっと続く彼の主張の最初の一撃となった。私たちは、新品の靴を台無しにする以上のことをしなければならない。やがて彼は、自分のコストが他の人たちの利益を超えるまでは、自分の持っているものを彼らに与えるべきだという考えに至った。慈善は「良いことだがしなくても許される」ものではなく、私たちの義務だと考えなければならない、と。

シンガー自身がまさにこの行動を実践し、ますます多くの収入を寄付するようになった。彼のエッセイは、当然のことながら他の哲学者たちから多大な反発を招いた。「教師が学生たちに私のエッセイを配って、『この論考のどこが間違っているか書きなさい』という課題を出したものだ」とシンガーは回想する。当然反論も多かった。彼のたとえ話は1人の子どもについてであり、子どもたち全員を救うのは現実的ではない。生き残るために必要最小限のもの以外すべてを寄付するとしたら、どこまでやれば「十分」なのか？（「子どもを溺れさせることに何の問題もない場合もある」というタイトルの反論もあった）

批判の根底にあったのは、「シンガーは一般の裕福な人々の道徳的な生活を難しくしすぎている」という考えだった。彼はこの考えに対する反論として、こう述べている。「一部の人は、私たちの基本的な道徳規範は普通の人の能力をあまり超えないものであるべきだ、と主張した。さもないと道徳規範全体が遵守されなくなってしまうだろう、と。

乱暴に言えばこの議論は次のように示唆している。人々に対して『殺人は慎むべきであり、本当に必要なもの以外はすべて飢餓救済のために寄付するべきだ』と言うと、そのどちらもしないだろう。一方で『殺人は慎むべきであり、飢餓救済のために寄付するのは良いことだが、そうしなくても間違ってはいない』と言えば、少なくとも殺人は控えるだろう」

現実の世界では、学術的な議論はそれほど注目を集めず、一般の裕福な人々は単にシンガーを無視した。それからおよそ40年間、シンガーの考え方が話題に上るたびに、人々は不快感を覚えるだけで実際にはほとんど何もしなかった。シンガーが最終的に教鞭をとる、富裕層の学生で溢れるプリンストン大学では、学生たちが声高に要求して初めて彼の実践倫理学の講義が許された。しかし2009年になって、オックスフォード大学の若い哲学者による小さなグループが、シンガーの考えを実践しようと動き出した。

まずトビー・オードという大学院生兼研究員が、自分の給料の3分の1を、貧しい国々での実績がある慈善団体に寄付すると発表し、その理由を説明した（寄付によって、オード自身にはほとんど不都合が生じないが、オードの生涯を通じてアフリカの子どもたち8万人が失明せずにすむことになる）。続いてウィル・マッカスキルが、大学生たちをこの運動に参加させるべく、勧誘活動を展開した。「トビーとウィルの行動は、『いや、この主張は理にかなっている』と言うことだった」とシンガーは言う。この新しい社会運動は、シンガーの40年来の主張から生まれた。オックスフォード大学の哲学者たちは、なかなかいい名前を思いつかず、最終的に自分たちの運動を「効果的利他主義（EA：Effective Altruism）」と呼んだ。

2012年秋にマッカスキルがサムとハーバードの学生たちに投げかけた議論は、次のようなものだ。エリート大学に通う君たちは、人生のおよそ8万時間を仕事に費やすことになる。もし君が世の中で「良いことをしたい」と考えているなら、その時間を最も効果的に使う方法は何だろうか？　定性的な答えしかない質問に聞こえるが、マッカスキルは定量的な言葉でこの問いを組み立てた。彼は学生たちに、その8万時間の間に救った命の数で、自分の人生の効果を評価するよう提案したのだ。目標はその数を最大化することだった。

次に彼はスライドを見せ、人命救助のためにキャリアを追求するとしたら、どのような種類が考えられるかを示した。彼はそれを4つに分け、それぞれの例を挙げた。

直接援助者（医師、NGO職員）、金儲けの達人（銀行家、経営コンサルタント）、研究者（医学者、倫理学者）、インフルエンサー（政治家、教師）である。

君たちは最終的に、自分がどのようなキャリアを追求するか選ばなければならない。どのキャリアでも命を救う機会があるが救える数がちがう。ストーリーブック・ブロールでキャラクターを選ぶ際に行う計算と少し似ている。研究者やインフルエンサーには、大量の命を救うチャンスがある。たとえば農学者のノーマン・ボーローグ（研究者）は、病気に強い小麦を発明し、およそ2億5000万人を飢餓から救った。しかし研究者とインフルエンサーは、キャリアとして選ぶのがいいかどうか微妙なカテゴリーだ。自分がそれに適しているかどうか予測するのは難しく、その効果を予測するのはさらに難しい。1人の研究者やインフルエンサーが膨大な数の命を救う確率は、限りなく低い。

マッカスキルが講演で時間を割いた、より明白な選択肢は、直接支援者と金儲けの達人のどちらを選ぶか、である。単刀直入に言えば、それは「善をなすべきか？　それともカネを稼いで、そのカネを他人に払って善をなさせるべきか？」という選択だ。

医者になるのがいいのか、それとも銀行家になるのがいいのか？　マッカスキルは、貧しい国——命を救うコストが安い場所——で働く医者によって救われる命の数を大まかに計算した。そしてこんな質問を投げかけた。「もし私が利他的な銀行家になって、利益を追求し、その収入を寄付したらどうでしょうか？」。平凡な投資銀行家でも、アフリカの医師数人分の給与を払うのに十分な生涯収入を得られると期待でき、その結果、どの医師より何倍も多くの命を救うことになる。

そして彼はさらに一歩、投資銀行家の方向に向けて踏み込んだ話を始めた。「変化をもたらすには、実現の可能性の少ないことをする必要があります」。もしあなたが医師にならなくても、他の誰かがあなたの代わりに医療を行うだろう。もちろん、あなたが銀行家にならなくても他の誰かが銀行家になる――ただしその人は、稼いだカネを家や車、子どもを通わせる私立校の学費、あるいはイェール大学への救命とは無関係の寄付に使うだろう。彼の収入はアフリカの医師にはまず届かない。あなたが銀行家になって寄付していれば救えたかもしれないすべての命が失われるだろう。したがって、ウォール街に行って莫大な金を稼ぐ能力のある人は、そうする道徳的義務のようなものを負っている――たとえウォール街が若干不快な場所だったとしてもだ。「高収入を得られる職業の多くが、実際には害のないものです」と、マッカスキルは慰めのように言った。

　マッカスキルは自分の考えを「寄付するために稼ぐ（アーン・トゥ・ギブ）」と呼んだ。彼の最後のスライドは、こう呼びかけていた。「もしこの議論に少しでも納得してもらえたなら、後で私に話しかけてください」

　話を終える前から、自分に話しかけに来る人物のタイプはわかっていた。数学のＳＡＴ（大学進学適性試験）で８００点を取れるが、そのテストでは自分の能力を完全には把握できないと考えるような人物だ。ジェーン・ストリート・キャピタル同様、効果的利他主義がケンブリッジに来たのには理由があった。講演後にマッカスキルに声をかけてきた人のおよそ４人に３人は、数学や科学の素養を持つ若い男性だ。「この講演に魅力を感じる人々の層は、物理学を専攻する博士課程の学生の層に一致します」と彼は言う。「多くの人々が自閉スペクトラム症の特徴を持っており、平均の10倍の有病率です」

　その数日後、マッカスキルは別の効果的利他主義者にメールを書いた。彼はその人物をサムに紹介したいと考えていた。

先日、マサチューセッツ州ケンブリッジでサムという人物に会いました。MITで物理学を専攻する3年生です。彼のメールアドレスは非常にオタクっぽいのですが[*2]、彼には大いに感銘を受けました。スタンフォード大学の教授である両親のもとで功利主義者として育ち、真面目で献身的で、善を行おうとする姿勢があり、また非常に賢明で理性的な人物のように思えます（つまり、少し変わった考えも持っていますが、狂信的というわけではありません）。寄付するために稼ぐか、それとも政治の道に進むか悩んでいます。

サムの少し前に、この新しい呼びかけに最初に応えた人々がいた。2012年の秋、プリンストン大学でピーター・シンガーの教え子だった人物が、シンガーの知る限り初めて、寄付するために稼ぐという明確な目的のためにウォール街に就職した。彼の名前はマット・ウェイジで、ジェーン・ストリート・キャピタルに雇われた。

見知らぬゲームを前にすると、サムの頭には必要な思考プロセスが浮かんだが、見知らぬ人々の前では、そうはいかなかった。それをジェーン・ストリート・キャピタルが理解するには、少し時間がかかった。面接ではその点をテストしていなかったからだ。

彼を雇って9カ月後、2013年の夏の終わりに、ジェーン・ストリートの幹部はサムと面談し、彼のパフォーマンスについて話し合った。面接の際に明らかになった彼の強みは、今でも明らかに強みだった。彼はすべてのトレーディングゲームにおいて、他の大部分のインターンより優れていた。彼の頭脳は明らかに現代の金融市場に向いていた——それがあまりに明白だったため、夏のインターンシップが始まってからわずか数週間後、ジェーン・ストリートの幹部は彼を特別扱いし、正社員として入社させた。

だがサムの弱点は誰も知らなかった。入社時、社交能力に関するテストはなく、面接官は、彼が他人とどのように関わるかについては気にしなかった。しかし今、ジェーン・ストリートの幹部はサムに、社内の少なからぬ人間が「この男はいったい何者なんだ？」と思っていると告げた（その疑問はサムを知る多くの人が抱くものだったが）。彼らはサムの問題行動をまとめていた。その夏、サムに対する幹部の評価がゆらぐ出来事がいくつかあり、そのすべてが社交性に関するものだった。

正社員の何人かは、サムがいつもそわそわしているのを煩わしく感じており、特に強迫的にトランプをシャッフルする彼の癖に我慢ならなかった。ある上級幹部は、インターン向けの講義でその幹部が行った質問を、サムが露骨に愚かだと指摘したことに、ひどく憤慨した。おそらく最も憂慮すべきは、サムが他人の感情に無関心であることに、社員の多くが気分を害していることだった。幹部はその例として、サムが同僚のインターンであるアッシャー・メルマン（仮名）にしたことを挙げた。

ジェーン・ストリートのインターンたちは、お互いや正社員たちとギャンブルをするように奨励されていた。そのため夏の間、インターンたちは何でも賭け事の対象にした。ある試合でどちらのチームが勝つか、あるインターンが45秒間にどれだけのジェリービーンズを食べられるか、どのインターンが正社員としての職を得るか、といった具合だ。

事態が手に負えなくなるのを防ぐため、ジェーン・ストリートはインターン1人あたりの損失限度額を1日100ドルに設定した。ギャンブルは教材だった。それによってインターンは、ほとんどの人がまったくやらないか、あるいは直感で行う賭け事を数値化し、分析することを学ぶ。定性的なものを定量的に考える必要があった。あらゆる物事を厳密に考えるのだ――それがジェリービーンズ早食い競争であったとしても。結局のところジェーン・ストリートが求めていたのは、世界の金融市場で誰よりも速く、誰よりも優れた思考ができるトレーダーだった。

問題の日、サムはトラブルを起こそうとしていたわけではない。アッシャー・メルマンのほうから近づいてきたのだ。そのことにサムは驚いた。彼はアッシャーが我慢ならなかったからだ。アッシャーはハーバード大学からジェーン・ストリートに来ており、サムはすぐに彼に対して「嘘っぽくて高慢、大したことない」という評価を下していた(「彼はネイト・シルバー〔選挙予測で有名な統計学者〕と一緒に仕事したみたいなことを言っていて、それをみんなにふれ回っていたんだ」)。サムは自分の感情が、誰もがアッシャーに感じる嫌悪感というよりも、自分自身の好みの反映であるとわかっていた。「彼は一般的に嫌われやすい人ではない。大部分の人は彼が好きだろうね。でもアッシャーを嫌いな人は、心底アッシャーが嫌いなんだ」。サムは特に、人に自分を印象づけようとするアッシャーの態度が嫌いだった。

アッシャーが自分自身についていいと思っている資質は、まさにサムが最も嫌う資質だった。アッシャーは食べ物についてあれこれとうるさく、他のインターンよりも服装に気を遣っていた。「彼はいいセーターとそうでないセーターの違いについて一家言持っていた」。サムは自分を含む多くの人間が、ただムカつくことと正当な批判を区別するのが苦手なのを知っていた。「それは僕の神経を逆なでしたんだ。僕自身が過敏だとわかっているところをね。心のどこかでは、あいつが自分の着るセーターを気にするってことを、なんで僕が気にする必要ある？　と思っていた」。しかし心のどこかではサムは、それを気にした。

そしてある日の朝、会議室で、アッシャーが彼に声をかけた。ジェーン・ストリートのインターン向け講義が始まる前のことだ。

「賭けをしないか？」とアッシャーは言った。

「何について？」

「1人のインターンが今日ギャンブルでいくら負けるか、さ」

サムが最初に警戒したのは、逆選択〔取引において、売り手と買い手の間に情報の格差があるために、合理的な選択が行われなくなる状況〕だった。逆選択はジェーン・ストリートで好まれた話題だ。この文脈では、自分と賭けをしたがる人が、賭けにおいて最も警戒すべき人物であることを意味する。誰かがあなたとギャンブルしたい、あるいは取引したいと思うとき、たいていは理由がある。彼らはあなたが知らない何かを知っているのだ（マイナーリーグでプレイしたことのあるはとこがいる、など）。誰かに賭けをもちかけられたとき、最初にしなければならないのは、その相手が知っているかもしれないことを見逃していないか確認することだ。

何らかの情報。問題に対する隠されたアプローチ。多くのギャンブルが、あとから見るとばかばかしく感じられるのは、それを受けた人物が、そもそもなぜ賭けを提案されたのかをよく考えていないからだ。ジェーン・ストリートは、この苦い事実を毎日インターンに叩き込もうとし、ギャンブルゲームがその教材だった。

ジェーン・ストリートに正社員として雇われているトレーダーなら、インターンのグループに近づいてこう言うかもしれない。「僕のポケットにサイコロが入っているんだけど、いくつあるかで相場をつくりたい人はいる?」。インターンたちはギャンブルをしたがっており、正社員の印象に残りたいとも考えている。なので、あまり賢くないインターンはこの誘いに乗るだろう。

彼はよく考えて（そしてジェーン・ストリートが作成した相場のつくり方に関するガイドを読んでいたので）、「2で買い、5で売り、1アップ」などと提案する（これは「サイコロ2個で『買い』、サイコロ5個で『売り』をする」という意味だ）。Aさんがこのインターンに2で「売り」をした場合、トレーダーのポケットに2個未満のサイコロがあることに賭けていることになり、もしトレーダーが実際に持っていたサイコロが2個未満であれば、Aさんは2個未満のサイコロ1個につき1ドルを獲得する（「1アップ」）。たとえばトレーダーのポケットにあるサイコロがゼロだった場合、相場をつくったインターンは、Aさんに2ドルの借りをつくることになる。

また、もしあなたが5で「買い」をしたら、あなたはトレーダーが5個より多いサイコロを持っていることに賭けたことになり、5個を超えるサイコロ1個につき1ドルを獲得する。したがって、トレーダーのポケットに2個のサイコロしかなかった場合には、あなたはインターンに3ドルの借りができる。一方、トレーダーのポケットにサイコロが9個あった場合、相場をつくったインターンはあなたに4ドルの借りができる。

このトレーダーは、ポケットにサイコロを入れて歩いている人が持っているサイコロの最大数と最小数について、合理的な推測をする能力をテストしているわけではない。テストしているのは、インターンたちにメタレベルの問いをするセンスがあるかどうかだ。

なぜこのトレーダーはポケットに入っているサイコロの数を尋ねるのか？　どんなリスクを隠しているのだろう？　そうした問いかけができなければ、「2で買い、5で売り、1アップ」という相場は妥当なように感じられてしまう。いずれにせよ、トレーダーはポケットにいくつかサイコロを入れている。でなければ、なぜそんなことを聞いてくる？　サイコロが5個以上入っていれば、ポケットは膨らんで見えるはずだ。

しかし「2で買い、5で売り、1アップ」は、実際には妥当ではなかった。この相場を聞いた瞬間に、それを提案したインターンをジェーン・ストリートのトレーダーとして迎えるべきではないとわかる。それは「2で買い、5で売り、1アップ」が提案され、別の賢いインターンが5で「買い」を入れたとき、誰の目にも明らかになった。トレーダーがポケットから取り出した袋には、合計723個の極めて小さなサイコロが入っていたのだ。

はっきりさせておきたいんだけど、とサムはアッシャー・メルマンに向かって言った。これは100ドルより大きくならないし、0ドルより小さくもならないよね？（インターン1人の

1日あたり最大損失額は100ドルという上限設定があるし、最小額は0ドルだからだ）

「そうだよ」とアッシャーは答えた。

「本当に僕と賭けたいのかい？」

「ああ」

「どうして？」

「楽しいからさ」

「君は売り手？　それとも買い手？」

「金額によるな」とアッシャーは言った。

この時点でサムは、知ろうとしていたことのほとんどを理解した――アッシャーは彼自身が思いついたこの賭けについて、十分に考えていない。「僕がもっと成熟した人間だったら、賭けには乗らなかっただろう」とサムは言う。ところがサムは、「50で買う」と言った（ここでサムは「買い手」として、その日のインターンの誰かの損失が50ドル以上になることに賭けている。その日に最も大きな損失を出したインターンの損失額が40ドルだったら、サムはアッシャーに10ドル払わなければならない。もしその損失額が60ドルだったら、アッシャーがサムに10ドル払うことになる）。

65、とアッシャーが提案した。サムはすぐにそれを受け入れ、部屋にいた他のインターンに向かってこう叫んだ。「誰か僕と98ドルを賭けてコイン投げをしないか？」。その日の講義はまだ始まっていなかったが、会議室は人でいっぱいになっていた。「やってくれる人には誰でも1ドル払うよ！」とサムは叫んだ（「その時点でインターンたちは皆ギャンブルにハマっていて、何よりも期待値がプラスになる賭けに夢中だった」)。ジェーン・ストリート式の考え方では、サムはタダで金をばら撒いているようなものだった。そしてジェーン・ストリートのインターンにとって、期待値がプラスになる賭けはすべて引き受けるのが、職業上の義務のようなものだった。

コイン投げ自体は表と裏の出る確率が50%対50%だったので、サムの賭けを受け入れた人の期待値は1ドルだった(〈0・5×98ドル〉-〈0・5×98ドル〉+1ドル=1ドル)。しかしアッシャーと行ったサイドベットのおかげで、サムの期待値はずっと良くなっていた。その日にインターンの誰かが65ドル以上負けると、65ドル以上の1ドルごとに、サムは1ドルを手にできるからだ。コインを投げると、サムまたはそれに参加したインターンのどちらかが、98ドルを失うことになる。つまりコイン投げで勝つか負けるかにかかわらず、サムはアッシャーから33ドル(98ドルと65ドルの差額)を受け取ることになる。

期待値がマイナスになっていたのは、アッシャーだけだった。どうなろうと、アッシャーが負けることになる。今やアッシャーは、明らかに屈辱を感じていた。

サムは最初のコイン投げに勝ったが、それはスタートにすぎなかった。アッシャーの痛みを最大化するために、インターンの誰かに100ドル負けてもらわなければならない。「僕と99ドルを賭けてコイン投げをしてくれた人に、誰でも1ドルを払うよ!」サムは叫んだ。

これで彼は、両方の当事者がプラスの期待値を享受する賭けを生み出すマシンを手に入れた。マシンの名はアッシャーだ。インターンたちはこの賭けに参加するために列をつくった。

「うまく組み立てると、人々はタダでもらえるカネに夢中になるものさ」とサムは言う。彼はその時点で、とりつかれたようにゲームをするモードに入った。「僕を止めるものは何もなかった。インターンシップの残り期間をそのコイン投げに費やすことになっても、満足していただろうね」。2回目のコイン投げでも彼が勝ち、本当に彼はそのままコイン投げを続けそうな勢いだった。

「僕と99ドル50セントを賭けてコイン投げをしてくれた人に、誰でも1ドルを払うよ！」サムは叫んだ。

他のインターンたちは、明らかにその賭けを受ける義務を感じていたが、部屋の雰囲気はアッシャーの気持ちに呼応するかのように変わっていった。さらに、講義を行う予定だったトレーダーが到着し、すべての様子を見守っていた。しかしサムは3回目のコイン投げにも勝っており、彼の考え方ではまだ賭けは終わっていなかった。

「僕と99ドル75セントを賭けてコイン投げをしてくれた人に、誰でも1ドルを払うよ！」サムは叫んだ。

サムがコイン投げに負けたのは4回目のときで、そのころにはサム以外の全員がアッシャーの屈辱を感じて動揺していた。しかし数週間後、上司から彼がしたことに失望したと告げられ、サムは少し驚いた。「2回目のコイン投げの時点でもうやりすぎだった、と言われた」

アッシャー・メルマンが傷ついたと知っても、サムは驚かなかった。彼が驚いたのは、上司たちが、彼が他の人々に与えている影響を彼自身がわかっていないのではないかと考えていたことだ。彼は自分が何をしているのかを正確に理解していた。アッシャーにしたことは、ジェーン・ストリートが毎日、金融市場で競争相手にしていることと変わらない。「自分がアッシャーにひどいことをしているのに気づかなかったわけではない」と彼は言う。「重要なのは、周りの人々を気持ち良くさせることを優先するか、自分の主張を証明することを優先するかの選択だった」

サムは上司たちが、彼が抱える社交上の問題を見誤ったのだと考えた。彼らは、サムが他の人々を理解する方法を学ぶべきだと考えていたが、サム自身はその逆だと考えていた。「僕は他人を理解するのがうまいんだ。彼らのほうが僕を理解していなかっただけさ」

4　マーチ・オブ・プログレス

ジェーン・ストリート・キャピタルのトレーディングフロアはひとつの大きな部屋で、多くの奇妙な音が響いていた。それらの音はトレーダーに、何らかの問題や注意すべき出来事が起きた可能性を警告するものだった。たとえばガラスの割れる音は、同社のマシンが極端に悪い価格で取引を行ったことを意味する。他にもスーパーマリオブラザーズの「1UP」の音、ホーマー・シンプソンの「ドォ！」という声、ビデオゲーム「スタークラフト」オリジナル版の音声で「追加のパイロンを建設しなければならない！」というセリフなどが流れ、その意味を知らなければ、まるでゲームセンターにいるように感じられただろう。

忙しいときには、電話面接を受けていた応募者が勘違いして、ジェーン・ストリートの面接官はビデオゲームをしていると不満を漏らすほどだった。後にジェーン・ストリートはトレーダーに対して、電話面接の前に、ビデオゲームをしているわけではないと説明するよう指示した。「その音で気が狂いそうになる人もいるよ」とサムは言う。「僕は大好きだったけど。それを聞くと取引に没頭できたんだ」

金融市場と、そこで働く人々の間では、一種のダンスが繰り広げられている。人間が市場をつくり、市場が人間をつくる。サム・バンクマン・フリードをつくろうとしていた市場は、その前の10年ほどの間に、静かになる方向で変化が進んでいた。

2008年の金融危機が直接的な原因ではなかったが、一定の役割は果たした。ゴールドマン・サックスやモルガン・スタンレーのような、かつて最も挑戦的な取引リスクを追求していた投資銀行は、面白みがなくなり、より厳しく規制されるようになった。以前は大手商業銀行が担っていた、ウォール街の退屈な企業という役割に、彼らも押し込められたのだ。代わって活発に取引するようになったのが、秘密のベールに包まれた、プライベート・トレーディング・ファーム〔個人または少人数のグループによって所有され、自己資金を使って投資を行う非公開の投資会社〕という新しい階級だ。

2014年、サムがジェーン・ストリートで正式なトレーダーとして働きはじめたとき、市場の中心にある金融機関――世界中の資産価格を決定する存在――は、古い投資銀行ではなく、ジェーン・ストリートのような不透明なHFT業者であり、彼らの名前はほとんど誰も聞いたことがなかった。そうした企業を運営する人々が手にした資産の額は、かつて大手投資銀行を運営していた人々が手にした額とは比べ物にならないほど大きかった。

2013年、バーチュ・ファイナンシャルの創業者であるビニー・ビオラは、アイスホッケーチーム「フロリダ・パンサーズ」を獲得するのに2億5000万ドルを費やした。フォーブス誌によれば、シタデル・セキュリティーズを創設したケン・グリフィンの資産は52億ドルだった。ジェーン・ストリートは社員にさえ利益額を公表していなかったが、サムは取引の全記録を見ることができ、過去5年間に毎年、少なくとも20億ドルの利益が一握りのパートナーの手に渡っていたと推測した。「2014年になるころには、モルガン・スタンレーに行く人とジェーン・ストリートに行く人の平均IQを見るだけで、何が起きているかわかったよ」

新しい金融市場にはいくつか特徴的な性質があった。まず、自動化が進んでいた。人と人が直接取引を行うのではなく、コンピューターでプログラムを組み、それを他のコンピューターと取引させるようになった。人間を排除したことで、金融取引はかつてないほど速く、頻繁に行われるようになった。取引システムにとって、スピードは最も価値のある要素になった。市場が取り組んでいたのは、情報という森の伐採のようなもので、何らかの情報が金融資産の価格に反映されるまでの時間を、ゼロにしようとしていた。「それは世界で最も複雑で効率的なゲームだ。他の何より、このゲームを最適化するのに多大な努力が注がれた」

このゲームに勝利することで手に入れるカネの総額と、データに高速でアクセスするためにHFT業者が米国の各証券取引所に支払う費用の総額から、数ミリ秒でも競争相手を上回ることに、年間数十億ドルの価値があることは明らかだった。

だが、その速度が経済に何らかの価値を加えるかどうかは別の問題だ。新しい情報が資産価格に反映されるまでの時間が、1秒ではなく2ミリ秒に短縮されることが、本当に重要だろうか？　おそらくそうではない。しかし新しい技術は確実に、金融部門が実体経済から得られる超過利潤（レント）を引き上げた。

またそれは、レントを引き出す人間のタイプも変えた。2014年の夏にジェーン・ストリートのトレーディングフロアにいる人々の体型を見れば、金融市場で起きた変化は明らかだった。30歳以上のベテラン・トレーダーは若いトレーダーより背が高く、肉付きも良かった。また声も大きかった。1999年にジェーン・ストリートを設立したのは、あちこちから集まった白人男性たちだ。彼らがトレーダーになったのは、人と人とがトレーディングフロアやピットで直接取引を行っていた時代で、大勢のなかで取引するためには、姿が見え、声が聞こえる必要があった。しかし明らかに知性が優れている、というわけではなかった。暗算は速かったものの、より高度な分析的思考にはそれほど長けていなかったのだ。

サルから類人猿、人類へという進化の過程を描いた「人類進化の行進図」で言えば、彼らはフィナンシャル・マンの最終段階のひとつ前に立つ存在だったかもしれない。体毛はほとんどなくなり、ほぼ直立しているが、まだ肩に棍棒を担いでいる。彼らはその棍棒を、より平等主義的な若いトレーダーに対して、階層的な秩序を押し付けるために使った。

若いトレーダーは完全なホモ・サピエンスだった。彼らは、子どものうちに高次の思考を行う才能があると認められた、少数精鋭のなかから選ばれた。多くが高校時代に数学キャンプに参加していた。そしてほぼ全員が、MIT やハーバード、プリンストン、スタンフォードといった大学でコンピューター科学や数学を専攻し、優秀な成績を収めていた。

彼らが年上のトレーダーほど社交的でなかったのは、そうする必要がなかったからだ。取引が機械同士で行われるようになった今、トレーダーが他の人々とどれだけうまく交渉できるかは、それほど重要ではなくなっていた。重要なのは、金融市場の人間を機械に置き換える能力だ。プログラムを書いてそのまま置き換える場合もあれば、プログラムに落とし込めるような指示を出して間接的に置き換える場合もある。彼らの頭では、コンピューターにすべての計算を任せないほうが愚かなことだった。

しかし、ジェーン・ストリートでトレーダーがどれほど社交的でないといっても、限度というものがあった。サムはその限界に挑んでいた。夏のインターンシップのあと、彼は上司からの指摘に取り組むことにした。感情を伝えられないせいで、他人との間に距離ができていることはずっとわかっていた。感情を抱かないからといって、それを伝えられないわけではない。

彼は顔の表情をつくることから始めた。自然には動かない口や目が動くよう練習したのだ。「物事を偽るのは些細な問題じゃない。肉体的に苦痛だし、不自然に感じた。僕はそれが得意じゃなかった。うまくできている気がしなかった」

初めのうち、自分の努力が現状を改善できるとは確信できなかったが、これ以上悪化することもないだろうと思った。微笑む能力があれば、アッシャー・メルマンへの接し方は変わらなくても、それに対する人々の感じ方は変わるかもしれない。相手の言動に自分がどう感じたかを伝えられれば、少なくとも多くの誤解を避けられるだろう。

思った通り、ようやくトレーディングフロアにおける表面上の人間関係に滑らかさが見えはじめた。「ジェーン・ストリートで初めて、それがまともにできるようになった。前より簡単になった。まるで筋肉がほぐれはじめたみたいにね。それで皆に好かれるようになったし、周囲に溶け込めるようになったんだ」

ジェーン・ストリートはサムを、当時社内で最も利益を上げていた、国際ＥＴＦ（上場投資信託）を取引するデスクに配置した。ＥＴＦは、他の方法では投資家が単独で購入するのが困難な資産（株式、債券、商品）を集めたものだ。１９９３年に誕生した、米国初の上場ＥＴＦであるＳＰＤＲ Ｓ＆Ｐ５００ ＥＴＦは、依然として最大の存在だった。それはアメリカン証券取引所とステート・ストリート・グローバル・アドバイザーズが組成した、Ｓ＆Ｐ５００の全銘柄を組み入れたファンドだ。そのあと、あらゆるものを対象としたＥＴＦが登場した。インドの小企業のみ、ブラジルの大企業のみ、漁業株のみ、大麻関連企業のみ、ウォーレン・バフェットの投資先のみなどだ。思いつく限りの投資アイデアが、ＥＴＦの形で表現され、投資家に売り出された。２０２１年には、米国のアッパーミドルクラスの女性に人気のある製品を扱う企業に投資するＥＴＦがつくられた。

ジェーン・ストリートは、１９９９年には数人のトレーダーが数百万ドルを扱うだけだったが、外部資本を一切活用することなく、２０１４年には約２００人のトレーダーが数十億ドルを扱うまでに成長した。大きな理由のひとつがＥＴＦで、その世界的な価値は１０００億ドル未満から２・２兆ドルに成長していた（２０２２年には10兆ドルを超える勢いだ）。ＥＴＦの取引にジェーン・ストリートはしばしば関与して、そのごく一部を手に入れた。

ジェーン・ストリートのトレーダーが担う役割であり、同社にとって最大の収益源のひとつが、これらすべてのＥＴＦの価格を、そこに含まれる資産の価格と一致させることだった。

理論上、どんな資産のプールの価格も、そのプールに含まれる資産の合計額と常に等しくなければならない。あるトレーダーが喩えたように、ＥＴＦの取引は、ハムとチーズのサンドイッチを取引するようなものだ。ハム、チーズ、パンのそれぞれ１枚の価格がわかれば、サンドイッチの価格がどうあるべきかがわかる。それは材料費の合計額になるはずだ。材料費の合計額がサンドイッチの価格を上回る場合は、サンドイッチを買い、材料を売る。サンドイッチの価格が材料費の合計額を上回る場合は、材料を買い、サンドイッチを売る。

サムは1日の一定時間を、無数のサンドイッチの価格を、材料の価格に合わせることに費やした。ETFの具体的な中身がどうなっているかは、一晩で変わってしまうことがある。そこでサムは、取引日の最初の90分間を、サンドイッチの中身を見極めることに費やした。

彼の仕事のなかで最も面白くない部分だったサンドイッチ・ゲームにも、面白くなる瞬間がときおり訪れた。ETFをつくる企業は、自らの創造物の価格設定という作業を、もっぱらジェーン・ストリートや他のHFT業者に任せていた。

たとえばどこかの投資家が、インド株で構成されたETFを1億ドル分購入したいと言った場合、彼らはサムのところに案内されて、サムが価格を提示するのだ。価格を決定する際、ETF内の銘柄を把握しても、それらの時価で単純計算して導き出すわけにはいかない。最終的には個々の銘柄が購入される必要があり、その需要によって銘柄の株価は上昇する。しかし上げ幅を把握するのは困難だ。またインド株の購入にあたっては、インドの金融取引税を支払わなければならないため、それも考慮する必要がある。

インドの証券取引所は、ムンバイ時間の午前9時15分、つまりニューヨーク時間で午後11時45分にならないと始まらない。市場が開くまで、サムはインド株を買うことができず、市場に影響を与える可能性のあるニュースがいつ入ってくるかもわからない。最終的な買い手の身元も考慮する必要がある。買い手が、自分よりもインド株についての情報を持っている場合があるからだ。また他のＨＦＴ業者がこの取引を先取りし、インドの株価を上げる可能性もある。

そして何より、価格を決めるまでに、ときには15秒ほどしか猶予がない（運が良ければ、何か警告があって、数時間考える時間があったが）。いずれにしても、他のトレーダーも同じ取引をしようと常に競っていた。どんな取引においても、多くの余裕はなかった。

したがって、ＥＴＦ取引にリスクがないわけではない。原則として、サムは常に、どの重み付けがされたコインを投げるかを選んでいた。そして現実世界では、自分にとって大幅に有利な重み付けをされたコインが提供されることはめったにない。80対20で表が出るコインなどまずなかった。運が良ければ60対40のコインがあったが、ほとんどの場合、1日の大半を53対47のコインを投げるのに費やすことになる。もちろん、自分に有利な重み付けのコインでも、何度も投げれば裏が出ることもある。つまりどんなに仕事をうまくこなしても、カネを失う可能性が残るわけだ。

ジェーン・ストリートのビジネスの根幹にある考え方は、1回のトス、あるいは1人の投げ手が重大な結果を生んでしまわないようにすることだった。同社の２００人のトレーダーは、重み付けされたコインを識別するという特異な適性を持っていた。

彼らは集団として、1日に何百万回もコインを投げる。したがって平均の法則が、最終的にその効力を発揮するだろう。それでもジェーン・ストリートでは、取引で負ける日があり、負ける週があり、稀に負ける月もあった。[*1]「最大のリスクは、投げるコインが十分に見つからないことだった」とサムは言う。

ジェーン・ストリートの他のトレーダー同様、サムは常に、自身の取引判断を自動化する方法を模索していた。ライターのバーン・ホバートが述べたように、ジェーン・ストリートのトレーダーたちは「金融においてコンピューターが人間に取って代われる効率的フロンティアを見つけ、それを拡張する絶え間ないプロセス」に取り組んでいた。トレーダーたちの仕事は、単に金融市場を最適化することだけではなく、最も価値のある決定を下せるように意識を集中しつづけて自分自身も最適化することにあった。

一部の決定をマシンに任せれば、自分は新しいコインを探しに行ける。マシンに力を与えるためには、コンピューターのプログラムに反映させられる市場のパターンを特定するだけで十分だった。そうしておけば、投資家から1億ドル相当のインド株を提供するよう求められたとき、金融取引税を計算したり、買い手にどれほどのリスクがあるか、あるいは市場が開いたときにさまざまなインド株の価格がどのくらい上昇しそうかを検討する必要はなくなる。単にボタンを押すだけで、マシンが判断を下し、取引を行うか、行うのをやめる。

もちろん、そのプロセスには常に注意を払う必要があった。たとえばインドの株式市場が終了したあとにムンバイで核爆弾が爆発したら、事前にプログラムされたマシンに株の売買を任せたくはないだろう。ジェーン・ストリートのトレーダーは、マシンをロボットアームとして扱った。マシンを使えば、自分自身の生身の腕よりはるかに多くのことができるようになるが、マシンを操作するためには自分の腕をそれに突っ込まなければならない。

ほとんどの場合、特に人間がそれについて考える時間が15秒しかない場合、マシンは人間よりもはるかに優れた取引判断を下した。「最も価値を感じたのは、まだ自動化されていないが、自動化できる可能性のある作業を見つけ出したときだ。それは人間よりも優れていた。なぜなら、人間はそうした作業をすごい速さで行わなくちゃならないからだ」

ジェーン・ストリートはサンドイッチの取引で利益を上げた。彼らはまた、市場で他人が見逃した統計的パターンを見つけることによっても利益を上げた。もちろんトレーダーは、誰かが何らかの取引をしている限り、常に市場が見逃したパターンを探している。ジェーン・ストリートで起きたことと、たとえば１９８０年代のウォール街のトレーディングフロアで起きたことの違いは、内容より程度の問題だった。データが感覚に完全に取って代わったのだ。

ジェーン・ストリートでの標準的な仕事の仕方として、トレーダーは、横目でマシンの取引をチェックしながら、ちょっとした研究プロジェクトを進めていた（取引は、サムが注意を向けるものとしては、後のビデオゲームのようなものだった）。たとえば国際ＥＴＦデスクのトレーダーは、まずこんな疑問を抱くかもしれない――米国市場の取引時間中に原油価格が動くと、市場が閉まっている産油国の大企業株でいっぱいのＥＴＦには何が起こるか？　ニューヨークのランチタイムに原油価格が高騰すると、たとえばナイジェリア企業の株もそれに追随するだろうが、ナイジェリアの株式市場は閉まっている。

一方ナイジェリア株を組み入れたＥＴＦは、米国の取引所で今まさに取引されている。そうした米国上場ＥＴＦは、原油価格の変動に十分迅速に反応していないのではないか？　明日ナイジェリア株式市場が開くときに、必然的に起こるであろうナイジェリア株の上昇を予測するチャンスはあるだろうか？　他の人々はこのようなことに気づいていないのか？　こうした疑問に答える唯一の方法は、過去の値動きの研究を行うことだ。ジェーン・ストリートのトレーダーたちは、そうした金融研究プロジェクトに多くの時間を費やしていた。

トレーダーは儲けるだけでは不十分で、なぜ儲かっているのかを説明できなければならない。ジェーン・ストリートの優れたトレーダーは、なぜ自分が優れたトレーダーであり、なぜ優れた取引が存在するのかを説明できない限り、優れたトレーダーではなかった。ある元トレーダーはこう表現している。『なぜあなたは優れているのか、どうすればあなたと同じことができるのか』と聞かれているようなものでした。それに答えられなければ、疑わしいと思われます」。しかしこうした小さな研究プロジェクトは、必ずしも、市場の非効率性に関する理論に基づいてきっちり始まるわけではなかった。トレーダーが取引中に観察した、奇妙な出来事がきっかけとなる場合も多かったのだ。

たとえば、かつてサムが気づいたように、ある韓国株の株価がソウル証券取引所で上昇してからちょうど12時間後に、別の日本株の株価が東京証券取引所で上昇することに気づくかもしれない。最初は単なる偶然だと思うだろう。しかしそれが繰り返し起きている。過去のデータを掘り下げてみると、これらの株で数カ月間同じことが起きているとわかる。この発見に基づいて、韓国株が値上がりした瞬間に日本株を買えば、儲かる可能性がある。

しかしそれだけでは、ジェーン・ストリートのやり方としては十分ではない。なぜ韓国株が値上がりした12時間後に日本株も値上がりするのか、理由がわからないからだ。そこで、さらなる調査がいるだろう――サムがしたように。サムは、韓国株ＥＴＦと日本株ＥＴＦの価格が、ドイツの銀行のたった1人のトレーダーによって動かされていることを発見した。そのトレーダーは、数日おきに、韓国と日本の両方で大量の買い注文を出していた。韓国の買い注文を出してその日の仕事を終え、日本の買い注文はアジアの同僚に引き継いで、彼らが東京で目覚めたときに処理してもらうのだ。

ジェーン・ストリートのトレーダーは今や嬉々として、韓国のETFの価格上昇を合図として日本のETFを買うことができた——そのドイツ人が死ぬか、引退するか、自分の怠慢がどれだけの損失をもたらしているかに気づくまで。

サムは、他のトレーダーや取引アルゴリズムの愚かさのおかげで成功する多くの取引を見つけていた。つまりアッシャーに対して行った取引と同じだ。ここ2週間、カナダの主要株価指数が、取引開始直後に奇妙な振る舞いを見せていた。9時30分に異常な勢いで上昇したり下落したりして、9時31分には元の水準に戻るのだ。市場がニュースに反応するときの動きではなかった。何か他のことが起きている——サムは研究し、誰かが1カ月前に、カナダの株価指数に関する数十億ドル規模の大規模なオプション取引を行ったことを発見した。

その取引を行ったトレーダーは、カナダの株価指数が動くたびに自分のポジションをヘッジする必要があった。そのためにトレーダーはボットを作成した。そのボットはカナダの株価指数が値上がりすると何も考えずに買い注文を出し、逆に値下がりすれば売り注文を出す。そのため、通常よりも値上がりや値下がりの幅を大きくする原因となっていた。カナダの株式市場が前日より高い価格で開いた日には、ボットはカナダの株を購入する。するとその価格がさらに上昇するので、ボットはさらに買い注文を出す。市場が前日よりも低い価格で開いた場合には、逆のことが行われた。

サムがそれに気づいてから2週間、彼の取引デスクはボットが買ったあとにカナダの株を売り、ボットが売ったあとにカナダの株を買うことによって、ちょっとした財産を築いた。それは、そのボットを作成したトレーダーが気づいてボットを停止するまで続いた。「つまり、他人の愚かなアルゴリズムをリバースエンジニアリングしていたというわけ」とサムは言う。


市場での統計パターンを分析しつづけたことで、多くの面白い洞察が得られた。たとえば、ワールドカップでブラジルが試合に勝つたびに、同国の株式市場は急落した。その勝利により、汚職を疑われていたブラジルの大統領、ジルマ・ルセフの再選の可能性が高まると考えられたためだ。ブラジルのサッカーチームが次の試合で勝つ確率を、より速く、より正確に予測すれば、ブラジルの株式市場で表の出やすいコインが手に入るようなものだった。

他の例を挙げよう。２０１６年10月下旬の世界の株式市場は、ドナルド・トランプが大統領になる可能性を左右するニュースにはっきり反応して動いていた。当時、次の選挙は現代のグローバル金融市場にとって最も重要な選挙になると思われていた。ジェーン・ストリートの国際ＥＴＦデスクのトレーダーたちは、選挙を受けた取引の仕方についてアイデアを出し合った。誰かが、高頻度取引の基準からすると、選挙結果が金融市場に反映されるのがとにかく遅い、と指摘した。

この指摘に基づく研究をサムが主導した。米大統領選挙では、全米で統一された投票結果報告システムが存在していない。50の州がそれぞれ、選挙データの公開方法とタイミングを決定していたのだ。一部の州は他の州よりも動きが遅い。集計用のまともなウェブサイトを開設している州もあれば、それがない州もある。「たいていの州には17種類くらいのウェブサイトがあった」。たとえ各州のデータ集約方法が最大限に効率的なものだったとしても、結果が金融市場に反映されるまでにタイムラグがあると思われた。「ジェーン・ストリートでは、ほぼ全員が同じ直感を抱いたよ。これを利用できないわけがない」

金融市場の誰よりも、いや世界中の誰よりも早く大統領選の結果を知ることができるのは、ジェーン・ストリートをおいてないはずだ。結局のところ、結果がどうであれ、金融市場がそのニュースを知る方法は一般大衆と同じ――CNNのニュースキャスター、ジョン・キングの番組を通してだった。ジョン・キングは、HFTトレーダーのリターンを最大化するようにはできていない。「彼らにはコマーシャルの時間があるので、ジョン・キングは2分の遅れなど気にしない。さらに、彼が部屋を横切って地図のところまで歩くのに15秒かかる」。ジェーン・ストリートのトレーダーは、金融市場の他社よりも早く情報を取得することに慣れていたため、政治市場でも同様にできるものと考えた。

彼らは短期間でモデルを構築した。それはニュースサイトや、政治予測を行うサイト「ファイブサーティエイト」で使われているものと似ていて、自分たちがどこよりも早く収集するはずの情報の意味を理解するモデルだった。サムは若いトレーダーたちを全米の各州に割り当て――あるトレーダーはミシガン州を、別のトレーダーはフロリダ州を担当する――それぞれに、最も早く選挙データを得られる情報源を見つけさせた。

難しいのは投票データを他の誰よりも早く入手することだと、サムや同僚トレーダーたちは考えていた。賢明な取引戦略はあまりに明白だったので、考えるまでもない。選挙前の数週間でパターンがはっきりしていた。どの株式市場も、トランプに有利なニュースが流れると急落し、ヒラリーに有利なニュースで上昇したのだ。トランプにとっていいニュースは、特にメキシコのような新興市場にとっては悪いニュースだった。ジェーン・ストリートの取引計画はそれほど複雑ではなかった。誰よりも早く投票結果を入手して、そのデータで双方の勝利確率を修正し、それに応じて米国と新興市場の株を売買するのだ。

2016年11月8日、大統領選の夜、サムが設計し、監督したマシンは見事に機能した。ジェーン・ストリートのトレーダーたちはCNNに先んじて情報を得ることができ、その差は数秒のこともあったが、多くは数分単位で、ときに数時間に及ぶこともあった。「トランプ優勢！」と1人のトレーダーが叫ぶと、他のトレーダーが株を売る。その5分後、ジョン・キングがその事実を確認し、市場が動く。

夜が更けるにつれ、他のHFT業者も同じように取引をしているのではないかという心配はなくなった。「市場はデータではなくCNNのスピードで動いていた。僕たちは市場より優れた情報を持っていると確信したよ。他の誰かが同じことをしてたとしても、非常に小規模だと感じた」。その日の夜、投票結果が予測を5％も変動させることが7回あり、ジェーン・ストリートはそのたびに市場の動きを先取りした。

フロリダ州北西部の結果が最も劇的だった。開票の初期、フロリダ州でヒラリーが勝利して選挙全体もヒラリーに軍配が上がると思われた。フロリダ州は非常に重要だからだ。しかしフロリダ州北西部がトランプ支持に大きく動き、ジェーン・ストリートのモデルでは、トランプ勝利の可能性が5％から60％に急上昇した。「僕たちはジョン・キングが知る前からフロリダ州北西部の結果を知っていた。何かの間違いじゃないかとビビったけど、間違いじゃないとわかって、『クソ、売りだ！』となったよ」

取引を終えるまでに、ジェーン・ストリートはS&P500に対して数十億ドル規模の空売りをし、さらにメキシコなど、トランプ大統領の誕生によって最も経済にダメージを受ける可能性のある国々の株式市場に対して数億ドルの空売りをした。午前1時ごろ、24時間のスリリングな取引を休むことなく続けたサムは、デスクを離れて仮眠をとった。市場はトランプ勝利のニュースを完全に消化したようだった。ジェーン・ストリートは、おそらくこれまでで最も利益のある取引をした。「ジェーン・ストリートで過ごしたなかでいちばん刺激的な日だった」

3時間後に戻ってきたサムは、ドナルド・トランプが世界の株式市場に与えるであろう影響について、市場の見方が変化していることに気づいた。「それはハルマゲドンになると考えられていた。実際、ハルマゲドンだったかもしれない。しかし米国市場にとってはそうではなかった」。実際、米国市場は反発し、そしてジェーン・ストリートが空売りしたほとんどの株は米国の株式市場のものだった。

「ジェーン・ストリートにとって3億ドルの利益だったものが、今や3億ドルの損失になっていた。ジェーン・ストリート史上最も利益のあった取引が、最悪の取引へと変わったんだ」。さらに今や合衆国の大統領はドナルド・トランプであり、それはサムや、彼がジェーン・ストリートで知る他の誰も喜ばない事実だった。「まるで残酷なジョークだった」

この状況に対してジェーン・ストリートがとった行動に、サムは衝撃を受けた。ほとんど何もしなかったのだ。会社全体として、正式な事後分析が大規模に行われることはなかった。誰も罰せられたり、詰問されたりしなかった。一方でサムは、この会社がプロセスと結果を区別していることに感心した。いい結果が出たのは誰かが正しいことをしたからではない。同様に、悪い結果が出たのは誰かが悪いことをしたからではない。「ジェーン・ストリートは本当に人を責めるのが好きではなかった。彼らは、『誰か指示に反する行動をとったか?』と質問する。答えが『いいえ』なら、CEOでも同じことをしたかもしれない、という話になるんだ」

一方でこの不透明で秘密主義の会社は、現代で最も重要な大統領選の結果を、世界中の誰よりも早く手に入れていたにもかかわらず、大きな損失を被った。振り返ってみると、彼らは情報の取得に時間をかけすぎ、その使い方を考えるのに十分な時間をかけていなかった。彼らは単に、トランプの勝利が世界的な金融災害になると想定した。

今にして思えば(いつだってそんなものだが)、行うべき取引は明白だ。米国市場へのダメージよりも、小規模な外国市場へのダメージが大きいことに賭けるべきだった。S&P500を買い、たとえばメキシコの株式市場をより大量に売るべきだった。「すごくいい取引ができたはずなのに、台無しにしてしまった。事後分析としては、もう少しでうまくいくところだった、だね。さんざん考えたことはすべて、とてもうまくいったんだから」

ジェーン・ストリートの上層部は、次の同じような状況でもっとうまく取引する方法を模索するのではなく、そもそもこうした取引を試みたこと自体が間違いだったと結論した。『私たちにはこの分野に関する直感がないし、今後やるつもりもない。選挙の取引についてはしばらく話さないことにしよう。そうすれば記憶にも残らない』という感じだった」。それはサムを悩ませた。ジェーン・ストリートはその期待値を最大化するようにできているだろうか、と疑問を抱いたのだ。

ジェーン・ストリートを離れて別のウォール街の企業へ、あるいはまったく別の場所へ移る人は驚くほど少ない。「ベテランの人が競合企業に移ったときは、あまりの痛手に泣きながら飲み明かしたものさ」とサムは言う。ジェーン・ストリートは、他の時代ならけっしてウォール街への道を見つけられなかったであろう若者たちを惹きつけ、十分な興味を持たせ、仕事に従事させ、高給を与えて、ジェーン・ストリートでのトレード以外に人生を捧げることなど想像できなくさせていた。彼らは数学の得意な人々をカネを稼ぐ人々に変え、その過程で彼らの幸福を損ないもしなかった。仕事上優秀とはいえない社員をも引き止め、自分も会社の一部なのだと感じさせた。「ジェーン・ストリートが誰かを解雇することはなかった。彼らに競合他社で仕事をさせるよりも、何もしなくても給料を払うほうが安くすんだんだ」

ジェーン・ストリートはサムを喜ばせるためなら何でもした。彼らはMITでできたサムの親友2人を面接し、そのうちの1人を雇った。さらにサムの弟ゲイブを雇い、彼もトレーディングフロアで働きはじめた。2016年の大統領選挙では、サムが中心となってトレード・モデルを考案して実行することを認め、それが会社史上最悪の損失をもたらしても、誰も彼に嫌味ひとつ言わなかった。

年次の業績評価において、上司はサムに、彼がジェーン・ストリート社員のなかでトップにランクされていると伝えた。彼は会社で最も利益を上げるトレーダーではなかったが、まだ若く、非常に優れた成績を収めていた。1年目で30万ドル、2年目で60万ドル、3年目の25歳のときには、100万ドルのボーナスが支給されようとしていた。

サムは面談の際、上司に、ジェーン・ストリートにおける彼の将来的な報酬がどうなりそうかを尋ねた。上司はもちろん、ジェーン・ストリートの全体的なパフォーマンスによると答えたが、10年後に彼が現在のようないい成績を続けていれば、年収は1500万ドルから7500万ドルの間になっているだろうと説明した。ある元トレーダーは、「社員に満足感を与え、彼らが辞めないようにするというのがジェーン・ストリートの考え方でした」と述べている。

しかしサムは満足しなかった。サムの不満は単純ではなかった。彼は多くの面で満足しておらず、イヌイットが氷の状態を表すために無数の言葉をつくったように、自分の感情を表すのに新しい言葉を創造する必要があるほどだった。彼はときおり、たいていはシャワーを浴びているときに、自分と自分が置かれた状況についての考えを言葉にして、それを書き留めた。そうした私的な、彼が自分自身に向けて書いた文章のトーンは、他人に対して自分を表現する際とは大きく異なっている。

ジェーン・ストリートでのキャリアが終わりに近づいたある日、彼は「僕は喜びを感じない」と書いた。「幸せを感じない。どういうわけか、僕の脳の報酬系はまったく刺激されないようだ。最高の瞬間、誇らしい瞬間がやってきては過ぎ去り、脳のなかで幸福感があるはずの場所には穴があって、それが痛むのを感じるだけだ」。彼はジェーン・ストリートに感謝すべきだと理解していた。他の誰も見出さなかった彼の価値を見出してくれたからだ。

しかし彼は、自分がそれを感じていないこともわかっていた。「本当に感謝するためには、喜びや親近感、高揚感といったものを、心で、腹で、頭で感じなければならない」と彼は書いている。「しかし僕はそれを感じない。何も感じないのだ。少なくとも、いいことは何も。僕は喜びも、愛も、誇りも、献身も感じない。僕はその瞬間のぎこちなさを感じている。適切なリアクションをとらなければ、彼らを愛していると示さなければ、というプレッシャー。しかし僕はそうしない。そうすることができないからだ」

ジェーン・ストリートはサムがこれまで関わりを持ったなかで、不快感を覚えることの少ない唯一の場所だった。彼は一日中、共通の目的で結ばれた何百人もの人々に囲まれ、これまで最高のボードゲームに興じていた。それでもなお、他の人々とのつながりを感じることができなかった。

彼は人から理解されやすくなるように、相手の言動に反応をしているふりをすることを学んだ。それは出来のいい仮面をつくるようなもので、そのせいで人は、仮面の裏側で実際には何が起きているのか、よけいわからなくなったのかもしれない。「同僚たちといるのは楽しい」と彼は書いた。「けれど彼らは、本当の僕がどんな人物か、どんな考えを心に隠しているかを知ることには興味を示さない。より誠実に友情を育もうとすると、それはどんどん薄れていく。誰も関心を持ってくれない。僕が見ている自分自身について、誰も気にしていないのだ。彼らが気にしているのは彼らの目に映るサム、彼らにとってのサムだ。彼らは、そのサムが何者であるかは理解していない――それは、僕が人々に聞かせようと決めた考えをまとめたものにすぎない。実生活版のツイッターアカウントみたいなものだ」

彼は自分自身を、感情よりも思考を重視する機械のような存在だと捉えていた。そして、自分の行動を論理的に考えて導き出す人間だと捉えていた。この点に関して、彼は完全に間違っていたわけではない。

彼が人生を大きく変えたのは、他人から反論できないような主張をされたときが多かった。たとえばMITに入学して数日後、彼は新入生のアダム・イェディディアと出会った（後にジェーン・ストリートに雇われることになった友人である）。彼らは功利主義についての会話に没頭した。サムはそれが、人生において唯一の合理的な哲学であり、人々がそれを理解しない主な理由は、功利主義が導く結果を恐れているからだと主張した（「人々が功利主義について最も恐れているのは、それが無私を奨励するという点だ」）。

アダムはサムが自分の信念について語るのを聞いていたが、最終的にこう言った。「君が本当にそれを信じているなら、肉を食べないだろう。肉を食べないという自分自身の小さな犠牲で、多くの苦しみを軽減できるじゃないか」。サムは苦しみを最小限に抑えることに真剣だった。フライドチキンも好きだったが、議論にはならなかった。「彼の言葉が頭のなかでぐるぐると回っていたが、僕は望まない考えを避けるために、真剣に向き合おうとしなかった」とサムは言う。「その考えはこうだ。『自分が30分間チキンを楽しむために、ニワトリは5週間の拷問に耐える』」。サムは食生活を見直すしかなく、実際にそうした。「お手軽なベジタリアンと真剣なベジタリアンがいますが、彼は真剣なほうでした」とアダムは言う。「ああいうふうに何かを変えるのは難しいことで、実際にできる人は珍しい」

サムがオックスフォード大学の哲学者ウィル・マッカスキルに出会ったときも、同様のことが起きた。サムはマッカスキルの主張を、単純に正しいものとして受け止めた。彼は以前から、人は自分の人生を、その結果によって評価すべきだと信じていた。マッカスキルはその結果を、端的かつ定量的に示すことができるものにした──救われる命の数を最大化すべきだ、と。

サムは即座にそれを受け入れた。「その考え方は簡潔で、事実に即していた。彼の言ったことは、僕にとって明らかに正しいと思われた。そして現実的な行動の指針を与えてもくれた。やるべきことが具体的にあって、僕にはそれができる。他にもそれをする人々がいる」

ジェーン・ストリートでのキャリアを始めて3年、彼は可能な限り多くのカネを稼いで、最も効率的に命を救う活動に投入することに全力を注いでいた。トレードで稼いだカネのほとんどを、オックスフォードの哲学者たちが特に効率的に命を救っていると認定した3つの慈善団体に寄付した（そのうちの2つ、80000アワーズと効果的利他主義センターは、オックスフォードの哲学者たちが自ら立ち上げたものだった。3つ目はザ・ヒューメイン・リーグだ）。

サムは地球上の幸福を最大化することに人生を捧げていたが、それでも自分自身の幸福を感じることがなかった。ジェーン・ストリートに入社した2014年の夏から2017年の夏にかけて、彼は休暇を取っていない。実際には米国市場が閉じている10日間も働いていたので

（米国トレーダーが注意を払っていない期間には、海外市場の動きが特に活発になった）、ジェーン・ストリートで取得した休暇日数は記録上マイナスになる。

トレーディングフロアで、彼は自問自答していた――偶然見つけたこの仕事が、自分の最高の価値を生み出す可能性はどのくらいあるだろうか？　見たところ、その可能性は低いと思った。そしてジェーン・ストリートでの仕事以外に自分ができることのリストまでつくった――政界で働く、ジャーナリズムに進む、他の人々を効果的利他主義者にする、何らかのテクノロジー会社を立ち上げる（「具体的なアイデアはないけど」）、独自にトレードを始める。「10個くらいあったかな」と彼は振り返る。「それぞれの期待値を推定しようとしたが、どれも似たり寄ったりだった。ジェーン・ストリートに残るのと、リストのなかのどれかひとつだと僅差だったけど、ジェーン・ストリートと残りすべてだと差は小さくない。

僕は、ジェーン・ストリートが最良の選択である可能性はどれくらいだろうと考えた。おそらく低い。でも、ジェーン・ストリートにいたらそれがわからないことははっきりしている。それがわかる唯一の方法は、とにかくリストからいくつか実際に試してみることだった」

２０１７年の夏の終わり、サムはついに休暇を取った。試してみるとすぐに、リストの選択肢のひとつが、他のものとは違うことに気づいた。暗号通貨は、彼には一切興味のない奇妙な趣味から、半分真剣な、他とはまったく違う金融市場へと変化していた。

その年だけで、暗号通貨の価値の総額は１５０億ドルから７６００億ドルへと急成長した。しかしジェーン・ストリートは暗号通貨を取引していなかった。サムの見る限り、他のＨＦＴ業者も取引していなかった。ジェーン・ストリートは暗号通貨に対して非常に慎重で、それをトレーダーが個人口座で取引することさえ許可しなかった（サムが質問して確認した）。しかし毎日およそ10億ドル相当の暗号通貨が取引されており、その取引方法は、高頻度取引が発明されていない時代のように原始的なものだった。

サムはざっくりと計算してみた。もし彼が市場全体の５％（ジェーン・ストリートの基準からすれば控えめな数字だ）を獲得できれば、１日に１００万ドル以上を稼ぐことができる。市場は決して閉まらないため、それは年間３億６５００万ドル以上の利益を意味する。「それが僕の大まかな見積もりで、とんでもない数字だと思った。だから10分の１に減らして年間３０００万ドルと考えた。けど、その数字を誰かに言うのは恥ずかしかったよ。『サム、冗談はよせ』と言われて終わっていただろうね」

しかし彼は、言うほど恥ずかしくはなかったようだ。休暇から戻ってジェーン・ストリートを辞める前に、彼をベジタリアンに変えた大学時代の友人に話をした。「サムは他の人と違って、自分の意見を言うときは、たいていすごく自信があります」とアダム・イェディディアは振り返る。「ジェーン・ストリートを去る前、彼は自信たっぷりに『僕は10億ドル稼げると思う』と言いました。私は『10億ドルも稼げっこないよ』と答えましたよ」

第2部

5「ボブについての考察」

キャロライン・エリソンはサムの下で働きはじめてたった2週間で、人生最大の過ちを犯したと母親に電話しながら泣き崩れた。彼女がサムに出会ったのは、スタンフォード大学の4年生になる前の夏だった。サムがジェーン・ストリート・キャピタルのインターンのクラスでトレードを教えることになり、そこに彼女もいたのだ。「私は彼が、ちょっと怖かったです」とキャロラインは言う。サム同様、彼女の両親も学者だった。父親のグレン・エリソンはMITの経済学部で学部長を務めていた。サム同様、彼女にとっても数学は幼いころから重要で、数学のコンペティションを通じてジェーン・ストリートを知った。彼女のような若者を探すために、ジェーン・ストリートがそのイベントを主催していたのだ。

そしてサム同様、彼女も大学で効果的利他主義と出会い、知的な首尾一貫性のある目的意識を見出した。おそらくサム以上に、数学を通じて道徳的な場所へと導かれたのだろう。「私は、何をすべきかを定量的で厳密な方法で考える人たちに惹かれました」と彼女は言う。「それまでは、世界で善い行いをしたいという気持ちはあまりなかったのです」

そしてサムと同様に、キャロラインもジェーン・ストリートにトレーダーの正社員として採用された。しかしサムと違い、彼女は自分に自信がなく、他人の意見、特に交際相手の意見に左右されやすかった。サムと違い、彼女は普通の生活を望んでいた――感情があり、子どもがいて、彼らをSUVに乗せてあちこち行くような生活だ。ジェーン・ストリートで働きはじめて1年後、自分の仕事はせいぜい平均的で、サムのような会社への思い入れや仕事への情熱はないと感じていた。「少し物足りなさを覚えていました。何かが欠けてるって。自分が善い行いをしているという自信がありませんでした」

彼女は同時に、ジェーン・ストリートの別のトレーダーであるエリック・マネスに対して、希望と絶望がないまぜになった不安定な愛情を抱いていた。彼女は後に、「エリックとの関係を振り返ると本当に恥ずかしくなります」と書いている。それは彼女が、自分の感情的な動きをサムに説明するために書いたメモで、サムの注意力が長く続かないことを考慮して、次のような箇条書きになっていた。

- 彼は私を愛することはないだろうと言った
- それで私は本当に悲しくなって、自分のことが本当に嫌いになった
- それが原因で別れを切り出されるのが心配だったので、私が落ち込んだことを彼に知られたくなかった
- なので自分の気持ちを隠して明るく振る舞おうとした
- 落ち込むことを話したり考えたりしないようにした
- たとえば彼の元カノの話を聞くと嫉妬や不安を感じたので、そのことは聞かなかった

「エリックに対しては、もし彼が私のことを本当に深く知ったら私と一緒にいたいとは思わないだろうから、自分自身を隠す必要があると感じていました」と、彼女は付け加えている。

２０１７年の秋、ジェーン・ストリートはキャロラインをスタンフォード大学に行かせた。まだ大学にいる数学的才能を持つ友人たちを高頻度取引の世界に勧誘するためだ。到着した彼女はサムに連絡をとり、会いませんかと誘った。バークレーで一緒にコーヒーを飲んだが[*1]、サムは自分が企んでいることについては、警戒して口を閉ざしていた。「彼の態度は、『僕は秘密のことをしているから、それについては話せないよ』という感じでした」とキャロラインは振り返る。

「彼は、またジェーン・ストリートから働かないかと言われるのを心配していました。でもしばらく話しているうちに、『君には話していいかもしれない』と言ったんです」。その会話が終わるころには、キャロラインはジェーン・ストリートを辞めて、サムが密かに立ち上げようとしている暗号資産取引会社に参加すべきかもしれないと思いはじめていた。その仕事にはなじめそうだった。要は、ジェーン・ストリートで行っている株式に関する研究と同じようなことを、サムの新しい会社で、暗号通貨に関して行うわけだ――たとえば「ビットコインの価格は時間帯に応じて変動するのか？」とか「ビットコインの価格は他のコインの価格とどのように関連して動くのか？」といった問題について。しかし、その仕事の根底にある目的は、完全に異なるものになるだろう。他の効果的利他主義者たちとだけ働くのだから。

サムに言わせれば、ジェーン・ストリートは「ただ人々が毎日仕事に来て、いくつかゲームをして、銀行口座にある数字を増やすだけの場所だ。社員は人生で他にすることがないんだから」。アラメダ・リサーチと彼が名づけた会社は、それとは違う場所になる――膨大な数の命を救うための器となるのだ。

キャロラインはサムに、少し考えさせてほしいと伝えた。ジェーン・ストリートに戻って、エリックに最後にもう一度、自分を愛しているかどうか尋ねるためだ。そして、エリックは彼女を愛してはおらず、それは悲しくはあったがキャロラインを自由にした。彼女はジェーン・ストリートを辞め、アラメダ・リサーチに入社した。

ジェーン・ストリートを辞めるのは、キャロラインが思っていた以上の苦痛を伴った。これまで、ジェーン・ストリートが20万ドルの給料を払った1年目のトレーダーが簡単に辞めてしまうことはなかった。ましてや、胡散臭い暗号資産取引スタートアップに移籍するなど前代未聞だ。

キャロラインは、自分の退社が、ジェーン・ストリートに新たな脅威の存在を認識させるだろうと予想したが、その勘は正しかった。ジェーン・ストリートをはじめとするHFT業者がトレーダーを探していた場所は、ウィル・マッカスキルをはじめとするオックスフォードの哲学者たちが新たな効果的利他主義者をリクルートしていた場所でもある。複雑な金融ギャンブルの期待値を計算できる人は、人生全体の期待値を計算できるという信念に惹かれる人でもあったのだ。

ウォール街の基準からすれば、ジェーン・ストリートは貪欲な会社ではない。幹部たちは、他のHFT業者が好んでやったような形で富を見せびらかしはしなかった。プロスポーツチームを買収することもなければ、自分たちの名前をつけるためにアイビーリーグの大学にカネを投じることもない。多少の命を救うことにも反対はしなかった。それでも彼らはウォール街の企業だ。そこで生き残るためには、社員が、毎年のボーナスに執着し、マンハッタンの寝室が5つあるアパートメントやハンプトンズの静かなサマーハウスを持ちたがる必要があった。

効果的利他主義者たちが流れ込んできたのは、ジェーン・ストリートにとって憂慮すべきことだった。彼らは独自の価値観を持っていて、ジェーン・ストリート以外のものに深い忠誠心を抱いていた。彼らとカネとの関係も、普通のウォール街の人々とは違っていて、ウォール街の人間なら気にするはずのボーナスを気にしなかった。

サム・バンクマン・フリードがジェーン・ストリートの儲かる仕事を辞め、自分の力でさらに儲けようというとんでもない計画を立てられたのは、彼に物質的な執着がなかったからだ。「彼はライフスタイルを諦めたんじゃない、もともと彼にはライフスタイルがなかったんだから」と、あるジェーン・ストリートの元トレーダーは語っている。

キャロラインは「自分の期待値を最大化する」ために短期間でジェーン・ストリートを辞めた2人目の効果的利他主義者だったので、今回はジェーン・ストリートも対応する準備ができていた。彼女のマネージャーだったジェーン・ストリートのパートナーが、彼女を自室に招いた。「彼は怒っていました。すごく冷たい態度で」。それから彼は、キャロラインの最も深い信念に異議を唱えた。効果的利他主義には意味がないと言い、その理由を次々に挙げた。「現在の行動が遠い将来にもたらす結果を、正確に測定する方法はない」「そのような測定方法が存在するとしたら、それはおそらく市場にある。ジェーン・ストリートが支払うほどの報酬は他のどこでも得られないから、君の最高の価値はジェーン・ストリートにある」といった具合だ。

それは初めてのことだった――ウォール街のトレーディング会社は、最も優秀な数学的頭脳を雇うことを事業の前提としていたが、今や人生における数学の限界について議論せざるをえなくなっていた。「1時間にわたる会話で、そのパートナーは功利主義には欠陥があるからここに残るように、と私を説得しようとしました」とキャロラインは振り返る。「これは1時間で解決できるような問題じゃない、と私は思いました」

キャロラインが驚いたことに、自分の主張が思い通りに着地しなかったとき、パートナーは何の感情も見せなかった。「私が功利主義についての意見を変えないとわかると、すぐに私物がまとめられました」。トレーディングフロアの誰も、彼女をハグしようとすらしなかった。私物の入った箱を持って、ロウアー・マンハッタンの通りに出たキャロライン・エリソンは、独りきりになった瞬間にこう思った。「どうしよう、大きな間違いを犯してしまった」

しかし、その思いもやがて消え、２０１８年3月にはベイエリアに移り、新しい仕事に就く前に、自分自身のための時間を取った。その解放感を、彼女はブログでこう綴っている。

> ベイエリアに住んで1週間たった。一夫一妻制に未来はなく、消えようとしている。若くて魅力的なうちに、勝ち組の男たちの遊び相手になるのも悪くないかもしれない。将来のために卵子を凍結保存しておこう。

3月下旬、彼女の新しい仕事が始まったが、アラメダ・リサーチの状況は、サムが彼女に予想させていたものとはまったく異なっていた。彼は20人ほどの効果的利他主義者を採用していたが、そのほとんどが20代で、1人を除いて金融市場での取引経験はなかった。そして多くが金融資産についてまったく知らず、興味もなかった。彼らはただ、暗号資産が非常に非効率な市場であり、ジェーン・ストリートが採用していたような取引手法を使えば数十億ドルを稼げるかもしれない、というサムの主張を信じただけだ。今や彼らは、サムの世界に生きていて、不満を隠し切れずにいた。

形の上ではサムと共に会社を運営していた、オーストラリアの若い数学者タラ・マック・オーリーは、こう語っている。「彼は厳しく、皆に18時間労働を要求し、普通の生活を諦めることを期待していた一方で、彼自身は会議に現れず、何週間もシャワーを浴びず、周囲は古くなった食べ物だらけで散らかっていて、デスクで眠り込んでいました。彼はまったくマネジメントをせず、何か質問があるなら聞きに来ればいいという考えでした。ところが彼と個別に話し合おうにも、彼はその間ビデオゲームをしているんですから」

会社の財務状況はすでに混乱に陥っていた。数カ月前、サムのジェーン・ストリートでのボーナスから税金を差し引いた50万ドルで小さくスタートを切ったが、そのあと、より裕福な効果的利他主義者たちを説得して、1億7000万ドルを貸してもらった。暗号資産取引ですでに何百万ドルもの損失を出していたが、どれだけの損失か正確には誰も知らなかった。

2月には、彼らの取引システムは1日あたり50万ドルの損失を出していた。さらに、取引の損失に加えて何百万ドルものカネがどこかに消えてしまっていた。それが何に使われたのか誰にもわからず、社員たちは完全にパニック状態に陥っていた。「経営チームの一部が辞めたがっていたのではありません」と、5人のメンバーの1人であるベン・ウェストは言う。「チーム全員が辞めたがっていたのです」

サム以外の4人はサムとの間で一連の会合を持ったが、それは次第に緊張感に満ちたものになった。最初の会合で、ベンはサムに、会社におけるサムの理想の役割は何かと尋ねた。「神経の中枢にいること、つまりクモの巣の中心にいるクモであること、というのが彼の答えでした」とベンは振り返る。「人々は彼のところにアイデアを持ってきて、彼がその良し悪しを判断するというのです」。サムは自分の仕事を、人の意見に耳を傾けることだと考えていたが、経営チームのメンバーと会社のほぼ全員が、サムは彼らが言うことを一言も聞いてくれないと感じていた。

混乱のなかで、サムは自分だけの現実を生きていた。行方不明のカネに対する彼の態度はこうだ。「まあ、たぶんどこかで見つかるだろうから気にせず取引しよう!」。彼が最初に試みた自動取引システムは驚くべき速さで損失を出していたが、彼は事態を改善するはずの新しいシステムを構築した。

それは「モデルボット」と呼ばれ、世界中の暗号資産取引所での非効率性を探して利用するようにプログラムされていた。たとえばシンガポールの取引所でビットコインを7900ドルで購入し、日本の取引所で7920ドルで売ることが数秒間でも可能であれば、モデルボットはそれを1秒間に数千回繰り返すことができる。しかしこの例は、モデルボットの説明としては単純すぎる。モデルボットはおよそ500種類の異なる暗号通貨を、主にアジアにある30カ所ほどの暗号資産取引所で取引するようにプログラムされており、そうした取引所は基本的に何の規制も受けていなかった。

その前年、暗号通貨の価格がチューリップバブルのときのように急騰したことで、数百種類もの新しい暗号通貨が生まれていた。モデルボットは、ビットコインや、イーサリアムのトークンであるイーサなど、知名度が高く活発な取引が行われている暗号通貨と、セックスコインやプーチンコイン、ホットポテトコインのような、ほとんど取引のない、いわゆる「シットコイン」〔将来的な資産価値の上昇が見込めない暗号通貨〕との区別をしなかった。[*2] モデルボットはただ、ある市場である価格で購入し、別の市場でより高い価格で売ることができるコインを探していた。

モデルボットは、サムと経営チームとの間で、最も大きな意見の相違を生んだ。サムは「このモンスターを解き放てば万事うまくいく」という態度で、ボタンを押してモデルボットを1日24時間、365日休まず稼働させたがっていた。

しかし彼は、モデルボットを自分の望む形では使えなかった。アラメダ・リサーチ内のあらゆる人間が、彼を止めようとあらゆる手を尽くしたからだ。「1時間ですべての資金を失う可能性が十分にありました」とある社員は述べる。効果的利他主義のために使える1億7000万ドルが、あっけなく消えてしまうかもしれない。その可能性は、アラメダ・リサーチの経営を担当する他の4人のメンバーを怖れさせた。

ある晩、タラはサムと激しく議論し、彼女が合理的な妥協案だと考えるものに彼を同意させた。その妥協案とは、サムはモデルボットを起動できるものの、少なくとももう1人別の人間が立ち会う必要があり、損失が発生しはじめた場合には即座に停止する、というものだった。「私は『では家に帰って寝ます』と言ったんですが、私が出て行った瞬間、サムはモデルボットをオンにして眠り込んだんです」とタラは振り返る。その瞬間から、経営チーム全員がサムを信頼することを諦めた。

キャロラインがアラメダ・リサーチでの仕事を始めると、サムに不満を持つパートナーたちから、この悲惨な状況を聞かされた。「『あなた自身のために伝えておくけど、この会社には問題がある』と言われました」。キャロラインが働きはじめてから2週間目の終わりに、彼らはミーティングを開き、アラメダ・リサーチに1億7000万ドルを貸してくれた裕福な効果的利他主義者たちに対し、その返還を要求するよう説得したと発表した。それは数週間後に、アラメダ・リサーチがトレーディングに使う資金がなくなることを意味する。

キャロラインは誰を信じるべきかわからなかった。ジェーン・ストリートを辞める前に、アラメダ・リサーチのまずい状況についてサムが彼女に警告しなかったことで、彼女は騙されたと感じた。とはいえ、他の経営陣のこともよく知らない。彼女はサムのことをわかっていると思っていたが、経営陣全員が抗議のために辞めることを話し合っており、もし投資家たちが資金を引き揚げようとしているなら、サムに関して自分の知らない何かがあるに違いない。キャロラインが母親に電話して泣き出したのは、そんなときだった。

このビジネスのアイデアを出したのは、実はサムではなくタラだった。タラは以前バークレーで効果的利他主義センターを運営しており、ジェーン・ストリートに在籍していたころのサムは、彼女にとって最大の寄付者の1人だった。2017年の春から夏にかけて、2人は絶えず電話で話していた。あるときサムは、彼女に対して恋愛感情を抱いていることを明かし、別のときタラは、個人口座で暗号通貨を取引していることを明かした。タラは暗号通貨の取引をするようなタイプには見えなかった。効果的利他主義センターの運営に携わる前は、赤十字のために医薬品の需要をモデル化していた。彼女には金融の知識も大した資金もなかったのに、暗号通貨の取引で何万ドルもの利益を生み出していた。

タラと話すほど、サムの関心は彼女のロマンチックな魅力から取引スキルへと移っていった。タラは単にビットコインを買って値動きを見ていただけではない。暗号通貨市場の非効率性を利用していたのだ。その行動は、他の金融市場で行おうとすれば、ジェーン・ストリート級の才能とスピードと専門知識を必要とするものだった。

サムは彼女に5万ドルの小切手を書いて送った。何の条件もつけず、彼女は投資額を増やせるはずだった。しかし彼女はそれを現金化しなかった。そのカネが彼女を不安にさせたからだが、その理由は、小切手がサムから送られてきたからではない。「私はずっと、もしただ運がいいだけだったらどうしようと思ってたんです」とタラは振り返る。

サムはタラに、統計学的に言って彼女の成功が単なる幸運である確率がいかに低いかを示して、ようやく彼女の心を落ち着かせた。タラが行っていた取引は、ジェーン・ストリートが他のすべての取引で行っていたものと同じく、さまざまな暗号通貨の相対的な価値に賭けるという手法だった。彼女の成功を見てサムは、密かな確信に至った。ジェーン・ストリートと同じ手法で暗号通貨の取引を行うヘッジファンドをつくれれば、10億ドル稼げるかもしれない。

しかし自分だけでは無理だ。暗号資産の市場は閉じない。1日24時間、365日誰かが起きている体制をつくるだけで、少なくとも5人のトレーダーを雇う必要がある。またトレーダーの洞察をプログラムに変換し、取引を自動化してスピードアップするためのプログラマーも必要だ。タラは週に数回、自分のノートパソコンで取引を行っていたが、サムが考えていたのは、1日に100万回の取引を行うボットの軍団をつくることだった。さらに彼は、IQが普通の人々を雇って、オフィス用の物件を見つけたり、トレーダーに食事を用意したり、公共料金を支払ったり、自分では思いつかないような退屈な作業をしてもらう必要があった。

効果的利他主義者のグループにアクセスできることが、サムの秘密兵器だった。彼は暗号通貨についてほとんど知識がなかったが、それを盗むのがどれほど簡単かは知っていた。暗号通貨取引の会社を始める人は、従業員を深く信頼する必要がある。彼らはボタンひとつで、何が起きているのかを誰にも知られずに暗号通貨を個人口座に送金することができるからだ。ウォール街の企業ではそのようなレベルの信頼は生まれようがなかったが、効果的利他主義者であれば可能だった。

サムはそれまでの人生で誰かを率いたことはなく、少しでも他の人に責任を持つこともなかった。ただ高校時代、両親の家にいて謎解きゲームを管理したことはあった。またMIT時代には1年間、25人からなる生活グループの「指揮官」をやった。自分でビジネスを立ち上げようとしている今、サムは人を管理する方法について学ぶべきだと考えた。しかし経営やリーダーシップに関する本や記事を読んだ彼は、英語の授業のときとほぼ同じ反応を示した。ある専門家はXと言い、別の専門家は逆のことを言う。「全部でたらめだったよ」

その一方で、彼には他人の才能を見抜く才能があった。彼が他人を見る目は、他人が彼を見る目より正確だった。サムはジェーン・ストリートを辞める前に、まずゲイリー・ワンに電話をかけた。ゲイリーと出会ったのは高校の数学キャンプだが、本当に親しくなったのは大学時代だ。ゲイリーは中国生まれだが主に米国で育ち、サムより1年遅れてMITに入学して、オタクたちが集まる同じ家に住んでいた。

そのなかでも彼は際立っていた。内向的で社交性に乏しい恥ずかしがり屋たちのなかで、ゲイリーは常に最も内向的で最も社交性に乏しく、最も恥ずかしがり屋だった。きれいな顔に天使のような笑みを浮かべているが、言葉は発しない。ゲイリーと何カ月も一緒に働いた人でも、彼は何も話さないのだと思って離れていった。彼の沈黙を無礼だと感じる人もいたが、それは誤解で、彼にはどうしようもなかったのだ。他人から話しかけられると、申し訳なさそうに微笑むのが精一杯だった。さもなければ、世界に背を向けたままコンピューターから目を離さなかった。

しかし、なぜかサムに対してだけは違った。サムはゲイリーがMITのプログラミング・コンテストで優勝するのを見ていたし、彼よりもプログラミングに詳しい人たちからゲイリーの才能について聞いていた。またサムは、ゲイリーとはボードゲームで際限なく遊ぶことができた。ボードゲームは、ゲイリーを知る唯一の方法だったかもしれない。「結局僕はありのままの彼を見ていたし、彼を簡単に無視したりはしなかった。多くの人が彼をただ無視したけどね」とサム。「彼はとても物静かだったけど、あまり世の中を怖がってはいなかった。非常に賢くて、ゲームが得意だったから、抽象的なことにも取り組めたんだ」

その後2人だけでいたあるとき、ゲイリーがサムに話しかけた。ゲイリーが何を話したにせよ、サムはそれに感銘を受け、ジェーン・ストリートにゲイリーを雇うよう働きかけた。しかしゲイリーは面接で何も話せず、失敗してしまう。MIT卒業後、彼はボストンに留まり、グーグル・フライトのプログラマーとして働いた。ジェーン・ストリートを辞める数週間前に、サムはゲイリーと話すためだけにボストンを訪れ、効果的利他主義の大義のために暗号通貨を取引して10億ドル稼ぐ計画について話した（サムはゲイリーを効果的利他主義に改宗させていた）。「彼はグーグル・フライトで死ぬほど退屈してた。何時間か話したら、彼は、たぶん参加するよと言ったんだ」

サムはタラに電話し、最高技術責任者を見つけたこと、彼女がゲイリーと話す必要があることを伝えた。タラはゲイリーに電話したが、しゃべらない相手と話そうとするのは難しい。タラがサムにそう伝えると、サムはこう答えた。君はただ、何かを見逃してるだけだ。彼に直接会うまで待ってほしい。

2017年10月に、その機会が訪れた。サムとタラ、ゲイリーがバークレーの家に集まり、サムがジェーン・ストリートからもらったボーナスを使って、彼が1人で話しながら最初の取引を行った。そのころには、当時成長しつつあった効果的利他主義者のコミュニティを通じて、この風変わりで新しい資金稼ぎのチャレンジについての噂が広まっていた。トレードの経験がなく、カネに特別な興味も示さないさまざまな人々が現れ、彼らを支援するようになった。最初に参加した人々のなかに、サムの世界で中心的役割を果たすことになるもう1人の人物、ニシャド・シンがいた。

ニシャドは21歳で、カリフォルニア大学バークレー校を卒業したばかり。サムの弟の高校時代の親友でもある。クリスタル・スプリングス・アップランズで同級生だったゲイブとニシャドは共に菜食主義者になり、大学では効果的利他主義者になった。大学卒業後、ニシャドはウィル・マッカスキルが広めた効果的利他主義者の道を歩み、稼いだカネを命を救う活動に寄付するために、できるだけ高収入の仕事を見つけた。フェイスブックで年俸30万ドルという初任給を得たが、わずか5カ月で仕事に対する意欲を失ってしまった。「本当にばかげたことばかりでした」と彼は言う。

そのとき、サム・バンクマン・フリードがジェーン・ストリートを辞め、効果的利他主義のためにもっとカネを稼ぐことにしたという話を耳にし、ニシャドは興味を惹かれた。彼はサムに連絡をとり、何をしているのか尋ねた。「私は彼らの家を訪れました」とニシャドは振り返る。「サムとゲイリーとタラだけでした。彼らは私に何をしているのか見せてくれました。サムは『僕が取引するのを見てろよ』みたいなことを言って、数回クリックすると、4万ドル稼げたと言いました。『まさか！ ほんとに？』と思いましたよ」

ゲイリー同様、ニシャドも移民の子どもだった。両親はインドからほぼ何も持たずにシリコンバレーにやってきて、アッパーミドルクラスの生活を手に入れ、常に前進しつづけた。一家でインドに一時帰国した際、両親が道端で飢えている人々を無視したことにニシャドは悩み、それを両親に伝えた。彼らの夕食に肉となって並ぶ動物たちの扱いについて知ったときには、ニシャドはさらに悩み、それも両親に伝えた。「子どものころは感覚が麻痺していません。その恐ろしさを感じとります。子ども時代、自分の思い通りにできることは多くありませんが、これは思い通りにできることでした」

高校生になると、ピーター・シンガーの書いたものを読み、道徳の旅に出たが、両親からはばかげていると思われていた。「両親の態度はこうです。『誰もそんなこと気にしてない。それは気にする必要がないってことだ』。実のところ、私はその話をするのをやめたんです。話しても、彼らはただ夕食の席を立つだけでしたから」。彼らは特に、息子が大学に入って効果的利他主義に傾倒したことに困惑していた。「何かを寄付するなんて全くもっておかしい、と彼らは思っていました」

それが理由か、ゲイブの両親であるジョーとバーバラは、ニシャドにとって重要な存在となった。「彼らは私を真剣に受け止めてくれた最初の大人でした。おかげで、私自身が自分を真剣に考えるようになりました」。一方で、ゲイブの兄であるサムについては、存在しないも同然だった。高校時代、サムはゲイブや他の誰かとあまり関わりを持たず、自室から出ることもほとんどなかったのだ。「私はサムのことを引きこもりの天才だと思っていました」とニシャドは言う。「子ども時代とは無縁のようでした」

大人になった引きこもりの天才と個別に会ったとき、ニシャドはいくつもの疑問を投げかけた。まず、いったいどうやって暗号資産市場で4万ドルも稼いだのか、ということだ。サムはジェーン・ストリートの儲け方を説明し、暗号資産市場の大勢を占める個人トレーダーは、取引所間の価格差にあまり注意を払わないのだと言った。それに対してニシャドは、なぜジェーン・ストリートや他のＨＦＴ業者がやって来て暗号資産市場を乗っ取ろうとしないのか、と尋ねた。サムは、ジェーン・ストリートも、おそらく他の会社も暗号資産に興味を抱きはじめているが、それが巨大な犯罪的事業ではないかという懸念を払拭するのに数カ月はかかるだろう、と説明した。

自分はエンジニアで株と債券の違いさえわからないのに、役に立てるものだろうか、とニシャド。心配するな、とサムは言った。今まで一度もトレードをしたことがなくても問題はない。それは単にエンジニアリングの範疇の問題であって、少し知識を身につければ取引システムのプログラミングを手伝えるようになるだろう。

ではどんなリスクがあるのか、とニシャドが尋ねる。

僕らがヘマをすることだ、とサムは答えた。

彼らはヘマをしなかった――少なくとも最初のうちは。最初の数週間は、実際のところ大きな利益を上げてはいなかったが、社員は数人しかおらず、サムのボーナスが残っていた。12月の終わりまでに、彼らは多くの人々を雇い、２５００万ドルの資本を調達していた。ゲイリーはほぼ独力で取引システム全体のコードを書いた。その月、彼らは数百万ドルの利益を生み出した。２０１８年1月には毎日50万ドル稼ぐようになり、資本金は４０００万ドルとなった。するとスカイプで財を成した効果的利他主義者であるヤーン・タリンが、資金としてさらに１億３０００万ドルを出した。

当初から取引は混沌としていた。彼らが最初の2カ月で稼いだカネの多くは、たった2つの取引によるものだった。ビットコインに対する熱狂的な需要が、世界中の暗号資産市場に奇妙な歪みを生んでいた。２０１７年12月には、韓国の個人投機家が、ビットコインを米国の取引所よりも20％高い、ときにはそれ以上高い価格まで吊り上げていた。韓国で暗号通貨を売り、同時に韓国外でそれを買う方法を見つけられれば、莫大な利益を確保できる。しかしそれは容易ではなかった。

まず、韓国の取引所で暗号資産の口座を開設するためには、韓国人でなければならなかった。「韓国の大学院生の友人を見つけて、彼の名前で取引しました」とニシャドは振り返る。今、ジェーン・ストリートが暗号資産市場で急進的な効率化を進めるのに時間がかかる理由がわかった。ジェーン・ストリートは法的なトラブルの臭いを嗅ぎつけるはずなのだ。もし彼らが韓国人の大学院生を雇ってビジネスの前面に立たせたことがニューヨーク・タイムズ紙にでも報じられれば、少なくとも恥をかくことになる。「違法かどうかぎりぎりというところでしたが、実際にこれをやったところで、誰かに追われるでしょうか？」とニシャド。「誰も追ってきやしませんせん」。これがニシャドの金融教育の始まりだった。

理論上はカネに関する法律があるが、実際に人々がカネで何をするかは別の問題だ。「そこで法律とは何かを学びました。法律とは実際に起きていることであり、書かれていることではないのです」

韓国人のふりをするのはまだ簡単だった。次に問題になったのは、韓国人が中央銀行の許可なく1万ドル相当以上のウォンを売ることが違法だという点だった。仮に韓国の大学院生を見つけて取引の前面に立たせたとしても、ウォンをドルに換える方法を見つける必要があった。さもなければ、手元に残るのは韓国にある（韓国の取引所でビットコインを売って得られた）ウォンの束と、米国の取引所で買ったビットコインの山だけになってしまう。取引を完了することはできない。

理想的なのは、韓国でビットコインを売ってウォンに換え、そのウォンを売ってドルにし、得たドルを使って米国でビットコインを（20％割引で）買い、そのビットコインを韓国に送り返すことだ。しかし韓国政府は、あなたがウォンを売ることを許さない。

これはサムの考えたアイデアではなかったが、ジャンボジェットを購入し、1万ドル相当のウォンが入ったスーツケースを持った韓国人を乗せて、ソウルと日本の沿岸沖の小さな島を往復することも検討した。「問題は規模に限度があることだった」とサムは言う。「それを意味あるものにするには、1日に1万人ほどの韓国人が必要になる計算だ。実際にできたとしても、その間に世間の注意を引いて打ち切らざるをえなくなるだろう。韓国の中央銀行が、ウォンでいっぱいのスーツケースを持った1万人の韓国人を見たら、新しいルールが必要だと思うだろうからね」

それでも彼は、韓国での取引に惹かれていた。韓国でのビットコインの価格が、米国での価格より50％も高い瞬間があった。そのときは通貨すら必要なかった。ウォンで何かを大量に買い、それを韓国の外で大量に売ればいいのだ。そこでサムは、タイレノールの輸出入会社をつくることを考えた。韓国で得たウォンで薬を買って、それを米国に持っていき、ドルで売るのだ。サムと仲間の効果的利他主義者たちはこうしたアイデアをいくつも考え、最終的にリップルに落ち着いた。

リップルネットは２０１２年に暗号通貨起業家たちによって立ち上げられたプラットフォームで、もともとビットコインが担おうとしていた、日常の金融生活における有益な役割を担うことを目指していた。リップルのコイン「ＸＲＰ」の理論上の魅力は、維持するのに莫大なエネルギーを必要とするビットコインと異なり、カーボンニュートラルを目指しているという点だが、その実際の魅力は、ビットコインと同様、コインの価格が大きく上下するため、ギャンブルとして楽しめることだった。２０１７年後半には、多くの人々があらゆる主要な暗号資産取引所でＸＲＰを取引していた。韓国の取引所では、ＸＲＰは米国の取引所よりも高値で取引され、その差はビットコインの場合よりも、さらに大きかった。

韓国でのビットコインの価格が、米国でのそれよりも20％高かった場合、リップルのコインは25％高かった。リップルは韓国の暗号資産市場の歪みを利用する道をもたらした。韓国でＸＲＰを売り、得たウォンでビットコインを買い、そのビットコインを米国に送ってドルで売り、そのドルでＸＲＰを買って韓国に送り返す。韓国では依然としてビットコインの価格が米国よりも20％高いが、リップルのトークンから得られる25％の利益はそれを補って余りある。各取引で得られたかもしれない20％の利益は５％に減少したが、ジェーン・ストリートの基準から見ても、その額は依然として驚異的だった。唯一のリスクは、取引に５～30秒の時間がかかる点だった。

少なくとも、アラメダが最初にトレードをしたときはそう思えた。そして2月のある日、誰かが——トレードに没頭していたサムではない——リップルが不足しているのに気づいた。400万ドル相当のリップルが消えてなくなっていたのだ。

公平を期すために言うと、それが永遠に失われたかどうかは、その時点では明らかではなかった。サムと彼のトレーダーたちは、ゲイリーが構築したシステムを使い、毎日25万件の取引を行っていた。そのため、常に大量のリップルとビットコインが飛び交っており、不足しているリップルが単に移動中である可能性は残っていた。サムは、400万ドル相当のリップルが米国の取引所から送られ（アラメダの口座から引き落とされ）、韓国に到着していたが、それを韓国の取引所がアラメダの口座に入れるのに手間取っているだけではないかと考えたが、他の経営メンバーは納得しなかった。リップルの行方を突き止めるため、彼らはサムに取引を停止するよう求めた。

結局サムは同意し、2週間取引を停止した。他の経営メンバーは、数百万ドル相当のリップルが実際になくなっていることを確認した。この時点で、サムとおそらくゲイリーを除く全員が動揺していた。「投資家と社員にこの事実を知らせ、彼らが自分たちの選択を再考できるようにする必要があると考えましたが、サムはその考えを嫌っていました」とマネージャーの1人は言う。

サムは依然として、不足しているリップルは大した問題ではないと主張していた。彼はそれが盗まれたとは思っていなかったし、実際に失われたとも、また失われたとして処理すべきだとも考えていなかった。彼は仲間のマネージャーたちに、自分の計算では80％の確率でいずれ見つかるだろうと伝えた。したがって、自分たちはまだそれを80％持っていると考えるべきだ、と。それに対し、マネージャーの1人が答えた。もしリップルが戻ってこなかったら、私たちがリップルの80％を持っていると言ったことを誰も合理的だとは認めないだろう。皆が私たちを嘘つきと言うはずだ。投資家は私たちを詐欺で告発するだろう。

この種の議論はサムを極度に苛立たせた。彼は、本来確率的な状況が、事後的に白か黒か、善か悪か、正しいか間違っているかと解釈されるのが嫌いだった。彼の人生に対するアプローチが多くの人々と異なっていた点は、確率を割り出してそれに基づいて行動しようとする意志と、事実が明らかになったあとで実はもっと知り得たはずだという幻想に振り回されるのを拒否する姿勢にあった。

リップルの件で、彼はお気に入りの思考実験を思い出した。「君にボブという親友がいたとする」と彼は説明した。「ボブは素晴らしい奴で、君は彼のことが大好きだ。ボブが参加していたあるパーティーで、殺人事件が起きた。犯人は誰にもわからない。そこには20人の参加者がいて、誰も犯罪者ではない。君の考えでは、ボブは他の誰よりも殺人を犯しそうにないけど、ボブが殺した可能性はゼロとは言えない。人が殺されて、犯人は誰にもわからないんだから。君は今、ボブがやった可能性は1％くらいだと考えている。君には今ボブがどう見える？　君にとってボブは何者か？」

答えのひとつは、ボブには二度と近づかないほうがいいというものだ。ボブに何の罪もない確率は99％かもしれないが、もし間違っていたら、あなたは死んでしまうかもしれない。ボブの性格を確率で考えるのは問題があると感じるだろう。ボブは冷血な殺人者であるか、そうでないかのどちらかだ。真実を知る前に想定した確率は、事後には不公正か不合理に見えるだろう。「おおよそ正しい可能性が圧倒的に高いといった推測は存在しない」とサムは言う。「ボブは完全に無実であるか、有罪であるかのどちらかだ」。しかしサムの見解では、ボブの性格に確率をあてはめるのは、彼について、またあらゆる不確実な状況について考える唯一の方法だった。

「『ボブはそばにいたいような男ではない』と言うだけでは十分でない。では、どのくらいの確率であれば『よし、とりあえず問題が解決するまでボブから離れておこう』と言うのか？頭がおかしくなりそうでしょう。現時点で、ボブと折り合いをつける正しい方法は存在しないんだ」。人生の不確実性は確率論的なアプローチを嘲笑うものだが、サムに言わせれば、他にとるべきアプローチはないのだ。「多くのことがボブのようなものだ。リップルもボブと同じだと思った。取り戻せるか、取り戻せないかのどちらかだ」

4月の初めには、アラメダ・リサーチの他の幹部たちは、サムの思考実験に興味を示さなくなっていた。「取引を一時停止したあとで、サムがアップデートされていることを期待したのですが、そうはなりませんでした」と1人が言う。「まるでこんな感じ――『大きな問題があるんだ。カネがどこにあるかわからないんだよ。けど、このくらいあると思っていたほどないのはわかってる』」。彼らは皆、サムが頑なに誰も管理しようとしないことにうんざりしていた。そして、サムが自分たちの資産が具体的にどこにあるのかについて、ほとんど気にしていないことに恐れを抱くようになった。

彼らは1日に25万件の取引をしていたが、そのなかのかなりの数を、何らかの理由でシステムが紛失したり記録に残せなかったりした。粗雑な記録保持が引き起こした多くの問題のなかに、正確な納税申告の難しさがある。「もし取引の10％が記録されていなかったら、どうやって監査を通過するというのでしょう」とタラは言う。

リップルの紛失は彼らにとって、我慢の限界を超えるものだった。「世界の問題を解決するために使われるはずだった数億ドルを失うというのは、かなりリスクが高いと感じました」とベン・ウェストは言う。この状況で取引を続けるのは正気の沙汰ではないと思ったが、サムは取引に固執した。暗号資産市場がずっと非効率的なままということはないだろう。彼らは日が照っている間に干草をつくる必要があった。

不幸にもそのとき、太陽が雲に隠れた。2月に暗号通貨の価格が暴落したあと、アジアの熱狂は収まり、アジアと米国の取引所間の価格差は消滅した。1月には4000万ドルの資本で1日に50万ドルの利益を上げていたが、2月には4倍の資本で1日に50万ドルの損失を出していた。リップルが行方不明になると同時に、取引利益は取引損失に転じた。

経営陣のサムに対する評価は、彼の無謀さに対する共通の警戒心を除けば、完全に一致していたわけではない。タラはとっくに、彼は不誠実で人を操る人間だという結論に達していた。ベンは依然として彼は善意の人間だと感じたが、仕事は下手だと考えていた。しかし全員が、特攻作戦につかされているように感じていた。「私はタラとピーター（マッキンタイア、別の幹部）と会話をした」とベンは振り返る。「私たちはサムを助ける方法について話していたのですが、そのうちに、どうやってサムを追い出すかという話になっていました」

アラメダ・リサーチに関する他のすべてのことと同様、サムを排除しようとする経営陣の試みも、一筋縄ではいかないことが判明した。まず、サムが会社の全株を所有していた。サムは他の誰にも株式を持たせず、将来的に持たせる約束をするだけという仕組みにしていたのだ。緊張感に満ちた会議で、他の経営メンバーはサムに買収をもちかけたが、その額はサムが考える会社の価値からするとはした金であり、しかも悪魔的な条件が加えられていた。将来アラメダが得る利益に対する税金について、そのすべてをサムが負担する、というのだ。

メンバーの一部は、サムを破産させ、二度と取引できないようにすることを人類への奉仕と考えていた。「彼は自分を憐れんでいるように見えた」と、ベンは会議のあとでサムについて書いている。「私は彼に、彼以外の全社員が大きな犠牲を払っていることを思い出させた」

ニシャドはどうだっただろうか。彼は他人に接する際、痛々しいまでの配慮をするタイプだった。自分の意見を述べたあとで、相手に不快感を与えないよう、それを4通りの方法で修正するような人物だったのだ。彼はどんな議論でも両面に価値を見出すことができた。そしてまだ若いにもかかわらず、彼はサムと、おそらくサムを十分に理解していない人々——基本的にゲイリーを除く全員——との間の緩衝材という、難しい役割を担っていた。

「それは私が仕事よりも人を優先していたからだと思います。サムはその正反対でした」とニシャドは言う。「私は感情面に関して不注意なところがあるのですが、サムよりはずっと気配りができます」。そのとき、人々を管理する方法について自分が何も知らないということは、誰よりも彼自身がわかっていた——特に相手が、キャリアを、自分の人生の期待値を最大化するためのツールと捉えていて、それにこだわる人々の場合には。

「良いマネージャーの役割とは何か考えてみました」と彼は言う。「週に1回、従業員の気持ちをチェックするための個別面談を行うことや、彼らに良いフィードバックを与えることなどがあるでしょう。でもサムはそのどれもしていなかった。サムが会話中もコンピューターを見つづけて中途半端な答えしかしないことに、皆文句を言っていました。そして彼は、自分が知らない何かを誰かから教えられることを嫌がりました」

サムと他の経営メンバーとの争いが醜くなるにつれ、ニシャドは仲裁に回らざるを得なくなった。「私は基本的に、サムが非常に悪いマネージャーであることには同意していました。彼は本当にひどいマネージャーでしたから」。しかしニシャドの見解では、サムが陰気で引っ込み思案である一方で、他の経営メンバーたちの憤慨も過剰だった。

「私たちの話し合いも、完全にどうかしてました。サムが効果的利他主義者たちを欺き、彼らの才能を無駄にしたことに対して、サムをどこまで追放すべきか、といった話をしていました。『サムが学びを得る唯一の方法は破産することだ』とかね。彼らは投資家たちに、サムが効果的利他主義者だというのは偽りだと告げました。それは彼らが考えるなかで、最も卑劣なことだったからです」

しかしサムを破滅させるだけでは十分ではなかった。彼らは会社を去る際の報酬も求めていたのだ。「彼らは退職金を要求していました。自分たちから辞めようとしている会社で、しかも赤字経営の、自分たちが出資していない会社だったにもかかわらずです。彼らはサムが、この問題に決着をつけるために自分たちに金銭的な補償をすべきであり、サムは純損失を出しているのだから、自分たちには会社全体の価値の100%以上の価値があると言っていました」

ニシャドは、効果的利他主義者とカネとの関係は少なからず奇妙なものだと気づいた。基本的にアラメダ・リサーチの社員と投資家は、彼らのすべてのカネを、同じ慈善事業に寄付することに合意していた。カネはすべて、見ず知らずの同じ人々の命を救うために使われるのだから、誰がいくらを手にするかを彼らはさして気にしないだろうと思うかもしれない。しかしそれは誤解だ。金銭的な取引において、効果的利他主義者たちはオリガルヒよりも無慈悲だった。投資家たちは経営陣に対し、50%もの利子を要求していた。「普通の利子ではありません」とニシャドは言う。「まるで高利貸しのようでした」

会社は共同事業として始めたはずなのに、サムは誰とも株式を共有しようとしなかった。今や、利益を得られていない効果的利他主義者たちは、辞める代わりに数百万ドルをよこせと要求していた。そしてその対価を得るまで、サムの対外的な評価を落とすために何でもしようとした。「まったくもって奇妙でした。他の何かではなくカネに焦点を当てるのは野蛮だと感じました。金銭自体にこだわることが、道徳的に破綻していると思ったのです」

結局のところ、サムを会社から追い出すためには彼自身が去りたいと思う以外方法がなく、サムがそう思うことはなかった。こうして2018年4月9日、経営チーム全員と社員の半数が、100万ドルから200万ドルの退職金を受け取り、会社を去った。同時に、アラメダに出資していた投資家たちも、ボブの友人のように不安な立場に立たされることになった。

彼らはサムについて、まったく異なる2つの話を聞かされたのだ。一方は経営チームから、もう一方はサム自身から。問題は、ある投資家が述べたように「決定的な証拠がなかった」ことだ。サムの行動に、簡単に非難できるようなことはひとつもなかった。タラが表現したように、それは「100の小さなこと」だったからだ。誰を、あるいは何を信じればいいのかまったくわからず、その手がかりさえなかった。「サムには信用すべきでないところがあるのかもしれないが、微妙だった」と投資家の1人は言う。

彼らは皆、スタートアップで稼いでおり、スタートアップが混沌としたものであることは知っていた。今や彼らは判断を下さなければならない——サムが無謀な偽物の効果的利他主義者で、彼らの全資金を失うか盗もうとしているのか？　それとも彼以外の経営チームが、ヘッジファンドのスタートアップで働くのに適さなかっただけなのか？　それは二者択一の問いだったが、彼らは確率的に答えた。ほぼ全員がアラメダへの投資を続けたが、ほぼ全員が投資額を減らしたのだ。サムが自由にできる資金は1億7000万ドルから4000万ドルへと減少した。まだ取引を続けることができたが、以前ほどの規模ではなくなった。

残った社員の多くも、ボブの友人と同じで状況を理解できていなかった。サムはジェーン・ストリートの経営手法を完全に自分のものとし、従業員にはパズルのほんの一部分しか見せず、全体像は自分だけが見えるようにしていた。ゲイリーも、意図的ではないが、コンピューターのプログラムで似たようなことをしていた。それは彼以外の誰にも解読不可能だったのだ。「ゲイリーだけがプログラムの書き方を理解していたのですが、ゲイリーは誰とも話しませんでした」とニシャドは言う。

働きつづけていた全員にとって、この会社はちょっとしたブラックボックスだった。ニシャドは残るかどうか迷い、サムは他人との関わりが苦手だし、ゲイリーが構築したものはほとんど理解できなかったが、サムとゲイリーと行動を共にし、どうなるかを見てみることにした。彼はサムに他人の気持ちというものを教えるために、できる限りのことをするつもりだった。会社の半分の人間が辞めた直後、彼はサムにこう書いている。「一対一でのミーティングの際に、自分の話を聞いてくれたと感じさせる方法のひとつは、普段の感情や心情について質問してみることだと思います」

次に起きたことは、あとから考えれば信じられないような出来事だった。反対する者がいなくなったので、サムはスイッチを押してモデルボットを解放した。「起動するや否や、それはすぐに大量のカネを生み出しはじめたのです」とニシャドは言う。

そしてついに、行方不明だった400万ドル相当のXRPが見つかった。彼らはまず、その移動経路を突き止めた。米国のクラーケンという暗号資産取引所から、韓国のビッサムという取引所に送られていた。次に彼らは、2つの取引所で使用されているコンピューター言語に完全な互換性がないことを突き止めた。ビッサムはクラーケンからXRPを受け取ることができたものの、トークンの所有者の名前は受け取れなかったのだ。

韓国の取引所は、この問題を検知できなかった。というのも、この問題はリップルのコインに特有のもので（他の暗号通貨では発生していなかった）、大量のXRPをクラーケンからビッサムに送っていたのは、ある大口プレイヤー1人だけだったからだ。

韓国のビッサム内部では、所有者が不明のまま大量のXRPが積み上がっていた。サムは行方不明のXRPがどこにあるか突き止めると、直接ビッサム取引所に電話した。電話は社内で

3回ほど転送されたあと、ついに電話に出た人間がこう言った。「あんたが2000万のリップルトークンを送ってきたやつか？　どうして今まで連絡してこなかったんだ？」。その後ろで、誰かが「クソッ、やっと見つけたぞ！」と叫んでいるのが聞こえた。

彼らは納税も済ませた（サムは父親を呼び寄せてその作業を手伝ってもらった）。そして再び、月に数百万ドルの取引利益を上げるようになった。しかし彼らは以前と同じ会社ではなかった。もはや効果的利他主義者の寄せ集めではない。衝撃的な事態を乗り越え、サムを信頼する小さなチームとなった。彼はずっと正しかったんだ！

会社に残った人々、さらには退職した人々にとっても、サムはよくわからない人物から、たとえ彼が何をしているのか、なぜそうしているのかを完全には理解できなくても、ついていくべきリーダーになったのだ（「あとから考えると私は間違っていました。もっと高いリスクを受け入れるべきだったんです」と、退職した経営チームの1人は語った）。最初から変わっていた会社は、さらに変わったものになった。社員は、創設者の思考や感情に自分たちのそれを合わせることができる者たちだった。

「サムへ――三人称で書いてしまってごめんなさい」。2018年の終わり、キャロラインはこんなメモを書いている。「あなたに渡そうかどうか、最後まで迷いました」。この気持ちの乱れを、キャロラインはストレスに感じていた。しかしジェーン・ストリートを辞め、誰を信じればいいのか、何を信じればいいのか確信が持てないまま、彼女はそれに耐えていた。「教会分裂（シスマ）」と呼ばれるようになった一連の事件は落ち着きを見せたが、サムだけがまだその意味を考えつづけていた。アラメダ・リサーチは立ち直り、安定して利益を出していた。しかしキャロラインは万事順調というわけではなく、それが今、彼女がメモを書いている理由だった。「何が問題なのか」と彼女は、一見ビジネスメモのようなものに書いていた。

サムに対して、極めて強い恋愛感情を持っている

ビジネスメモではない！　ビジネスメモのように書かれているだけだ。

なぜそれが問題なのか？
この感情が私の脳のスペースを大量に使っている
そのため他の重要な物事を考えることができず、多くの時間を奪われる
この感情でポジティブになったり気分が良くなったりすることもあるが、トータルで見れば不快だ
それは私の仕事の能力に影響を及ぼしている
——主に、仕事に関する感情を、役に立たない方向へ増幅させることによって
(例)「この仕事で失敗してしまった」→「サムに嫌われる」→悲しい

メモは4ページにも及んだ。彼女は自分の気持ちを相手に聞いてもらいたいと思っていたが、同時に、自分が意図している聞き手が、上の空で話を聞きながらビデオゲームをしているだろ

うということも、はっきりわかっていた。彼女はそれでも、根本的には感情的な欲求を、論理的に、あるいは少なくとも合理的に聞こえるように主張を続けた。

今の状況は、私がしてきたすべての選択の当然の結果のように思えて、恥ずかしく感じます。しかし、どのような選択をすべきだったのかよくわかりません。そもそもアラメダで働くべきではなかったのかもしれませんが、当時はそれが問題になるとは思っていませんでした（ターナーと一緒に働いていたときも、「上司にちょっと惹かれる」ことは問題でしたが、１００％取るに足らない問題でした）。おそらくサムと寝るべきではなかったのでしょう。しかしその時点では、時間の経過とともに感情や欲望が悪化して、何かをしなければ耐えられなくなる気がしました。

サムのために、サムが自分に対して考えていることを想像してみた（「彼が最後に私に言ったのは、『葛藤』を感じているということでした。ここでいう『葛藤』とは、私と寝たいといった気持ちと、仕事上での悪影響を心配する気持ちの対立のことだと想像しています」）。彼女は、サムの行動で自分を悩ませたことをリストアップした。次のようなものだ。「混乱するシグナルを送ること、たとえば私とセックスすることに葛藤を感じていると言いながら、結局私とセックスし、そのあと数カ月間私を無視したこと」。彼女は2人の秘密の関係について、期待値分析を試みた。それはコストから始まった。

●それが明るみに出てしまった場合のスキャンダル
●利益相反に関する問題
●職場での緊張関係

彼女は最後に、アラメダ・リサーチを辞め、サムとの接触をすべて絶ったほうがいいのではないかと考えた。その一方で……

●サムと私が話し合って、お互いの気持ちを理解し、どうすべきか結論を出すことができれば理想的だ

確かに理想的かもしれない。しかしそれは最良の状況下でさえありえないことで、しかもすぐに状況は最良ではなくなった。キャロラインが自分自身へのメモを書き、それをサムに送る少し前に、サムは香港への短期間の旅行に出た。キャロラインのメモを読んだサムは、バークレーのダウンタウンでまだ彼のために働いていた15人ほどの従業員に、もう戻らないと電話した。

6 人工の愛

２００８年10月下旬、サトシ・ナカモトと名乗る人物（信じられないことに、今日に至るまでその素性は明らかになっていない）が、ビットコインのアイデアを論文で発表した。その大部分は、後に世界初の暗号通貨となるものの技術的な説明で、以下のようなものだ。ビットコインは「電子コイン」である。「プルーフ・オブ・ワーク・チェーン」と呼ばれる公開台帳の上に存在する。ある人から別の人へと送金されるたびに、その真正性がプログラマーによって検証される。検証したプログラマーが、その取引を公開台帳に追記する。そうしたプログラマーたち――やがてビットコインの「マイナー（採掘者）」と呼ばれるようになる――は、この仕事の報酬として、新しいビットコインを与えられる[*1]（興味深いことに、この論文に「ブロックチェーン」という言葉は出てこない）。ビットコインの仕組みは主に技術者の興味を惹いたが、それが何をもたらすかについては、より幅広い人々が興味を抱くようになった。ビットコインを使えば、一般の人々は既存の金融システムから解放され、金融を動かす人間の誠実さに依存する必要がなくなるだろう。「必要なのは信用ではなく、暗号学的証明に基づく電子決済システムである」とサトシは書いている。

サトシが誰であろうと、信用、もしくは信用の必要性が彼を悩ませていた。論文は2008年の世界的な金融危機については触れていないが、彼の発明がそれに対する反応であることは明らかだ。ビットコインがその目的を達成すれば、銀行や政府はもはや貨幣を管理することができなくなるだろう。ビットコインの所有や移動には、銀行は必要ない。その価値が政府によって浸食されることもない。もちろんコンピュータープログラムの完全性と設計を除いて、誰も何も信用する必要がない。それは健全な通貨を求めると同時に、不信感に訴えてもいた。金融革新であると同時に、社会的抗議でもあった。暗号通貨に惹かれたのは、少なくとも初期には、大手銀行や政府、および他の組織的権威に対して疑念を抱く人々だった。暗号通貨は、敵が同じだからという理由でできた友人のようなものだ。

ゼイン・タケットはそうしたタイプの典型的な例だったが、ゼインを「タイプ」で考えると、彼の楽しい部分や重要なところを見逃してしまうだろう。ゼインはパイオニアと呼ばれることも多い。2013年4月、ビットコインの価格が100ドル前後で推移していたころ、当時コロラド大学の学生だったゼインは奇妙な雑誌記事を目にした。その記事の筆者は、これから身を隠すと宣言し、自分を見つけた人に1万ドルの賞金を出すというのだ。その賞金はビットコインで支払われ、ビットコインの支払いには、不可逆的で追跡不可能という利点があるとその筆者は説明していた。[*2] ゼインはその記事を読んで、なぜか筆者を探そうとするのではなく、ビットコインが何であるかを知りたいと思った。

彼は最近、詐欺の被害に遭っていた。マイケル・ジョーダンのジャージカードをオンラインで売ったところ、購入者がクレジットカードの決済を取り消し、カードも返そうとしなかったのだ。金融システムがこの詐欺を許したことに、ゼインは憤慨していた。また、彼は大学生活をあまり楽しんでおらず、大学に留まること以外の人生の選択肢を示す人々に、近しいものを感じた。「僕の祖父は、中国に行って中国語を学ぶべきだと言っていました。なぜなら彼らが世界を支配するだろうから、と」とゼインは言う。

彼はかつてそのアドバイスに従って、高校を卒業してすぐに1年間中国に行き、そのあとコロラド大学に通うために帰国していた。そして今回、彼はいくらかのビットコインを買ってコロラド大学を中退し、北京に移り住んだ。そこで彼は、オーケーエックスという暗号資産取引所に就職した。彼はこの取引所に雇われた最初の非中国人だった。

中国の企業は帝国のような存在で、従業員は貴重な資産というより家臣として扱われた。「従業員はひどい目にも遭います。ひどい目に遭っても、何もできないからです。何の保護もありません」。彼の祖父は、ゼインが中国語を流暢に話すようになったことを評価したが、両親は彼が何か悪いことに巻き込まれているのではないかと心配した。ゼインはビットコインを増やしつづけ、ビットコインの価格は上昇しつづけ、ある日ゼインは大金持ちになった。「僕は面白いカネを手に入れ、ウォール・ストリート・ジャーナル紙で取り上げられ、両親は僕が大丈夫そうだと判断しました」

2016年にはビットコインの価格は400ドルを超え、ゼインは裕福になっただけでなく尊敬されるようになり、さまざまな暗号資産取引所と契約して世界中どこでも好きな場所で働けるようになった。暗号資産業界の誰もがゼインを知っており、誰もが彼を信頼していた。彼は西部劇に出てくるガンマンのような名前と体つきをしていて、開拓時代の米西部を放浪したガンマンのように、何にも誰にも縛られず、あちこちを放浪して回った。ある月はインドネシアにいて、翌月はアルゼンチンにいる。ゼインはビットコインのように、場所を持たない存在となった。原則的に、彼は経済生活のすべてをビットコインで送った。ビットコインで報酬を受け取り、支払いもビットコインだけ。暗号通貨という運動に参加しながら、それを支持する行動を楽しんでいたのだ。「政府からカネの力を奪いたいという気持ちがありました」と彼は言う。ビットコインがコード（プログラム）からできていたように、ゼインにもコード（行動規範）があった。

２０１７年には、彼が参加する運動の精神に変化が生じていた。ビットコインの熱狂的なファンは、ビットコインは政府の保証する通貨に取って代わるものと信じていたが、ビットコインが最も簡単に取って代わったのは、政府の保証する通貨ではなくギャンブルだった。２０１７年のビットコイン価格の狂乱的な高騰は、新しい世代の投機家を引き寄せた。株式市場と異なり、コンピューターの使い方さえ知っていれば、誰でも世界中から、曜日を問わずいつでも暗号通貨を取引することができた。投機対象としての新たな需要により、何百もの新たな暗号通貨が生まれた。

そうした暗号通貨は一般的に、新たな企業への投資として投機家向けに販売されたが、その企業に実際の価値があることはめったになかった。ＥＯＳと名づけられた新たな暗号通貨は、ＩＣＯで44億ドルを調達した。ＥＯＳの創業者たちは集めたカネの有効な用途を思いつかず、それを「資産運用」に使うと発表した。このカネ集めはゼインを悩ませた。「おいおい、何かプロジェクトを立ち上げると言えばカネが集まって、そのプロジェクトを立ち上げなくてもカネは返さなくていいのか？ と思いました」

そうしたカネ集めには、おそらくサトシも困惑しただろう。それは暗号資産取引所という概念についても同様だ。ビットコインの元々の売りは、金融仲介者が不要になることだった。取引から信用を取り除いたのだ。スイスフランやアップル株、あるいは生きた牛などと異なり、ビットコインは他の人々と直接的に、しかも簡単に取引できる。しかし結局、金融仲介者を排除しようとした人々は、自ら新たな仲介者を創出することになった。２０１９年初頭には、２５４もの暗号資産取引所が登場していた。

そうした初期の暗号資産取引所の創業者たちは、従来の金融の専門家ではなかった。彼らは技術者、自由主義者、理想主義者、あるいは流れ者のような人々の寄せ集めであり、そこにゼインも含まれていた。彼らは、たとえばニューヨーク証券取引所以上に、暗号資産取引所を顧客に信用してもらう必要があった。ニューヨーク証券取引所には規制当局がある。もし彼らが顧客のカネを盗んだら、幹部は刑務所に送られる。いずれにせよ、ニューヨーク証券取引所が顧客のカネを盗むのは困難だ。カネはニューヨーク証券取引所に保管されているのではなく規制当局の監督下にある銀行の証券口座に保管されているからだ。

しかし新しく登場した暗号資産取引所には、規制当局が存在しなかった。彼らは取引所としてだけでなく、保管人（カストディアン）としても機能した。つまり顧客のビットコイン購入を可能にするだけでなく、彼らが購入したビットコインの保管もしたのだ。

すべてが奇妙だった。信用に対する恐怖心によって結びついた人々が、従来の金融システム以上に利用者からの信用を必要とする、まるで別世界の金融システムを構築したのだ。彼らは法律の外にいて、しばしばそれと敵対し、法律に抵触する多くの方法を編み出した。彼らはしょっちゅう顧客のカネの取り扱いを間違えたり、紛失したりした。しょっちゅう取引データを捏造し、実際よりもはるかに多くの取引が行われているように見せかけた。そしてハッカーや、取引所のリスク管理を悪用する悪徳トレーダーたちの餌食になった。

そうした事件のひとつを紹介しよう。アジアのいくつかの取引所では、レバレッジ100倍のビットコイン取引を提供していた。そこで一部のトレーダーが、1億ドル相当のビットコインを買うと同時に、別の1億ドル相当のビットコインを空売りし、それぞれの取引に1000万ドルだけ資金を投入することを思いついた。ビットコインの価格がどう動こうとも、彼の取引の一方は利益を出し、もう一方は損失を出すことになる。ビットコインの価格が10％上昇した場合、この悪徳トレーダーは自身のロングポジションから1000万ドルを稼ぐ計算になる。

しかし彼は、そこで姿を消す。その結果、彼がショートポジションで失った1000万ドルは、取引所がカバーすることになる。だが損失を補塡したのは取引所ではなかった。取引所には、その損失をカバーする資金がなかったのだ。そのためこの損失は「社会化」される。つまり、通常は取引で利益を得た顧客がその損失を負担するのだ。そうして補塡される損失は、膨大な額になることがあった。フォビという中国の取引所では、あまりに巨額の損失が出た結果、利益を得たトレーダーの全員が、手にした利益のほぼ半分を差し引かれた。

信用の原則に基づく伝統的な金融の世界では、本当に誰かを信用する必要はない。しかし暗号資産の世界は不信の原則に基づいているにもかかわらず、人々は見知らぬ他人を信用し、莫大な金を預けた。この状況は理想から遠く、それがどれほど遠いかを、ゼイン・タケットは2016年8月に思い知らされることになる。その月、彼が当時勤務していた暗号通貨取引所のビットフィネックスが、ニューヨーク市で活動していたハッカーのカップルによって、7000万ドル以上に相当するビットコインを失ったのだ（カップルが逮捕されたとき、盗まれたビットコインは46億ドルの価値になっていた）。

当時タイに住んでいたゼインは、ビットフィネックスが失ったビットコインの所有者だった人々からのメッセージに対応することになった。「僕は無数の殺害予告と自殺予告を受け取りました。殺害予告は中身が空っぽでしたが、遺書のほうはそうではありません。悲痛でした。『新居の予算をあなた方に預けたのに、今私たちはホームレスになりそうです』というのもありました」。彼はそれが嫌だった。暗号通貨に関わる人々から信用される存在になることが、彼の誇りだったのだから。

そのあとゼインは、新しいタイプの暗号資産関連会社で安全な仕事を見つけた。その会社はOTC（店頭）取引に特化し、さまざまな理由から公開取引所で手の内を明かしたくない投機家が大量の暗号通貨を相対で売買していた。この会社を立ち上げた人物はゴールドマン・サックスで働いた経験があり、何をすべきかわかっていたのだ。そのあとの1年半、ゼインは楽に金を稼いだ。市場の入札価格と売却価格の間に1パーセンテージポイント以上の大きなスプレッド（売り注文と買い注文の価格差）があったからだ。

２０１８年の終わりにかけて、市場は再び突然変化した。スプレッドは劇的に狭まり、１％から０・０７％にまで縮小した。誰か巨額の取引を行うトレーダーが市場に参入したのだ。それが誰であれ、瞬時に、暗号通貨市場の取引を大きく動かす存在となった。「それはあっという間でした」とゼインは言う。「『いったい何が起きたんだ？』という感じでした」。ゼインのトレーディング会社は暗号通貨市場の中心にいたが、長い間、この新しいプレイヤーが誰なのか見当もつかなかった。「そのうちに誰かが、『そいつは全財産を慈善事業に突っ込みたがってるヴィーガン野郎だ』と言いました。そのあと別の誰かが、このヴィーガンの男が香港に行って、自分の暗号通貨取引所を始めようとしていると言ったのです」

ゼインは興味を持った。そして、その男が発表した、新しいタイプの暗号資産取引所設立の提案書を見つけた。その内容に感銘を受けたゼインは、自分でも驚いたことに、この男のために働きたいと強く願うようになった。

そもそもなぜアジアに飛ぶことになったのか、サムはよく覚えていない。旅行には何の興味もなかったから、観光ではない。飛行機が怖くてたまらなかったので、離陸前に薬を飲み、気分を落ち着かせる音楽を聴かなければならなかった。「本能的に、金属の塊が空を飛ぶなんて信じられないんだ」と彼は言う。旅行の公式な目的は、マカオで開催された暗号通貨会議に出席することだったが、そのあと、そこに留まる理由ができた。この市場に参入して以来初めて、彼は暗号通貨の主要プレイヤー（その多くはアジア人だった）と同じ部屋にいた。また初めて、効果的利他主義者の狭いサークルの外の人々に、自分が何者で、何をしてきたかという話をした。そしてそれは、いくつか大きな影響を生んだ。

２０１８年11月下旬のそのときまで、アラメダ・リサーチは水面下で活動していた。暗号通貨市場の総取引量の５％以上を取引していたが、まだ秘密のベールに包まれていた。ジェーン・ストリートでの経験からサムは、世間に知られることには何のメリットもなく、注目を避けることが最善の策だと考えていた。何十億ドルもの暗号通貨を取引していたが、それを自分の名前でも、アラメダ・リサーチの名前でも行ったことはなかった（アラメダ・リサーチという名前自体、暗号通貨と関係していることを隠すものだった）。アジアの暗号資産取引所は、顧客が自らの素性を隠したいと望むのに慣れており、取引を始める際に偽名を発行するところもあった。

当時最大の取引所のひとつであったビットメックスは、アラメダ・リサーチの取引アカウントに、ランダムに生成された3つの単語からなる架空の名前をつけた。ひとつは「Shell-Paper-Bird（貝殻・紙・鳥）」。もうひとつが「Hot-Relic-Fancier（ホットな・遺跡・愛好家）」で、それが奇妙で面白かったため、アラメダのトレーダーたちは「ホットな遺跡愛好家」の絵を発注したほどだった。ビットメックスが発表した、年間で最も利益を上げたトレーダーのトップテンには、Shell-Paper-Bird と Hot-Relic-Fancier の両方が入っていたが、彼らが同じトレーダーであることも、そのトレーダーの正体も、誰にも知られていなかった。それがマカオで変わったのだ。

この会議で、重要だと思った人に紹介されたとき、サムは、自分が Hot-Relic-Fancier だと告げた。

まさか、と言われた。

サム自身、信用されないだろうとわかっていた。妙な髪型で、だぼだぼの短パンにしわくちゃのTシャツを着た26歳の白人だ。話を信じてもらうためには、携帯電話を取り出し、取引用のアカウントを開いてその残高を見せる必要があった。そんなことを繰り返しているうちに、多くの人がサムに会いたがるようになった。彼は対面で誰かと会うのは好きではなかったが、その効果が驚異的なのは認めざるをえなかった。

アジアに行く数週間前、中国の大手暗号資産取引所のひとつが、明確な理由のないまま、多額の資金を蓄えたアラメダのアカウントを凍結した。カスタマーサービスは電話を折り返しもしない。しかしこの取引所の幹部たちは、サムに直接会うと、その資金を返した。「突然、ありとあらゆる暗号通貨業者の重要人物が集まってきた」とサム。「僕のスケジュールは会議で埋め尽くされ、そのどれもが、ベイエリアで最も興味深い会議よりもっと興味深かった」。彼が会った人々の多くは、サムやアラメダ・リサーチをどう評価すべきかわからなかった。「僕らのような人間はいなかったからね」

その時点ではサム自身も、自分のつくった暗号資産取引会社をどう評価すべきかよくわかっていなかった。効果的利他主義者の仲間たちとの内戦を、サムは「僕の人生で起こった最悪のこと」と見なしていた。彼が尊敬し、価値観を共有する人々を集めたのに、その半数から見放された。彼らは今でも、他の効果的利他主義者たちに向かってサムを激しく非難している。「それで僕自身も自分に疑問を抱くようになった」と彼は言う。

「尊敬する人々から僕が間違ってる、狂ってると言われるのは、人生で初めての経験だった。それで自分が正気かどうか、確信が持てなくなったんだ」。アジアを訪れた際も、彼はこのトラウマ的な出来事について思いあぐね、考えを文章にまとめていた。「僕は効果的利他主義者のコミュニティにダメージを与えてしまった」と彼は書いている。「人々が互いを憎み、不信感を持つようにしてしまった……そして自分自身が将来善い行いをする力を大幅に損ねてしまった。トータルで考えた場合、僕が世界に与えた影響は今のところマイナスであることは間違いない」

このサムの文章について興味深い点は、それが他人の目には触れないものであるにもかかわらず、非常に公平な内容だったことだ。彼は明らかに自分の状況を悲しんでいたが、他の人々のほうが自らの状況を悲しんでいるだろうとわかっていた。彼は自分を責めるのが好きではなく、誰かを責めるのも好きではなかった。「僕は功利主義者だ」と書いている。「過失は人間社会の構造にすぎない。それがどのような役に立つかは、人によって異なる。悪い行動を抑止する道具にもなりうるし、苦難に直面したときにプライドを取り戻そうとする試み、怒りのはけ口、その他多くのものになりうる。少なくとも僕自身にとって最も重要な意味づけは、各々の行動が、将来の活動の確率分布にどのように反映されたかということだろう」

各々の行動が、将来の活動の確率分布にどのように反映されたか。この文章は、サムが他人を、そしておそらくは自分自身をどう見ているかについて多くを語っている。善か悪か、正直者か嘘つきか、勇敢か臆病かといった形で性格を固定するのではなく、ある平均値を中心とした確率分布として捉えているのだ。人々がこれまでの人生で行った最悪のこと、あるいは最善のことが彼らを決めるのではない。「人々は平均値ではなく確率分布だと僕は信じていて、その考えに基づいて行動している。他の人々も同じ考えで行動することが、僕にとって非常に重要だ」。仲間の効果的利他主義者たちの行動によって、彼らの確率分布理解の程度がわかり、効果的利他主義者を雇う意欲は薄れていった。

サムは当初、効果的利他主義者だけを雇うことで、特別な利点が生まれると考えていた。社内の全員がお互いの動機を信頼し合うので、通常人々が信頼関係を築くために行うさまざまなことに、時間とエネルギーを費やす必要がなくなるだろう、と。一対一のミーティングも、アイコンタクトも、固い握手も、そして何より、誰にどれだけの給料を払うのがふさわしいか、その理由はなぜかという議論も省略できるのだ。しかし実際には、そうはならなかった。

タラたちが去ったあと、アラメダは再び利益を上げるようになり、そのまま黒字を維持した。当初ほど儲かってはいなかったものの、2018年の終わりには、年率換算で110%以上のリターンを達成した。会社が立て直されるのを目の当たりにし、会社に残った社員を含め、少なくとも一部の効果的利他主義者たちは、サムは最初から自分がしていることを理解していたのではないかと考えた。「シスマ」の数カ月後、ある元社員の女性がサムにメッセージを送り、こんな質問をした――あなたがEV（期待値）の計算を間違えていると思う人がいること、そして実際にはあなたが正しかったにもかかわらず、それを知らない、あるいは理解しようとしない人がいることについて、それはなぜだと思いますか？

サムはこの問いに対し、3つの短いメッセージを返信した。

サムは悪だと決めつけ、それに反する証拠を認めようとしなかったから。彼らがその信念に感情移入しすぎたから。そしてそれは、そうした感情移入が、彼らにとっては自分に落ち度や責任があると考えるのを回避する方法だったから。誰かの人生を破壊しようとするのは重大な社会的主張であり、それを撤回するのは本当に恥ずかしいことだから。

言い換えれば、人々は彼を誤解し、信用できないと決めつけ、彼についての考えを改めようとしなかったということになる。他の人々がこのパズルを解くのを、彼はもっとうまく助けなければならなかった。彼が一生懸命習得した表情は不十分であり、もっと明快になる必要があった。

彼がシスマについて書いた文書のなかには、社員に宛てた短い文書があり、「私と働く際の諸注意」とか「サムがあなたを拒んだとき、それは何を意味するか」といったタイトルがつけられていた。そこには現在の、そして将来の社員に対して、彼を理解する方法に関するアドバイスが織り込まれていた。

「僕は危機の最中も、そのあともずっと、自分の何を変えるべきかを考えていた」と彼は後に述べている。「それはすごくフラストレーションのたまることだった。僕を苛立たせたのは、人が僕の管理を嫌い、おまえはマネジメント技術を学ぶべきだと言ったことだ」。彼は未だに、学ぶ価値のあるマネジメント技術など存在しないと考えており、あるのは矛盾やナンセンスばかりだと思っていた。「目をつむったままで歩くようなものだ。唯一必要なのは、自力で見る方法を学ぶことだよ」

最終的に彼は、自分に必要な変更はひとつだけだという結論に至った。それは「他人を不快にさせないようにすること」である。サムが最も評価する人々でさえ、彼が「もっと接しやすくなるべき」であり、「もっと建設的なアドバイスを提供すべき」であり、「もっと肯定的になるべき」だと不満を述べていた。彼はこうした批判がただただ不思議だった。自分が怖い人間だとは思っていないし、人を威圧するつもりもない。しかし彼は、人間の性質は変えられないのだから、今後は、他人の言動に否定的な感情を抱いても、それを表に出さないようにしようと決めた。自分が接する人々に対して、彼らの言動に実際に感じている以上の関心を示す。たとえ反対だとしても賛成する。どんな愚かなことを言われても「うんうんうん！」と反応する。「それは何かを犠牲にするけど、結局それだけの価値がある。たいていの場合、人は自分に同意してくれる人が好きなんだ」。サムは、「自分のことを評価してくれたら驚く人」から、「実は自分を評価していないと知ったら驚く人」へと変貌した。

サムが自分自身以上に変えなければならなかったのは、ビジネスのほうだ。2019年初頭には、サムが掲げた「寄付するためにカネを儲ける」という目標と、暗号資産トレーダーとして生み出せた金額との間には、大きなギャップがあった。

2018年に、4000万ドルの資本で取引を行ったアラメダ・リサーチは、3000万ドルの利益を生み出した。彼らに投資した効果的利他主義者たちはその半分を手にし、残りは1500万ドルとなった。そのうち500万ドルが、会社を辞める人々の給与と退職金に消え、さらに５００万ドルが経費に消えた。残った５００万ドルには税金がかかったため、すべてを差し引くと、効果的利他主義の活動に寄付できたのはたった１５０万ドルだ。サムの見解では、それは十分ではなかった。「もっと多くの資本を得るか、もっと安い資本を得るか、もっと高いリターンを得る必要があった」

しかしその時点で、効果的利他主義者のコミュニティにおける彼の評判は地に墜ちていたため、新たな資本を得られるか定かではなかった。暗号資産市場は日々効率化されていた。タワー・リサーチ・キャピタルやジャンプ・トレーディング、さらにはジェーン・ストリートのようなウォール街の大手ＨＦＴ業者が市場に参入し、他の金融市場で行っているような市場の刈り取りを進めていた。サムがどうにかしてより多くの資本を見つけたとしても、それで得られるカネは少なくなるだろう。

暗号資産取引所を開設するというアイデアは、「当然あり」であると同時に「ありえない」ものでもあった。当然ありなのは、暗号資産取引所が金の卵を生むガチョウだからだ。それは世界的な熱狂的投機の中心に位置するカジノのようなもので、すべての取引に手数料を課すことができる。世界で上位５、６カ所の暗号資産取引所では、顧客たちが日常的にカネを失っていたにもかかわらず、創業者たちはおそらく全員が億万長者になっていた。

しかし、サムの個性や他人との関わり方を考えると、そのアイデアはありえなかった。取引所を運営する際、一般の人々とどう関わるものか、彼はまったく理解していなかったのだ。取引所を成功させるためには、大勢の人々と関わり、彼らを惹きつける必要がある。顧客が必要だ。そして顧客を得られるのは、彼らから信用されたときだけだ。彼らがあなたのことを知っている、あるいは知っていると思っている場合にのみ、信用を得ることができる。サムは、自分の同僚でさえ自分のことを知っているかどうか確信が持てず、だからこそ自分を説明するメモを書いた。

しかも、彼はすでに一度、取引所を開設しようとして失敗していた。２０１８年５月、サムはバークレーでゲイリー・ワンにビットコイン取引所のプログラムを書くよう頼み、ゲイリーは１カ月足らずで書き上げた。それはクリプトンＢＴＣと名づけられ、ウェブ上で公開されたが、彼らはどうやってそこに注目を集めるかを考えていなかった。

結局、そこで取引をしようとする人は現れなかった。まるで何も起きなかったかのように。しかし、ゲイリーがこの最初の取引所のために書いたプログラムは優れたものだった。サムはこのクリプトンＢＴＣという大失敗の経験から学んだ――ゲイリーに暗号資産先物取引所の創設を頼めば、彼は１カ月で完成させることができ、それは既存の取引所よりも信頼性が高く、ユーザーにとってリスクが少ないものになるだろう。ゲイリーは天才だ。

香港でサムと彼の小さなチームは、既存の取引所の創設者である億万長者たちに、アラメダ・リサーチ（つまりゲイリー）に投資し、暗号資産先物取引所をつくらせるというアイデアを提案しはじめた。その取引所は、既存のものとは重要な違いがある。アラメダが技術を提供し、既存の取引所が顧客と信用を提供するのだ。このアイデアに手を挙げる可能性が最も高かったのは、サム自身が売り込みをした人物、ＣＺだった。

CZとは、暗号資産取引所バイナンスのCEO、チャンポン・ジャオ（趙長鵬）のことだ。中国江蘇省で生まれた彼は、カナダで青少年期を過ごし、教育を受けたのち、カナダの市民権を得て最終的に中国に戻った。ブルームバーグの開発者など金融業界でいくつか平凡な仕事をしたあと、オーケーコインの最高技術責任者に就任した。そして2015年にオーケーコインを退職すると、2017年にバイナンスを設立した。その2年後、彼は業界誌で「暗号資産業界で最も強力な人物」と評されるようになった。その時点では、この評価は正しくなかったかもしれないが、それは現実になりつつあった。

2019年半ば、バイナンスはまだスポット暗号資産取引所にすぎず、先物やその他のデリバティブ商品を取り扱っていなかった。規模も他の取引所と同程度で、顧客に求められるレバレッジを提供できないというハンデを抱えていた（暗号資産業界の誰もが、自分の持っている資金以上の賭けをしたいと望んでいた）。バイナンスの顧客はさまざまな暗号通貨を取引していたが、取引所から資金を借りて行っていたわけではないのだ。CZはそのやり方を好んだ。そして、サムが提案していること、つまり暗号資産の先物のみを取引する取引所というアイデアを少し警戒していた。

先物取引所は、スポット取引所とは重要な点で異なる。先物取引所では、トレーダーは自分が賭けるカネの、ごく一部しか担保に入れない。損失を出している取引については、取引所は1日の終わりに担保の増額を要求するのが普通だ。しかし取引内容が急速に悪化した場合、損失が担保をはるかに超えて、取引所が損失を被る可能性がある。その場合、取引所は従来の暗号資産取引所が行っていたように、その損失をカバーするために顧客に転嫁することになる。

ＦＴＸ（ゲイリー）が考案したアイデアは、この問題を洗練された形で解決するものだった。彼のシステムでは、顧客のポジションを日単位ではなく秒単位で監視する。そして顧客の取引が赤字になった瞬間に、それを清算する〔ポジションを決済させる〕。もちろん、赤字になった顧客にとっては不愉快なことだ。しかしこれであれば、暗号資産取引所が始めから抱えていた、損失の社会化という問題を防ぐことができる。取引所が損失を抱えることはないため、取引所の損失が社会化されることもない。

サムが初めてＣＺと出会ったのは、２０１８年末に香港に引っ越して間もなくのことだった。バイナンスは２０１９年初めにシンガポールで開催されるカンファレンスに向けて、１口15万ドルのスポンサー料を払う暗号資産企業を探しており、サムがそれを出したのだ。ＣＺは彼をステージに上げるという形で報いた。

それ以来、サムは「あれが暗号資産業界で私たちに正当性を与えてくれた」と語っている。彼は事実上、ＣＺから友情を買ったわけだ。しかしそのときもＣＺのことはあまりわからず、ただ、自分たちにはほとんど共通点がないと感じていた。

サムは自分の頭で物事を考え、決断する、あるいは少なくとも自分ではそのつもりだった。ＣＺは自分の考えがあったとしても、それを外には出さず、感覚的に決断しているように見えた。サムはパイ全体の大きさを考えていたのに対し、ＣＺは自分の取り分の大きさをより重視した。サムは大規模な機関投資家向けの取引所を開設しようとしていたが、ＣＺはリテールや小口投資家に焦点を当てていた。サムは争いを嫌い、そのため不平不満は驚くほど早く忘れてしまうが、ＣＺは争いを好み、争いを生む感情をたっぷり持っていた。ＣＺには、敵と味方で構成された複雑なネットワークがあった。

　２０１７年にバイナンスを立ち上げるために作成した提案書のなかで、この仕事に対する自分の適格性として挙げたものの多くが、暗号資産業界における他のインサイダーたちとの同盟関係だった（そのなかにはゼイン・タケットも含まれていた。ＣＺは略歴のなかで、奇妙なことにゼインを自分との関係で表し、自分は彼の「メンターであり良き友人」だとしている）。サムにはそうした同盟関係がまったくなかった。彼がＣＺとの会話中、もし身につけておいた表情を使わなかったら、ＣＺが話している間ほとんどずっと無表情でいただろう。「ＣＺはただ何となく話しているだけなんだ」とサムは言う。「毒にも薬にもならないことをね。彼が何かを決めなきゃならなくなるまで、彼のことはあまりわからなかった」


　ＣＺが最初に決断を迫られたのは、サムが巧妙に設計した先物取引所のために、要求された４０００万ドルを払うかどうかだった。２０１９年3月、ＣＺは数週間考えた末に、その提案を断った。そして、自社で独自の先物取引所を開設するよう、自分のチームに指示した。それはサムにとっては、よくあることだががっかりする行動だった。「彼はちょっと嫌な奴だけど、それ以上ひどくはない。素晴らしい人物にもなれるのに、そうはならない」。ＣＺに断られたあと、サムは自ら取引所を設立することを決意した。アイデアはシンプルだ——暗号資産の専門家だけでなく、ジェーン・ストリートのような大手のプロフェッショナルトレーダーのニーズにも十分応えられるよう設計された、世界初の暗号資産先物取引所をつくる。

　だが、サムはこの計画に大きな不安を感じた。「僕らは業界でいちばん優れたものをつくろうとしていた。うまくいけば数十億ドルの価値を生み出せるけど、うまくいかない可能性も50％以上あると思っていた。僕はそれまでマーケティングをしたことがなかったし、メディアと話したこともない。顧客を持ったこともない。それは僕が今までやってきたこととは、まったく異質だったんだ」

そこで彼は、自分の知らないことをやってくれそうな人を集めはじめた。これまで一緒に働いたことのないタイプだが、他の暗号資産関係者と強いつながりを持つ人々だ。たとえば彼はゼイン・タケットを引き抜いたが、それによって多くの暗号資産関係者からの信頼も得られた。ゼイン・タケットを引き抜く前、彼はライアン・サラメも引き抜いていた。

効果的利他主義者の正反対に位置する人物がいるとすれば、それはライアンだった。ライアンは自由を愛し、税金を嫌う共和党支持者だった。キャリアの最初はアーンスト・アンド・ヤングでの税理士の仕事だったが退屈で苦労も多く、そこを辞めてサークルという暗号資産取引会社に経理担当者として雇われた。暗号資産取引のほうが税理士の仕事よりも楽しいとわかるのに、2秒もかからなかった。

サムが彼を見つけたとき、ライアンはサークルの香港支社のトレーディングデスクで営業として働いており、世俗的な喜びについての歩く広告塔のようだった。暗号資産業界の誰もが持つ欲求を共有する人物なら、ライアンを仲間だと感じただろう。楽しい時間を過ごしたいときに呼び出す男、それがライアンだった。

ライアンはハンサムで、抜け目のない人物だった。アラメダ・リサーチが香港での取引を増やし、他社のスプレッドを縮小させたとき、ライアンは彼らが市場の他の参加者よりずっと賢いことに驚いた。サム・バンクマン・フリードが何者かは知らなかったが、CZが彼を近くに置こうとしていることには気づいた。バイナンス主催のカンファレンスでアラメダ・リサーチのブース設置を許可したからだ。またライアンは、サムと彼のトレーダーたちが、暗号資産業界における社交上の慣習に従っていないことにも気づいた。「チャットで反応がないのです」とライアンは言う。「冗談を言っても反応しない。それは暗号資産業界ではめったにない経験です。サムは仲間の一員ではありませんでした。誰も彼を見たことがなかったのです」

やがてライアンは、サムの新しい香港オフィスを訪れた。「サムと5分話せば、何かが違うと気づきます」と彼は言う。通常の社交的なやりとりに対するサムの無関心は、ライアンが想像していた以上に、会社のなかに広がっていた。「まるで、オタクたちがPCの前に座っている大学の寮のようでした」と彼は表現する。「彼らはオフィスから一歩も出ようとしませんでした」

自分はサムにとって利用価値があるとライアンは思った――サムが暗号資産業界の関係者たちと社会的なつながりを築き、今は存在していないサムへの親しみを感じさせるために。「多くの人が最初は彼のことを詐欺師だと思ったのを、サムは忘れています。あらゆる詐欺の背後に彼のような人間がいると思われていたんです」

暗号資産業界の関係者と関わるうえで、サムにはひとつ有利な点があった。暗号資産の価格が上昇するにつれて、ゼインのような人は我慢できないような、スーツを着た冷静沈着な人々がこの業界に殺到するようになった。ライアンもそのような人物に見えたが、冷静沈着というタイプではなかったため、例外とされた。やってきたのは、ゴールドマン・サックスの社員やベンチャーキャピタリスト、弁護士などから暗号資産業界に転身した人々で、彼らは手っ取り早くカネを稼ぎたいと考えていた。手っ取り早くカネを稼ぐには変人的なところが必要だったが、彼らにはそうした要素がなかったので、テクノロジーに対する興奮を示すことで、元々の暗号資産信者たちと共通の土台を見出そうとした。「ブロックチェーン！　ブロックチェーンはすべてを変える！」と彼らは言い、それで十分通用することを期待した。銀行や政府などあらゆる制度的権威を嫌う狂信的態度は行き過ぎだ、と似非変人たちは感じていた。

暗号資産信者、つまり自分なりの理由でこの大義に惹かれた人々は、あとからカネ目当てで参加した人々に対して、控えめに言っても複雑な感情を抱いていた。ただサムについては、もう少し判断を保留するだろうとライアンは考えた。サムは暗号資産信者たちと重要な点を共有していた。世界に対する不満である。彼は政府や銀行に対して特別な敵意を持っていたわけではないが、大人に対してはピントがずれていると感じていた。

ライアンは大人というより、新しい人種である「暗号資産専門家」を最高の形で具現化した人物で、サムは彼を手元に置いておく必要があると感じた。彼はライアンを雇ったが、何をさせるかははっきりしていなかった。「職務記述書の内容は、すべてを改善すること、という感じでした」とライアンは言う。

暗号資産取引所を開設するために、サムには暗号資産の専門家が必要だったが、同時に彼らを雇うための資金も必要だった。昔ながらのやり方でいけば、家族や友人にカネを無心するか、ベンチャーキャピタリストから資金を調達することになる。サムにはそんなカネのある友人はいなかったし、ベンチャーキャピタリストの知り合いもいなかった。彼が持っていたのはトークンだ。それは２０１７年以降に登場し、一般大衆に売り込まれた何千もの暗号通貨と同じ種類のものだった。ＦＴＸのトークンは「ＦＴＴ」と名づけられた。

ＦＴＴの最大の特徴は、その保有者が、ＦＴＸの年間売上高の約３分の１を集団として受け取る権利を得られることだった。たとえば２０２１年にＦＴＸが生み出した10億ドルの収益のうち、３億３３００万ドルがＦＴＴの「バイバック＆バーン（買い戻し後の焼却）」のために確保された。それはＦＴＸがその予算を使い、上場企業が自社株を買い戻すのと同じ形で、自社のトークンを流通から取り除き、残りのトークンの価値を引き上げたことを意味する。

ＦＴＴはＦＴＸの株式のようなものではなく、ＦＴＸの株式そのものであり、さらに会社内で行われる特定の意思決定に対する議決権まで付いていた。会社の純利益ではなく総収益の一部をシェアしているという点で、株式より価値があるとさえ言えるかもしれない。「暗号資産業界の人々は『誰が株式なんか欲しがる？　トークンを買うほうがずっといいよ』と言うだろう」とサム。「ベンチャーキャピタリストは『トークンって何？』と言うだろう」

トークンの問題は、その販売が米国内では違法とされていたことだ。新しい暗号通貨トークンの爆発的な増加は、トークン開発者と証券規制当局との間に新たな駆け引きを生み出した。世界で最も果敢な証券規制機関であるＳＥＣ（米国証券取引委員会）は今や、こう主張していた――これらのトークンの多くは有価証券であると考えられ（明らかに有価証券だ）、米国の投資家にとって脅威であり、SECの承認を得ないかぎり（その可能性は極めて低いと思われる）米国での売買は禁止される、と。

米国人を顧客にしたい暗号資産取引所やトークン開発者は、自分たちのトークンは有価証券ではなく、たとえばスターバックスのリワードポイントのようなものだと主張した。FTXはカリブ海のアンティグア・バーブーダで登記され、香港で運営され、原則として米国人投資家には暗号資産取引所での取引を許可せず、同じく原則として米国人にはトークンを販売しなかったため、SECの手の届かないところにあった。

いずれにせよ、FTTの買い手は外国人か、米国外に住む米国人だった。そして今、サムは彼なりの不器用なやり方で、彼らを口説こうとしていた。FTTを一般公開する3週間前、彼は台北で行われた会議に参加した。ある大手取引所が開いたパーティーには、暗号資産業界の大物プレイヤーが顔を揃え、サムも機械的に出席した。「今夜は酒と女、レーザー、そして大音量の音楽の夜だった」と、彼は日記に書いている。「けれど僕がテーブルの間を歩き回っていると、あとから妙な雰囲気がついてまわるのを感じた。それがはっきりしたのは、僕が何度かCZの近くを通りかかったときだ。彼はそのたびに、魅力的な相手との話を中断して僕を抱きしめたのだ。皆が僕らのことを考えていた。あれこれと。このとき初めて、僕がCZに興味を持っている以上に、CZが僕に興味を持っていると思った」

FTXは無から3億5000万FTTトークンを鋳造した。サムはその一部を従業員に1トークン5セントで提供し、さらに、CZのような、暗号資産関係の重要人物で取引所の仲間になってくれそうな人々に1トークン10セントで提供した。CZは当初、その申し出を断り、

ＦＴＸ従業員の大部分も同様だった（ライアン・サラメは例外だった）。しかし他の外部投資家が十分な量を購入してくれたので、サムはやがて価格を引き上げ、当初は20セント、そのあと70セントにした。

２０１９年7月29日、ＦＴＴはＦＴＸに上場され、一般公開された（「それは私が見たなかで、サムが最も緊張していた瞬間でした」とニシャドは言う）。始値は１ドルで、１ドル50セントまで上昇した。２カ月もたたないうちに、ライアン・サラメが投資したカネは30倍になり、他の外部投資家のカネも15倍になった。最初に発行された3億５０００万トークンのうち、ＦＴＸはおよそ６０００万トークンを、その時点での価格よりも約１ドル安い価格で売却した。１週間かそこらで、自分は大衆の信頼を得られるだろうかというサムの疑念は、ＦＴＴをあまりにも安く売ってしまったのではないかという後悔に変わった。数週間後にＣＺから電話がかかってきて、ＦＴＸの株式の20％を８０００万ドルで買いたいと提案されたとき、その後悔が正しかったと証明された。

まるで山師が偶然、自分の家を油田の上に建てていたようなものだ。サムは暗号資産取引所を経営したかったわけでもない。彼が構築したカジノでは、ギャンブラーは自分の銀行口座の残高を超える大きな賭けを行うことができ、しかもそれでカジノや他のギャンブラーがリスクを負うこともないようだった。まさに、暗号資産業界が求めていたものだ。

偶然だがタイミングも完璧で、ＦＴＸの開設は、ジェーン・ストリートのような大手のプロトレーダーが暗号資産市場に参入し、プロの要求に見合う先物取引所を必要としていた時期だった。サムが選んだ場所も、偶然ながら完璧だった。香港はおそらく、彼とＣＺが共に心地良く感じることのできる世界で唯一の場所だった。香港はまるで、ゲームの途中でルール変更を叫ぶ機能が埋め込まれたチェス盤だった。香港の規制当局は、暗号資産取引所がすることを黙認し、やりたいことをほとんど何でもやらせたが、頻繁にルールを変更したので、ゲームの面白さが維持された。

そのうえ、香港そしてアジア全体が、特に資格を持たないが野心的な若者で溢れており、彼らはそれまでやっていたことをすべてやめて、得体の知れない人物が運営する暗号資産取引所で働くことを何とも思っていなかった。サムはまさに、そのような人材を必要としていた。

ＦＴＸは最初から、ドアに「経験不問」の看板を掲げるべきだったのだ。たとえばサムは、メディア対応やマーケティングの経験がほとんどないナタリー・ティエンを雇い、広報の責任者にした。また暗号通貨取引所フォビの若い販売員だったコンスタンス・ワンを雇い、会社の最高執行責任者（ＣＯＯ）にした。必要に迫られたサムは、それを美徳に変えた。「誰かに以前と同じことをさせるのは、ちょっと悪い兆候だ」と彼は言う。「それは変種の逆選択だ。彼らがなぜあなたのところに来たかを考えればわかるだろう」

ラムニク・アローラに関して面白いのは、彼が本当に求めていたのが徒歩通勤できるという条件だけだったことだ。彼はインドで育ち、スタンフォード大学でコンピューター科学の修士課程を修了して、ゴールドマン・サックスに勤務したあと、結婚してイーストベイに移り住んだ。３年間、バークレーからメンローパークのフェイスブックに通勤したが、それが苦痛だった。フェイスブックでは当初、オンライン広告のためのリアルタイムオークションを開発するチームに所属し（その目標は最適な広告を、最適な人に、最適なタイミングで表示することだった）、そのあとリブラの立ち上げを担当する別のチームに移った。リブラとはフェイスブック独自の暗号通貨だったが、立ち上げは失敗に終わっている。

ゴールドマン・サックスとフェイスブックの間のどこかで、ラムニクは仕事に情熱を求めることを諦めていた。彼が実際の年齢より老けて見えたとしたら、若さを定義するもののひとつである「希望」を手放していたからだ。

「私たちの世代で最も賢い頭脳を持つ人間は、株の売買か、広告のクリック予測を行っています。これは私たちの世代の悲劇です」。この悲劇の影響で、彼の野心は萎縮した。世界を変えようと考えることは減り、自分自身と妻の快適さを追求することが増えた。「歩いて仕事に行けると、幸福度が15％上がるという研究を読んだのです」

そこで、個人的な幸せを得ようと、２０２０年の晩春、リンクトインで新しい仕事を探すことにし、検索のキーワードには「暗号」と「バークレー」と入力した。表示された結果は１件——アラメダ・リサーチだ。彼はその名前を聞いたことがなかったが、とにかく履歴書を送った。数分のうちに、サム・バンクマン・フリードからＺｏｏｍ面談の依頼が届いた。サムはアラメダではなく、アラメダが立ち上げた新しい暗号資産取引所、ＦＴＸについて話したがった。Ｚｏｏｍ中にサムの口から出てきた数字にラムニクは驚き、またサムがまったくの部外者に躊躇なくそれを明かす態度にも驚いた。ＦＴＸは設立されてから1年余りで、２０１９年の下半期には約１０００万ドルの収益を生み出していた。２０２０年には、その数字が８０００万ドルから1億ドルの間に跳ね上がる予定だった。

会話の途中で、ラムニクはサムがバークレーではなく香港にいることに気づいた。そのとき香港は午前3時だ。サムの背後では人々が仕事の真っ最中で、喧騒のなかを慌ただしく行き来していた。その最初の会話でサムが話した内容が何であれ、ラムニクが主に聞いていたのは、忘れかけていた音——情熱の音だった。

給料はフェイスブックで得ていた額から80％下がったが（彼がティックトックからオファーされていた額と比べれば95％減だ）、ラムニクはFTXに転職した。アラメダ・リサーチとFTXを合わせると、彼はサムが採用した50番目の社員だ。肩書は製品責任者だったが、これはおかしな話だった。ラムニクはFTXの製品について何も知らなかったからだ。Zoomでサムはラムニクに、FTXで何をしてもらうかまったく思いつかないが、何か考えるよ、と語っていた。

ラムニクが香港に移るや否や、彼の存在意義のなさが問題になった。FTXが製品責任者を必要としていないのは明らかだった。そのような仕事はなかったのだ。ゲイリーがすべてのプログラムを開発していた。中国人の若い女性と暗号技術者からなる小さな部隊が、すでに製品の宣伝に取り組んでおり、ラムニクの助けは必要なかった。ニシャドが開発者たちを管理し、製品に生じた問題を修正し、サムの経営スタイルに不満を持つ人々に対応していた。

就職してから最初の21日間、ラムニクは検疫のため陰鬱な香港のホテルに隔離され、自分が何をすべきか確信が持てずにいた。取引所のコンピュータープログラム、つまり製品をいじってみたが、何かをするたびに、行った作業をニシャドに報告しなければならなかった。サムにメモを送っても、返信が来るのは2日後だ。隔離明けに、ラムニクはニシャドに尋ねた。「トータルで見て、私は会社にとってプラスでしょうか、それともマイナスでしょうか？」」。「マイナスですね」とニシャドは答えた。「あなたの作業をチェックするより、自分でその作業をしたほうが早いんです」。ラムニクはその正直さに感謝した。そして、何か他にやることを見つけようと決心した。

まもなく彼は、会社にもサムの人生にも存在しなかった役割を果たすことになった。「私はすぐに、サムが何でも頼りにする存在になりました。最初に頼まれたのは、監査役を見つけることでした。私たちには監査役がいなかったからです」。サムは肩書を気にしなかったため、ラムニクの肩書が変わることはなかった。彼はそのまま「製品責任者」でありつづけたが、正確には「サムの便利屋」といったところだった。「『いろいろなことが起きるから、それに対処して』というわけです」。「いろいろなこと」の多くは、何らかの形で信用に関係していた。たとえば「どうしたらＦＴＸは人々に信用してもらえるか？」といったものだ。

サムは大人を雇ってこなかったが、今はラムニクがいる。ラムニクには大人の特徴があった。彼は話す前にためらった。ゴールドマン・サックスとフェイスブックで何年も働いた。33歳になったばかりだが35歳でも通った。話すときに貧乏ゆすりをしなかった。長ズボンをはいていた。妻がいて「仕事とプライベートは別」という考え方をしていたが、それはサムや、サムの経営スタイルを生き延びた人々にはないものだった。

彼は、たとえば、もしあなたが不適切な人物とベッドにいるのを見つけたら大人はどう思うのかを想像できた。サムが台湾のポルノ企業であるスワッグのトークンをＦＴＸで取引可能にしようとしたとき、割って入ったのはラムニクだった。FTXは、スワッグのトークン用の市場をつくることと引き換えに、スワッグから大金を受け取る予定だった。そうなれば、FTXは台湾のポルノ帝国の資金源となってしまう。「それをやめるようサムを説得しなければなりませんでした。説得しながら、自分たちが大きな岐路に立たされているのを感じました。後戻りはできません。サムはその話をなんとか進めようとしましたが、私は、とんでもない、絶対だめだ、と言いましたよ」

暗号資産の世界では、ラムニクの資質はあまり重要ではなく、むしろ不利だったかもしれない。しかしそれ以外の世界では、彼の資質は非常に貴重だった。

ラムニクは、人々は企業ではなく、人に共感するのだと指摘した。この新しい暗号資産取引所のことは信用しないかもしれないが、その創設者がどんな人間かを知っていれば、たとえどんなに変わり者でも彼のことは信用するかもしれない。「私たちが最初に考えたのは、サムをテレビに出せないかということでした。それはすごく難しいと思えましたが、ナタリーはどうにかやってのけました」

FTXの広報責任者という初めての役割を果たすために、ナタリーはMグループ・ストラテジック・コミュニケーションズというニューヨークの広報会社に電話をかけた。その代表であるジェイ・モラキスは、当初は警戒していた。「怪しい中国系企業だと思ったのです」と彼は言う。しかしサムのプレゼンテーションを聞き、彼が初めて公の場に登場したブルームバーグTVへの出演を見て、考えが変わった。

「これまで私が経験したPRの仕事の、どれとも似ていませんでした。私は50歳で、20年間会社をやってきましたが、初めて見るものだったのです。社員はみんなサムに会いたがりました。クライアントのCEOたちは私に電話してきて、サムにやったようなことを自分たちにもしてくれ、と言いました」。2021年当時の彼は、実際は何もしていないのだ、と説明しなければならなかった——ただサムがそこにいたのだ、と。

2021年後半のサムのメディア出演は、皆が予想していた以上の効果をもたらした。常に世間と距離を置き、世間からも距離を置かれていたこの人物が、どういうわけかメディアを通じて、人々の想像のなかで生き生きと動き出したのだ。サムは暗号資産業界のなかでは有名になりつつあったが、その外ではまだ無名であり、それゆえに信用されていなかった。

ラムニクの風変わりな新しい仕事の一部は、それを解決する手助けをすることだった。「何かを信用できるかどうか、どうやって判断しますか？『つながり』によってです。信用は既存の人間関係から生まれるのです」。サムには既存の人間関係がなかった。18歳くらいまではほとんど人間関係がなく、そのあとは、効果的利他主義者たちやジェーン・ストリートのトレーダーたちと知り合ったが、前者の多くは、サムがこの運動に内戦を引き起こしたことに激怒していたし、後者は、サムがジェーン・ストリートを離れてライバル会社を設立し、ジェーン・ストリートのトレーダーを引き抜いたことに大いに苛立っていた。

そこでラムニクは、サムと共に、ベンチャーキャピタル数社との新たな関係づくりに着手した。実のところFTXは資本を必要としていなかったが、適切なベンチャーキャピタリストとサムとの関係を構築できれば、暗号資産業界の外にいる人々の心をつかむ助けになるかもしれない。「私たちは正当性と信用について話し合いました。それは、良いベンチャーキャピタルから資金を調達できるか？　ということです。中国のベンチャーキャピタルではだめです。私たちは米国の機関投資家と関係を持ちたかったのです」

暗号資産業界のサムたちと、ベンチャーキャピタル業界の人たちの最初の会話は、少しぎこちなかった。「彼らは私たちの内部統制のサンプルを欲しがりました」とラムニクは言う。「しかし、私たちには何もありませんでした」。ベンチャーキャピタリストたちは、FTXの急成長ぶりを目の当たりにし、自分たちが油田の上に座っている石油採掘者のようなものだとわかったが、自分たちが見ているのが最初の1ガロンなのか、それとも最後の1ガロンなのか確信が持てなかった。

大きな取引だが、暗号資産ブームと共に消えていくものなのか？　それともサムは永続的な何かを築いているのか？　後者であれば、彼は米国の投資家につながる必要があり、それにはFTXに内部統制が必要だった。また認可を受け、規制を受ける必要もあった。

ベンチャーキャピタルからの信用を得るうえで、最大の問題がそこにあった——暗号資産先物取引所に対する、グローバルなレベルでの認可制度が存在しなかったのだ。香港のような一部の国や地域では、スポット暗号資産取引所に免許を提供し、先物取引には目をつぶることに同意していた。しかし米国をはじめとするほとんどの国々では、免許を一切提供していなかった。

米国政府は、SEC（米国証券取引委員会）とCFTC（米国商品先物取引委員会）のどちらが暗号資産を規制すべきかさえ決めかねていた。米国において、特定の暗号資産を誰が規制すべきかという問題は、その暗号資産が有価証券と定義されるか、それとも商品と定義されるかにかかっている。ビットコインは２０１５年に商品と定義されたため、ＣＦＴＣが規制している。ＦＴＴ（あるいはレバレッジを効かせたビットコイン・トークン）は、おそらく有価証券と定義され、ＳＥＣの管轄下に入る可能性が高い。

２０２１年初頭、ＳＥＣもＣＦＴＣも一定の権限を主張していたが、どちらも大した活動はしていなかった。ルールが定められていない状況下では、米国で暗号資産ビジネスを展開する人々は、明確に許可されていないこと——ビットコインの売買を除けば、基本的にあらゆること——に関して、訴訟や罰金のリスクに常に晒されていた。

暗号資産関係者は規制当局に対し、新しい暗号通貨の販売や、暗号通貨預金への利子の支払い、あるいは暗号通貨先物契約の作成などを許可するよう懇願した。規制当局ははっきり回答せず、暗号資産業界の人々が何かを実行に移そうとすると、彼らに制裁を加えた。「まるで規制当局と『20の質問』ゲームをしているようなものだけど、間違った質問をすると罰金を科されてしまうんだ」とサムは説明する。

ベンチャーキャピタリストに関して言えば、サムは彼らと付き合った経験が一切なかった。それはまったく新しいゲームだった。ラムニクは、サムがそのゲームのやり方を理解する様子を見た。２０２１年初頭、ジャンプ・トレーディングという会社（従来型のベンチャーキャピタルではなかった）が、40億ドルの評価額でＦＴＸの株式を買いたいと提案してきた。「資金調達は２００億ドルで行うからだめだ、とサムは言いました」とラムニクは振り返る。それに対してジャンプは、その価格に興味を示す投資家が他にもいれば、その価格でも興味があると答えた。その態度は、人々が新しいビジネスにつける価値が恣意的なものであることを示していた。

ベンチャーキャピタリストに新規事業を売り込むのは、ソファを売るというより、映画のアイデアを売り込むようなものだ。彼らがどのくらいそれを買いたいと思うかは、確実な数字を提示できるかどうかよりも、彼らが興奮するようなストーリーを語れるかどうかにかかっている。彼らは一日中ストーリーを聞いて、そのなかから気に入ったものを選んでいるのではないか、と思うほどだった。彼らの評価には特に理由や規則性がなく、まるで国語の授業の再来だった。サムはすぐに、彼らが聞かされるストーリーの大半には説得力がないことを知った。「たいていの人は、簡単に間違いだとわかるような話をするんだ」。しかしサムとラムニクが語った話は違った。その話は、おおよそ次のようなものだった。

世界の株式市場では1日に6000億ドルが取引されているのに対し、暗号資産の取引高も今や1日に2000億ドルにまで達しており、その差は縮まりつつある。FTXは立ち上げからわずか1年半で、ゼロから世界第5位の暗号資産取引所へと成長し、日々ライバル企業からシェアを奪っている。FTXは現在、認可の取得と法令遵守を優先する唯一の暗号資産取引所である。また、米国の金融規制当局に何らかの形で背いたことがない唯一の暗号資産取引所でもある。

米国で認可を取得すれば、FTXのような暗号資産取引所も、株式や人々が取引したい他のものも取引できるようになり、たとえばニューヨーク証券取引所に対抗することが可能になる。

そのため、サムはすでにＦＴＸ ＵＳという会社を設立しているが、ＳＥＣが反対する可能性のある取引を顧客にさせることには慎重だ。「つまり、私たちがとても急速に成長していること、市場が巨大であること、そして私たちは信用できる存在になるということをアピールしました」とラムニクは語る。

彼らの置かれた状況は、鶏が先か卵が先かというものだった。信用できる存在になるためには、高名なベンチャーキャピタルからの資金調達が助けになる。ベンチャーキャピタルから資金を得るためには、信用できる存在になる必要がある。しかし何をすればいいのか、すべてが曖昧だった。あるファンドは彼らのプレゼンを聞いたあと、タームシート〔契約を行う際の検討用資料として、その概要を項目別にまとめた文書〕を送ってきて、「あなたたちのことが気に入ったから好きな数字を入れてくれ」と言った。サムは数字を書いた——２００億ドルだ。そのファンドはしばらく沈黙し、ラムニクが電話すると、心変わりしたと答えた。

また、ヘドソフィアという変わった名前の英国のベンチャーキャピタルから電話があり、サムの求める額を払おうと言ってきた。そしてＦＴＸの株式の０・０５％に対して1億ドルを支払うという。ラムニクは彼らが何者なのかよく知らなかったため、電話での打ち合わせを手配した。「奇妙でした。彼らはこのビジネスについて十分に理解していないようでした。ＦＴＸ ＵＳの存在など基本的なことすらね」

それでも、ヘドソフィアはラムニクにタームシートを送ってきた。しかし、暗号通貨の価格の小規模な下落で考えを変え、それを撤回する。世界有数の投資会社であるブラックストーンはサムに電話をしてきて、２００億ドルという評価額は高すぎると思う、１５０億ドルの評価額で投資したい、と言った。ラムニクは言う。「サムは『高すぎると思うなら、200億ドルの評価額で、10億ドル分の株式を空売りさせてあげよう』と答えました。相手が『うちは株の空売りをしない』と言うと、サムはこう答えました。『君がジェーン・ストリートで働いていたら、最初の週でクビになっていたよ』」[*3]

ベンチャーキャピタリストの全員が、通話中にサムがビデオゲームで遊んでいることに気づいたわけではないだろう。しかし彼らの大半は、自分たちが何を言っても彼が気にかけていないことを感じとっていた。ラムニクは、サムが投資家たちの感情に無関心なことが、実は彼らの興味をさらに掻き立てたのではないかと考えている。FTXが収益を出していて、実際には資金を必要としていなかったことも、それを後押ししただろう。結局、2020年の夏から2021年の春にかけて4回の資金調達ラウンドが行われ、サムたちはFTXの約6%を23億ドルで売却した。投資したベンチャーキャピタル会社は、およそ150社に達した。サムは彼らに取締役会の席を与えず(そもそも取締役会がなかった)、事業に対するいかなる支配権を渡すことも拒否した。

だがFTXは、サムがデザインした、より大きなパズルのピースにすぎなかった。彼はアラメダ・リサーチの90%を所有していて、アラメダ・リサーチの性質は変化しつつあった。依然としてクオンツ運用会社であり、利益の出る月と出ない月があったが、トレーダーたちは新しいやり方で、より巨額の資金で取引をしていた。暗号資産の世界は、実質的に、規制のない新しい銀行を生み出していた。

たとえば人々は、ジェネシス・グローバル・キャピタルやセルシウス・ネットワークのような企業に暗号資産を預け、一定の利息を受け取っていた。そしてこれらの擬似銀行は、その預かった暗号資産をアラメダ・リサーチのようなトレーダーに再貸し出しをしていた。

２０１８年初頭、裕福な効果的利他主義者たちは、サムに年率で50％もの利子を課していた。３年後、ジェネシスやセルシウスは、アラメダ・リサーチに年利６〜20％で数十億ドルもの資金を貸し出すことさえいとわなくなっていた。さらにアラメダには、誰も知らない数十億ドル規模の謎の資金があった。「ＦＴＸは人々が考えるよりも小さく、アラメダは人々が考えるよりも大きいのです」とラムニクは言う。「桁違いにね」

アラメダ・リサーチとＦＴＸの境界は、常に曖昧だった。法的には別会社だが、同じ人物が所有していた。オフィスビルの26階にある広い部屋を共有し、ビクトリア・ハーバーを取り囲む高層ビル群と、その30キロ先に広がる中国という同じ景色が見えた。サムのデスクは、両社が共有する長いトレーディングデスクの端に位置しており、どちらもよく見渡せた。

アラメダがＦＴＸの立ち上げ費用として５００万ドルから１０００万ドルほどをカバーすることについて、不思議に思った人は誰もいない。ＦＴＸがＦＴＴを売却し、その資金をＦＴＸの拡大ではなくアラメダ内での取引に使うことについても同様だ。アラメダが残りのＦＴＴをすべて管理し、それを取引活動の担保として使用することも、極めて自然と思われた。

サムは自分の行っていることを隠そうとさえしなかった。ＦＴＴは「単独で［アラメダの］資本問題を解決した」と、社員に宛てたメモに書いた。彼はアラメダ・リサーチの90％を保持し、ゲイリーが残りの10％を所有していた。150のベンチャーキャピタルにＦＴＸの株式を売却しても、サムは依然として会社の半分以上を所有していた。3番目に大きな株主であるニシャドが所有していたのは、会社のわずか5％だった。

同時に、サムは両社を経営していたとも、どちらも経営していなかったともいえる。彼の一日の大半は、ＦＴＸと自身の宣伝に費やされていたのだ。そしてＦＴＸが急成長するにつれ、アラメダで働いてほしい人材を見つけるのが難しくなった。優れた人材がアラメダの仕事に応募しても、ＦＴＸの成長を目の当たりにすると、「やっぱりＦＴＸで働きたい」と言い出すのだ。「アラメダで働きたいと思う優秀な人材を見つけるのは、ほぼ不可能になった」とサムは言う。アラメダを管理するためには、すでにそこにいる人材でやりくりせざるをえなかった。

サムがアラメダで日々のトレーディング業務をこなしながら、同時に急成長するＦＴＸの顔という新たな慣れない役割を果たすのは無理だった。アラメダの内部で経営をすべて任せられる適任者が見つからなかったので、サムは2人の人物にそれを任せることにした。1人は、頭は切れるが人付き合いの苦手なトレーダーのサム・トラブッコで、高校の数学キャンプで知り合い、前年にＨＦＴ業者のサスケハナから引き抜いていた。

入社してすぐに、暗号資産取引に対するトラブッコの没頭ぶりは、サムにも引けをとらないことが明らかになった。香港オフィスから一歩も出ずに何週間も働くことさえあったのだ。ところが、サムが昇進させたとたん、彼の仕事への興味は消え失せてしまい、彼は人生に別の楽しみを見つけた。2021年の晩夏にサム・トラブッコのなかで起きた衝撃的な変化は説明しがたいが、否定しようがなかった。「アラメダの共同代表になったとたん、彼はやる気をなくしてしまったんです」とアラメダの社員は語っている。

サムは結局、自身のプライベート・ヘッジファンドのかじ取りを、もう1人の共同ＣＥＯだったキャロライン・エリソンに託すこととなった。２人をそのポジションに任命したとき、サムはキャロラインに人材管理を、サム・トラブッコに取引リスク管理をさせるつもりだった。「キャロラインに管理されることを、皆気に入っていたんだ」とサムは言う。２０２１年の秋には、キャロラインは事実上、人材と取引リスクの両方を管理していたが、彼女自身はサムだけに管理される状態だった。

この状況がいくつもの軋轢を生む。２人は周囲に隠れて関係を持つようになっていたが、そのことはサムよりもキャロラインにとって大きな重荷になった。彼女は2人の関係を改善し、広げたいと思っていたが、サムはそうではなかった。香港へ旅立ったあと、サムはキャロラインからの最初のメモに対し、彼自身もメモを書いて送ったが、そこには性的関係を持つことの良い点と悪い点が記されていた。冒頭には「反対する理由」と題して、次のように説得力のある項目が並んでいる。

いろいろな意味で、僕には魂がない。これは状況によって特に顕著だ。結局のところ、僕の共感能力はフェイクで感情もフェイクで表情もフェイクだという意見には妥当性がある。僕は幸福を感じない。物理的に幸せにできない相手と付き合うことに、何の意味がある？

僕には昔から退屈や閉塞感を感じやすい性質がある。こう言えるのは、いつもよりその心配がないからなのだろう。けれど元々、他の要因が問題ではなくなるくらい、その素地が強い。

自分が何を望んでいるかについて、矛盾した気持ちがある。君と一緒にいたいと心底願うときもあれば、仕事を60時間ぶっ続けでして、他のことは何も考えたくない気分のときもある。

僕らの間の力関係が心配だ。

もしこれが広報面で問題になったら、アラメダを破滅させることになりかねない。

この問題が、僕が裁定役を務めることになっている、今の効果的利他主義界隈の騒動と、最悪な形で重なってしまうかもしれない。

僕は人を悲しませる。僕に感銘を受ける人さえ、本当の意味で幸せにはできない。そして、デートをする相手には、本当に辛い思いをさせてしまう。こんな人間と一緒にいるのは、本当に悲惨だ——(a)相手を幸せにできない、(b)誰に対しても本当には敬意を抱けない、(c)常に人を不快にさせるようなことを考えている、(d)相手のための時間をつくれない、(e)半分くらいの時間は1人でいたい。

社員とデートするというのは、本当に問題が多い。

このリストのあとに続いていたのは、「賛成する理由」と題された、より短いリストだった。

君のことが本当に好きだ。

君と話すのが本当に好きだ。他の誰と話すときより、思っていることを伝えやすい気がする。

君は僕にとって最も重要な関心事を共有してくれる。

君はいい人だ。

君のことが本当に好きだ。

君は賢くて優秀だ。

君は優れた判断力を持っていて、でたらめなことをしない。

君はありのままの僕を受け入れてくれる。

それでも彼女は、バークレーから香港へと彼を追いかけ、2人の関係を再開させた。2年後、その関係の輪郭は変わっていなかった。サムは、実際にキャロラインに思いを寄せるというより、自分がそういう感情を持つとしたらなぜか、その理由がわかるようになっていた。キャロラインは、型にはまらない男との型にはまった恋愛を望んでいた。サムはどんな瞬間でも、最も高い期待値を提供してくれることをしたかったが、彼女が提供してくれる期待値に対する彼の見積もりは、セックスをする直前にピークに達し、直後に急落した。キャロラインはそれが嫌で、ビジネスライクな長いメモを何枚も送って彼に伝えた。2021年7月初旬にはこう書いている。「私には、私たちの関係から得たいと望むことがいくつもありますが、望むほどには得られていないと感じます」。それに続くのは、いつもの箇条書きだった。

- 感情や好みについてのコミュニケーション
- 一貫した肯定や励まし
- 少なくとも何らかの状況における、私たちの関係の社会的肯定

サムの頭のなかには、自分たちが寝ていることを知られたら起こり得る悪いことのリストがあった。キャロラインは、サムのリストは彼の本音を隠すための口実だと考えていた。「あなたが私のことを恥ずかしいと思っているんじゃないかと思うと、すごく傷つきます」と、6日後に続けて送ったメモに書いている。そして、その気持ちがなぜ、どのように自分を傷つけるのか説明した。

- 私たちが付き合っていることを皆に知られるのはワクワクします。過去の交際では必ずしもそうではありませんでした。それはその人に困惑させられたかどうか、そしてその人と付き合うことで自分が人から良く、あるいは悪く思われそうかどうかによって決まっていました。
- もし、私たちがデートしていると知られること自体には前向きだけれど、積極的に広めないほうがいいだけというのがあなたの判断なら、それほど嫌な気持ちにならないと思います。
- もう一度言うと、もし私がもっと優れていたり魅力的だったりしたら、私たちがデートしているのを知られることを、あなたは恥ずかしいと思わないだろうと感じています。

2人の根本的な関心はすれ違ったままだった。キャロラインが感じていたのは、サムは彼女をアラメダ・リサーチのＣＥＯに昇進させたものの彼女のパフォーマンスには不満を持っているということで、彼女自身も同じ思いだった。追加メモに続けてさらに送ったメモのなかで書いている。「あなたがフルタイムで携わっていたら、私なんかよりよっぽどうまくアラメダを経営できるのに。あなたがときどきサポートしてくれないと、大事なところで取り返しのつかない失敗をしでかしそうです」

わずか1年半前、アラメダ・リサーチは数人の効果的利他主義者の友人から得た４０００万ドルの資金で、細々と運営されていた。それが今では、擬似銀行から借り入れた数十億ドルと、誰が計算するか次第でゼロから８００億ドルの間の価値を持つ、ＦＴＴのようなあまり知られていない暗号通貨を隠し持つまでに拡大していた。仕事ははるかに複雑化し、彼女は明らかに助けを必要としていた。そしてまたもや、彼女は上司である恋人に、仕事を辞めるか、彼と別れるか、あるいはその両方をするかを相談していた。

キャロラインが決断する前に、サムは２０２１年8月に再び彼女のもとを離れて旅に出た。行く先はバハマで、中国政府による締め付けがあった場合にサテライトオフィスや災害復旧拠点をつくれるかどうか、確認するためだった。彼はバハマがとても気に入り、その場で滞在を決めた。そして、自分が率いるはずのチームにメッセージを送り、もう戻らないと伝えた。3年間で二度目の出来事だった。

7　複雑すぎる組織図

サムとキャロラインの関係にパターンがあることは精神科医でなくてもわかったが、偶然にも彼らの傍に、1人の精神科医がいた。その名はジョージ・ラーナー。2021年末の時点で、効果的利他主義者の内面を誰よりも深く理解していた人物と言えるかもしれない。彼がこの一風変わった役割を担うようになったのはごく自然な成り行きで、精神医学の道に進んだときもそうだった。他人と瞬時に親密になれることに、彼は精神医学の面白さを感じていた。「正直、人の話を聞いて、そのことで報酬を得られるなんて、最高ですよね」と彼は言う。

ベイラー医科大学に入学したてのある日、集まった学生たちは、志望分野が呼ばれたら手を挙げるよう指示された。「外科」と呼ばれると、多くの学生が手を挙げた。しかし「精神科」と呼ばれたとき、手を挙げたのはジョージだけだった。彼はカリフォルニア大学サンフランシスコ校での研修を経て、その後もサンフランシスコに残り、教鞭をとりながら開業医として働きはじめた。

ジョージはロシア生まれで、11歳のときに家族と共にカリフォルニアに移住してきた。そのため彼は、2つの土地の一風変わった組み合わせのように見えた。彼の目、髪、濃い髭は、ドストエフスキーの小説の登場人物を思わせた。すべてが暗いが、笑顔だけは例外だった。他の部分がしかめっ面をしていても、口元は完全に喜びを表していたのだ。まるで、カリフォルニアが彼を底なしの絶望から救い出そうとして、途中で止めてしまったかのようだった。その結果患者たちは、そのときの自分に必要な感情を、彼の表情に見出すことができた。

最初に患者になったのは弁護士たちだった。1人の弁護士がふらりとやってきて、その後、別の弁護士に彼を勧め、気づけばジョージは一日中、弁護士たちの問題を聞いて過ごすようになっていた。「弁護士たちには境界がなく、次々に同業者を紹介してくるんです」。彼らが主に話したがったのは、失敗した人間関係についてで、彼はすぐに飽きてしまった。だが弁護士の波のあとに第2の波がやってきた。テクノロジー業界の幹部たちだ。彼らは弁護士よりはるかに熱心に仕事について語った。「テック業界の人は、人間関係のことはあまり話しませんでした。より優れたエンジニアになるための指導を本気で私に求めていたのです」

暗号資産業界の人々は、暗号資産がブームとなった2017年ごろから現れはじめた。彼らは基本的に2つのタイプに分けられた。最初に現れたのは、ビットコインがまだ古き良き宗教だった時代からそれに惹かれていた、初期の信奉者たちだ。「彼らはリバタリアン的な考えの持ち主で、もともと独力で仕事をしてきたし、その考えのせいで大企業にうまくなじめなかったのです」とジョージは言う。「職場の人間から政府寄りの考えを押し付けられている、とよく不満を漏らしていました。少し偏執的なところがあり、彼らにとって世界は一種の陰謀なのです」。こういった人々を多く診てきたジョージは、彼らが暗号資産にたどり着いたのは偶然ではないと思った。「ビットコインから出ている犬笛が、これらの人々を引き寄せていたのです。彼らは普通の会社で働きながら、こういうものに関心を持っていました。政府の恐怖について語りたがりましたが、妻や家族はたいていその話にもううんざりしていました」

話を聞いてもらいたかった彼らは、ジョージのもとを訪れた。ジョージはある程度、その役割に適していた。彼は昔から、驚くほど簡単に他人の知的視点に立つことができたのだ。「研修医時代には、これが足を引っ張りました。精神病を見抜けなかったのです。ああ、あなたの視点からすると、雇用主があなたの電話を盗聴していると思うのもよくわかります、などと思ってしまって」

ビットコインの価格上昇に伴い、ジョージの待合室には新しい種類の暗号資産愛好者が来るようになった。「第2のタイプは、若くてイケてる感じでカネ儲けを目指す人々です」。こうしたタイプには、ジョージはあまり興味をそそられなかった。彼らはただ、政府が自分たちの利益に課税するのではないかと心配しているだけだった。

やがて効果的利他主義者たちが現れ、ジョージは彼らに強い関心を持った。最初にやってきたのはサムの弟、ゲイブ・バンクマン・フリードで、すぐに、キャロライン・エリソンなどアラメダ・リサーチのメンバーが続いた。1年後にサムが来院したころには、ジョージはおよそ20人の効果的利他主義者を診ていた。このグループは、ジョージが自分自身に抱いていたある不安を和らげてくれた――共感力の限界だ。普通の感情を持つ普通の患者に対して、彼はよく自分が理解したふりをしていることに気づいた。

効果的利他主義者は彼の共感を求めていなかった。彼ら自身さえ、自分の感情を重視すべきでないと考えていた。自らの人生の効果を最大化するというひたむきな探求のなかで、感情の影響を最小限に抑えようとしていた。「自分の感情が、意思決定を数字に落とし込む能力の邪魔になるのだと、彼らは説明しました。彼らはこんなふうに自問します。『不倫をするべきか？　費用対効果分析をしてみよう』。効果的利他主義者はこういうアプローチが好きなのです」。このアプローチはジョージにも合っていた。彼は患者の感情を感じることはできなかったが、彼らの思考は感じることができた。

彼は効果的利他主義者にはならないだろう。そもそも人間の本質に利他主義が存在するのか確信がなかった。しかし彼は効果的利他主義者たちを心から気に入っていた。何よりもまず、彼らが皆若いことが面白かった。人生を歩みはじめたばかりの子どものようだった。「最初は、まるでゲームをしているようだと感じました。知性や世界へのアプローチの仕方において、彼らは普通とはかけ離れていました」

すぐに、彼らはゲームをしているのではないと気づいた。皆、まったく真剣だった。あらゆる行動の道徳性を、それがもたらした結果によって判断し、その結果を最大化するために生きていた。以前、政府が自分たちをスパイしていると信じる暗号資産愛好者の主張を受け入れたように、ジョージは効果的利他主義者の前提も受け入れた。

「彼らに異論を唱えるのは私の仕事ではないのです。彼らの心には一貫性がありましたし、それなら私も問題を感じません。それに、少し奇妙なやり方だとしても、彼らは実際に世界に貢献しているのかもしれません」

このグループ全体に共通していたのは、個人的な問題と同じくらい自分たちの哲学について語りたがることであり、そうした哲学的議論は、誰の個人的な問題よりも楽しかった。だが彼は個人的な問題にも耳を傾け、それを通じて彼らの行動パターンを見出した。

たとえば彼らは皆「人類」を気にかけていると言うが、生身の人間を愛するのには躊躇する傾向があった。「彼らの出発点は人間ではなく、苦しみです。苦しみを防ぐことです。動物についても同じように気にかけます。地球が小惑星によって破壊されるのを防ぎたいとも思っています。でも、誰かとつながりたいという切望はないのです」

彼らはまた、自身の行動を支える論理も大事にしていた。彼らにとって一貫性とは、「狭量な心に巣くう魔物」ではなく、心の寛大さの証である。彼らは感情的に悩ましい決断、たとえば子どもを持つべきか否かという決断であっても、論理と厳密さを持って向き合った。「多くの効果的利他主義者は子どもを持たないと決めています。自分たちの人生への影響を考えてのことです。子どもを持つと、世界に貢献する能力が阻害されると信じているのです」。子どもを育てて一人前の効果的利他主義者にする時間があれば、その時間を自分の子どもではない人々の説得に充てて、何倍もの人を効果的利他主義者にできるだろう。「子どもをつくるのが自分勝手なことのように思えてしまうのです。彼らが子どもを持つのを正当化する論理は、子どもは幸福につながり、幸福は生産性の向上につながる、というものです。そこまで理屈をつけてようやく、子どもを持つ可能性が出てくるのです」

こうした生き方や考え方は人間に自然に生まれるものではない——そこに至るまでに長く考

え抜く必要がある――という事実も重要だった。「効果的利他主義者であることには、２つの部分があります」とジョージは言う。「ひとつは結果主義で、もうひとつは個人的な犠牲です」。

ひとつ目に関しては、効果的利他主義者の間で概ね合意がとれていた。しかし２つ目に関しては、彼らのなかにも深刻な意見の相違があった。それを理念として掲げるのは簡単だが、他人の命を救うという献身において、どこまで実践に移すべきか？　子どもを持つことを諦めるのか？　腎臓を提供するのか？　サム・バンクマン・フリードはこの点について極端な立場に立っている、とジョージは感じていた。サムは肉体的な痛みに異常なほど耐性がなかったため腎臓提供は見送ったが、それ以外の面では、ありとあらゆる犠牲を払う覚悟を決めていた。

しかしキャロライン・エリソンは違った。彼女は自分に自信がなかった。「彼女は自我をサムから借りていました。彼女にはそれがなかったからです。サムは彼女に本当の内面の強さを与えました」。ジョージが診ていた効果的利他主義者のなかで、「理想のためにどこまで犠牲を払うか」の問題において、キャロラインはサムとは正反対の位置にいた。

２０１８年、彼女が最初にジョージのもとを訪れたとき、彼女には話したい問題が２つあった。自分のＡＤＨＤ（注意欠陥・多動性障害）と、彼女が新しく始めた、感情的に複雑なポリアモリー「合意に基づいて複数のパートナーと同時に交際すること」のライフスタイルだ。しかし最初のセッションのあと、キャロラインは毎回、ただひとつの問題だけを相談するようになった――サムだ。彼女はサムに恋していたが、サムはその想いに応えてくれなかった。その事実だけで、彼女は大きな不幸を感じていた。「私は彼女を例外だと思っていました。いつか、恋愛のために効果的利他主義の考えを捨てるだろう、と考えていたのです」

ジョージは、キャロラインにサムの性格を説明したり、サムへの想いを諦めさせたりすることは、自分の仕事ではないと考えていた。「もし私がセラピストではなく友だちだったら、彼から欲しいものは絶対に得られない、と助言したでしょう」。それでも、キャロラインが毎回、サムに自分との関係を公に認めてほしいと言うのを聞くのは、苦痛だった。香港で2年近く暮らしていた彼女は、ほんの数人の親しい友人、つまり仲間の効果的利他主義者たちには、自分とサムとの関係を明かしていた。「彼女にとっては、それが彼らの関係におけるハイライトでした。それはサムにとっては大きな譲歩で、彼女はそれで満足しているようでした。2人の関係を肯定し、ある程度の関わりを示すものでしたから。彼女はそれまで、サムからこれほど大きなものをもらったことがなかったのです」

しかしその後、サムはバハマ行きの飛行機に飛び乗り、二度と戻ってこなかった。その数週間後、彼はジョージに電話をかけてきて、サンフランシスコからバハマに移り、ＦＴＸの社内セラピストにならないかと持ちかけた。

シスマのあと、香港に行く直前、サムは新しいセラピストを探していた。それまでのセラピストたちは皆、役に立たなかった。その主な理由は、サムのありのままの姿を信じられず、別の人格があるはずだと言い張ったからだ。「前のセラピストたちは、僕のいろいろな面を疑った」と彼は言う。たとえば彼は、驚くほど若い年齢で、子どもを持たないという自分にとってはまったく合理的な決断を下したことについて、彼らに説明した。あるいは感情の欠如や、快楽を感じられないことについても話した（これには「無快感症」という専門用語もある）。すると彼らは少し聞いただけで、彼の自己診断を疑うのだ。「いったい僕のどこに疑問がある？と思った。彼らと一緒にやっていくのはまったく無理だった。自分に普通でない部分があることはわかってる。彼らはただそれを受け入れて先に進む、ということができなかったんだ」。彼を理解できない人々のリストに、セラピストたちも加わった。

ジョージのいいところは、サムをありのままに受け入れてくれることだった。サムの感情について無駄な会話をしようとさえしなかった。サムは、自分の内面や、それが周囲に及ぼす影響について議論するのは不毛だと、とうに結論づけていた。「社会的なことは基本的に解決できないんだ」。彼には薬を処方する医師は必要だが、彼の問題を解決するセラピストは必要なかった。サムに関心があるのは他人の問題だ。

彼はすぐに、ジョージがその点で非常に役に立つ存在だとわかった。たとえば2人の社員が言い争っているとき、ジョージは、サムが彼らの争いの解決法を考えるのをサポートしてくれた。大半の人にとってジョージは精神科医だが、サムにとっては経営コンサルタントのような存在になった（「サムは自分については一度も話したがりませんでした」とジョージは言う。「話すのはいつもビジネスについてでした」）。

サムとの付き合いを公にしたいというキャロラインの要望は、サムが香港に戻らずバハマに残ろうと決めた公式の理由、あるいは彼の意識上の理由にも入っていなかった。彼の頭のなかでは、移住の理由はひとつではなく、いくつもあった。香港政府が外国からの入国者に14日から21日間の検疫を課したことで、海外渡航がほぼ不可能になっていた。中国政府が適当な暗号資産取引所のトップを逮捕し、恣意的に資産を凍結するやり方は、ＦＴＸの社員を不安にさせ、サムは弁護士と中国人社員から、そのリスクを絶えず指摘されていた。ＦＴＸ社員は、中国警察がサムとゲイリーを逮捕しようとした場合に備え、彼らの脱出計画を立てていて（サムはそれに無関心だったが）、その計画を「００７プラン」と呼んだ。

オフィスの正面ドアでは2人の大男が警備にあたり、裏手に脱出ルートを用意して、いつでも離陸できるよう燃料満タンのジェット機が待機していた。中国警察は不気味な存在だったかもしれないが、それでもサムにとっては、何よりもキャロラインが気がかりだった。「こんなタイミングで、こんな話をするのは申し訳ないと思う」と、サムは香港を飛び立つ直前、キャロラインに向けて書いた。それに続いたのは、ビジネスメモのようなものだった。

1 僕らがデートしていることを知られるのは、本当に嫌だ。理由は次の通り。
  1 先入観が心配で、マネジメントをうまく進めることが非常に難しくなる。
  2 潜在的に、広報面での悪影響をもたらす。
  3 僕が大きな居心地の悪さを感じる。
  4 職場で君の周囲にいる人々はもっと居心地の悪さを感じる。
2 このことに関する会話がオフィスに漏れることが、大いに不満だ。
  1 情報が漏れることを君は喜んでいるのだろうが、僕はそうではないし、この関係が壊れるかどうか瀬戸際の問題だ。
  2 それに、情報が漏れるのを喜ぶのは間違っていると思う。2次的な影響を考えていないと思う。

3　情報はいろいろな形で漏れる。たとえば――

1　大勢の人々が集まる場にお互いが居合わせたとき、僕がわざわざ君のところに寄って、じゃあねと言えば、あからさまだ。

2　会う場所を軽率に選んでしまう（これは君のせいであると同時に、僕のせいでもあるけど）。

3　誰かに話してしまう。

4　交際が嫌な形で自分の人生を曲げてしまうという罠に、どうしてもはまりたくない。

5　何より、僕は君をもっと強くしたい。今は逆のことをしているのではないかと心配になる。

1　僕に振り向いてほしいという思いが、君のなかで強すぎるのではないかと心配している。

1　でもその必要はない。

2　僕にどう思われるだろうかという不安から、君がいくつかのことを非常に嫌悪しているのではないかと心配だ。

サムはこのメモを、こんな1行で締めた。「僕が付き合う相手として最低な奴であることを、本当にすまなく思う」

いずれにせよ、２０２１年の夏が終わりに近づくころには、問題は香港を離れるかどうかではなく、離れてどこへ行くかになっていた。金融市場の規制として、暗号資産先物取引所を明示的に認めている場所でなければならない。そうなると欧米は除外される。中国がいつ侵攻してくるかわからないので台湾も候補から外れた。アンティグアは法律的には問題なかったが、インターネット環境が悪かった。ウルグアイはなんとなくしっくりこなかった。ドバイは可能性があったが、大幅に増えつつあるＦＴＸの中国人女性社員にとっては過ごしにくいだろうし、人々の服装などについて政府が指図することにサムは抵抗があった。シンガポール、ジブラルタル、イスラエル……ＦＴＸが合法となるような場所をリストアップしても、さまざまな理由で候補から外れていった。奇妙なことに、バハマは最初のリストにすら入っていなかったのだが、ライアン・サラメが別荘探しでバハマを訪れた際、偶然にもバハマ証券委員会が新たな暗号資産規制の仕上げにとりかかっていることを知った。[*1]

バハマには、フロリダからの海底ケーブルで実現された素晴らしいインターネット環境があった。他国に支払った税金を控除できる中立的な税制があり、さらに空きオフィススペースと、従業員用の住居に転用できる空きの高級コンドミニアムが驚くほど大量にあった。そして少しでもビジネスを誘致したいと考えていたため、サムがこの国を視察に訪れたとき、何と新しく選出された首相と会うことになった。「サム、この国の財政は破綻している」と首相は打ち明けた。

サムは破産していなかった。実際のところ、その正反対だった。アラメダ・リサーチはもはや、効果的利他主義者から高利貸しの利息率で数千万ドルを借り入れるようなことはしていなかった。セルシウスやジェネシスのような新しい暗号資産金融機関は、アラメダ・リサーチに6％という低金利で、総額100億ドルから150億ドルを積極的に貸し付けた。アラメダ内の収益率は着実に低下していたが、低コストの資金を大量に利用できるようになったことで、そこから生み出されるトレーディングの利益は上昇を続けた。2018年には5000万ドル、2019年には1億ドル、2020年と2021年にはそれぞれ10億ドルに達したのだ。しかもこれは、あくまでトレーディングによる利益であり、サムが保有するトークンの膨大な含み益は含まれていない。

2020年3月、アナトリー・ヤコヴェンコというシリコンバレーのエンジニアが、ビットコインが抱える決済手段としての最大の弱点を解決する、より優れた新たなブロックチェーンを発表した。ビットコインの最大の弱点はあまりにスピードが遅いことだった。ビットコインは毎秒7件のトランザクションしか処理できなかったが、新たに誕生したソラナ・ブロックチェーンは、毎秒最大6万5000件のトランザクションが可能だと謳っていた。

サムには自力でこの技術を評価する能力はなかったので、評価できる人たちに尋ねた結果、ソラナが未来の暗号通貨になる可能性があると判断した。仮にそうならなくても、ソラナが語るストーリーは十分に優れていたので、それに目をつける他の投資家たちが価格をつり上げるはずだという思惑があった。

それから1年半後、アラメダは全ソラナトークンの約15％を所有していた。その大半は1トークンにつき25セントで購入したもので、ソラナの市場価格は最高でその1000倍、249

ドルまで上昇した。サムが保有するソラナトークン全体の額面価値は、およそ120億ドルに上っていた。このように大量の保有トークンの転売価値を知るのは難しいが、ソラナトークンには確かな市場があった。毎日20億ドル相当のトークンが取引されていたのだ。「驚きの目で見ていたよ」とサムは言う。

ソラナは、そのときサムが関わっていたもののすべての縮図だった。ソラナにはストーリーがあり、サムはそれを受け入れることでストーリーを増幅させた。「それは、僕らがこういうものに途方もなく大きな強みを持っているという仮説を、完璧に証明していた。それは自己成就的だった。僕らが大きなポジションを取ったという事実が一因で、価格が上昇したんだから」

サムのドラゴンの巣には、このようなお宝がまだまだあった。たとえば、アラメダは既存のFTTトークンの約半分を買い占めていた。それは事実上、サムにとってFTXに対する第2の出資金のようになっており、FTXの全収益の約6分の1に対する請求権を伴っていた。過去1年半で、FTTの価格は約3ドルから約80ドルに上昇していた。ここでも、サムが自分の持ち分をすべて一度に売ろうとした場合、FTTをいくらで売却できるかは明確ではない。しかし、暗号資産金融機関は喜んで彼のFTTを担保に数十億ドルを貸し付けたので、現金を手に入れるためにFTTを売る必要はなかった。

そして、サムが保有していたFTXの株式は、まさに現実の資産だった。多数のベンチャーキャピタルが、そのわずか6%の株式に対して23億ドルを支払っていた。今ならさらに多くの投資家に、さらに少ない割合の株式を数十億ドルで売却できるはずだ。

FTXは彼の拡大しつつある帝国の基盤となっていた。急成長する売上と利益を備えた、実体のあるビジネスだったのだ。実際には、ベンチャーキャピタルすら必要ではなかった（この点を強調するかのように、ＦＴＸの一部と引き換えにセコイア・キャピタルから2億ドルを受け取ったサムは、その資金を流用して、アラメダ・リサーチからセコイアが抱えるファンドのひとつに2億ドルの投資を行った）。

今やＦＴＸは、世界で最も急成長している暗号資産取引所であり、プロのトレーダーに選ばれる存在となっていた。3年足らずで、ＦＴＸはゼロから、暗号資産取引全体の10％を獲得するまでに成長したのだ。２０２１年には、ＦＴＸの収益は10億ドルに達しようとしていた。

それでもなお、ＦＴＸには明らかに成長の余地があった。最大のライバルであるバイナンスはＦＴＸの5倍の取引量を誇っており、それはバイナンスが、ＦＴＸの5倍の収益と5倍の市場価値を有していそうなことを意味していた。富裕層の資産価値を評価する専門家たちは、ＣＺ（チャンポン・ジャオ）の資産の数値化に苦労していた。ＣＺがバイナンスを実際にどの程度所有しているか、誰にもわからなかったのだ。

２０２１年にフォーブス誌は、ＣＺの資産をサムより少なく報じたが、サムもＦＴＸ内の他の誰も、その数字を信じなかった。サムは、ＣＺが世界一の富豪かもしれないと考えていた。一方、サムに資本を提供していた人々からは、ＣＺは脆弱に見えた。２０２１年秋にフォーブス誌がサムを取り上げたときは、サムは30歳未満で世界一の富豪だった。ベンチャーキャピタリストたちがサムに資金を出したときは、彼は間もなくＣＺに代わって世界一の富豪になるかもしれない男だった。

そのすべてが、サムがこのときしようとしていたことを説明しているが、後には説明するのも信じるのも難しくなる。彼はFTXを、世界で最も規制に準拠し、法令を遵守し、ルールに従う暗号資産取引所にするために動き出した。できるだけ多くの国々で合法的に、そしてオープンに運営するため、できるだけ多く認可を取得しようとした。無法地帯だった暗号資産市場で、法の支配が確立されることに賭けたのだ。

2021年末には、米国人の16%が暗号資産を買ったことがあると答えるようになっていた。アジア全域では、その数はさらに大きかったに違いない。規制当局が暗号資産に介入し、認可を受けていない取引所を排除するのは時間の問題だとサムは考えた。

バイナンスの戦略は正反対だった。FTXが2019年5月に設立された当時、バイナンスは一握りの暗号資産取引所のひとつにすぎず、その市場シェアは約10%だった。別の取引所ビットメックスは、米司法省から摘発され(「社内でマネーロンダリング防止プログラムを確立、実施、維持することを意図的に怠った」とされた)、その創業者である2人の米国人と1人の英国人は、罰金、保護観察、自宅軟禁などの処分を受けた。またオーケーエックスとフォビという2つの取引所は、経営幹部が中国警察に連行され、資産を凍結されたと報じられている。

CZはその3年前、2017年末に中国を離れており、中国政府による取り締まりを逃れていた。彼はその後、シンガポールに行ったが、最終的にはドバイに定住している。ドバイは、数ある魅力のなかでも、特に米国との間で犯罪人引渡条約を結んでいないことで知られる。それはCZにとって好都合だった。新しいルールや規制に対して、CZはまず、それらを無視することが多かったからだ——規制当局には行動を起こす度胸もリソースもないだろうと踏んでのことだった。

これまでのところ、それは賢いやり方だった。2年間で、暗号資産取引におけるバイナンスのシェアは、10％から50％へと急成長した。バイナンスは、現地の規制当局が禁止しているか、承認を保留している金融商品を提供していた。規制当局もそれに対して実質的な対策をとろうとしないように見えた。バイナンス独自のトークンであるＢＮＢはその一例だ。バイナンスにとってＢＮＢは、ＦＴＸにとってのＦＴＴのようなもので、所有者は同取引所の収益に対する権利を主張できた。ビットコインは有価証券ではないと主張することは合理的であり、実際にＣＦＴＣもその主張を受け入れ、ビットコインを商品であるとした。

しかしＢＮＢやＦＴＴについては、同様の主張が通る余地はなかった。それらは営利企業の資金調達を目的として作成され、投資家に販売されたものだ。またそれは、取引所の手数料引き下げや、「バイバック＆バーン契約」という形で所有者に配当をもたらした。これらはすべて、有価証券の定義に当てはまり、ＢＮＢやＦＴＴが米国で有価証券と見なされないシナリオは想像しがたかった。仮にこれらを米国内で米国人投資家に販売した場合、ＳＥＣが黙認するとは考えにくい状況だったのだ。

にもかかわらず、バイナンスはＢＮＢをはじめとする多くの商品を、米国内の米国人に販売した。２０１８年、バイナンスの最高コンプライアンス責任者が同僚に送った不朽の名言がある。「おい、俺らは米国でやばい証券取引所を無許可で運営してんだぜ」（この発言や、似たような他の発言は、5年後の２０２３年6月にＳＥＣがバイナンスに対して起こした訴訟のなかで明るみに出ることになる）。

米国の金融規制当局の怒りを買う覚悟がどれほどあるかという観点から、暗号資産取引所は少なくとも4つのカテゴリーに分類できる。まず、小規模な米国の取引所グループは、ビットコインとイーサリアムという最も古い2つのコインのみを扱った。これらはSECによって商品として認定され、CFTCによって公然と規制されていた（少し奇妙だが、コインが古いほど商品と見なされやすい傾向があった）。FTXの新しい米国取引所は、この2種類に加えて18種類程度の新しいコインも上場していたが、どれにも有価証券としての明確な性質はなかった。たとえばそれらのコインには、バイバック&バーン機能はなく、営利企業の資金調達のみを目的とするものでもなかった。

一方、米国で最も多くの顧客を抱える取引所であるコインベースは、より高い規制リスクを取る姿勢を見せていた。SECが明らかに有価証券と見なす銘柄を含む約500種類のコインを上場しており、CEOのブライアン・アームストロングはツイッター上で規制当局の「中途半端な行動」を批判していた。しかしコインベース自体はFTTのような取引所トークンを持たず、独自の未規制証券を米国の投資家に販売するという最も露骨な行為には及んでいなかった。それをやっていたのは、BNBを扱うバイナンスだけだ。

バイナンスは、自社開発の新たな米国内暗号資産取引所で、事実上の自社株に相当するBNBを米国の個人投資家に販売して、米国の規制当局に対して最大の反抗を示した。さらに、BNBの価値は信じられないほどの急騰を見せた。バイナンスが正式に米国取引所を開設した2019年9月の時点では、BNBの時価総額は30億ドルに満たない程度だったが、2021

年秋には、その額は１０００億ドルを突破していた。この上昇のどの程度が米国投資家の需要によるものかは推測しがたいが、サムは２００億ドル程度ではないかと考えている。それに比べれば、米規制当局の怒りなどは安いものだったろう。

だからこそ、サムは状況を分析し、バイナンスの戦略は持続不可能だと判断した。賢明な選択は、世界で最も法を遵守し、規制当局を尊重する取引所になることだ。法と規制当局を利用して、暗号資産取引をバイナンスからＦＴＸへと移行させることができると考えたのだ。まだ法律が整備されていない国があれば、ＦＴＸの弁護士チームが法整備を支援する。

そして最も重要な国、つまり金融規制当局が国境を越えて人々を追い、世界中でそのルールを施行しようとする米国においては、サム自ら先頭に立って動く計画だった。サムは米国政府に対し、暗号資産を規制して、新たなルールに違反した者を罰するよう説得しようとした。そうすればＦＴＸは、暗号資産業界の優等生のように扱われるはずだった（サムから見て、バハマの最大の魅力は、米国に地理的に近いという点だったのかもしれない）。

サムの頭のなかでは、今や米国こそが聖杯だった。米国には既存の取引所としてコインベースが存在していた。しかしコインベースのＣＥＯはすでに、ＳＥＣを侮辱するようなツイートを投稿していた。さらにコインベースは、ＦＴＸと比べると、退屈で肥大化したカジノのような存在だった。従業員数はＦＴＸの15倍でありながら、取引高はおよそ5分の1しかない。個人投資家に課す手数料も、ＦＴＸの５～50倍であるにもかかわらず、未だに大きな損失を出していた。それでもコインベースは、時価総額が７５０億ドルを超える上場企業だったのだ。

もしＦＴＸが米国で暗号資産先物取引を提供するライセンスを取得し、米国の投資家に完全にアクセスできるようになれば、コインベースの顧客だけでなく、その市場価値も奪い取れるだろう――サムはそう考えた。だからこそ、米国から取得するライセンスが、FTXの価値を一夜にして2倍か3倍にもするだろうと考えたのだ。

この計画を実現するためには、まずCZを排除する必要があった。CZは2019年末、FTXの株式を8000万ドルで購入し、保有を続けていたが、その後バイナンスとFTXの関係は悪化し、冷戦へと転じていた。バイナンスはクラスのいじめっ子、FTXはオタクといった構図で、それぞれが特別な力を駆使して相手を困らせていた。

バイナンスの先物取引開始はその典型だった。バイナンスのチームは、自分たちの先物取引プラットフォームを完成させるのに、ゲイリーが1人でFTXのプラットフォームをつくるのにかかった期間より3カ月も長くかかった。そしてようやくバイナンスの先物取引が開始されても、ほとんど関心を集めなかった。というより、サムが即座に気づいたように、バイナンスの新しい先物取引は不自然だった。自然な市場活動のように取引が断続的ではなく、一定のパターンで繰り返されていたのだ。バイナンスがボットを使って取引を偽装しているのではないか、とサムは推測した。

このいわゆるウォッシュトレード〔売り手と買い手が同じか、あるいは両者が共謀して行う取引〕は、米国の規制下にある取引所では違法行為だったが、サム自身はこの取引手法があまり気にならなかった。アジアの取引所の多くが、あからさまにウォッシュトレードを行っているさまを滑稽だとさえ思っていた。

2019年の夏、FTXは他の取引所の取引活動に関する分析レポートを毎日作成し、公開した。それによると、ティア2およびティア3の取引所の取引高の80％かそれ以上、そして上位数社の取引所の取引高の30％が偽造されていると推定された。FTXがこの分析レポートを最初に公開した直後、ある取引所から連絡があってこう言われた。「ウォッシュトレードを行うチームは解雇します。1週間ほどいただければ取引高は本物になります」。トップ層の取引所は、FTXの分析レポートに安堵と感謝を表した。多くの人が、30％よりずっと高い割合の取引高が偽造だと考えていたからだ。

サムはバイナンスがウォッシュトレードを行っていること自体よりも、そのやり方のひどさに驚いていた。「彼らは市場操作でBマイナスレベルの仕事をしていた」と言う。あるバイナンス・ボットがビットコイン先物で、スプレッドが大きい状況をつくり、別のバイナンス・ボットがそこに参入して高いほうのオファー値で買うという流れだった。たとえば今、ビットコインの適正価格が100ドルだとすると、最初のバイナンス・ボットは98ドルで買い指値（ビッド）、102ドルで売り指値（オファー）を入れる。普通のトレーダーはそんな取引に応じない。他の取引所なら100ドルで取引できるものを、わざわざバイナンスに来て98ドルで売ったり102ドルで買ったりする意味がないからだ。

ところがそこに、定期的かつ予測可能なタイミングで、2番目のバイナンス・ボットが市場に参入して102ドルで買うのだ。表面上、この取引は異なる2者間で行われたように見えるが、実際はそうではない。単にバイナンスがバイナンスから購入しているだけだ。

サムはこの手の駆け引きが大好物だった。ジェーン・ストリート時代さながらのトレード合戦だ。サムはまず、アラメダ・リサーチのトレーダーに、より高速なボットをつくらせた。アラメダのボットは、バイナンスのボットのオファー価格よりもわずかに安い価格で売り注文を出す。たとえばバイナンス・ボットがビットコイン先物を102ドルで売るオファーを出した場合、2番目のバイナンス・ボットが買う直前に、アラメダ・ボットが101・95ドルで売りオファーを出すのだ。その結果、バイナンスは本来よりも高く自社からビットコインを買うのではなく、ほぼ同程度の高値で、アラメダ・リサーチから購入させられることになる。

他が100ドルで売るものを、バイナンスのボットに対して101・95ドルで売るのだから、アラメダにとってはぼろ儲けだった。だが、やがてバイナンスの先物取引チームが、ウォッシュトレードによって損失が出ていることに気づき、CZに助けを求めた。彼らはCZに経緯のすべてを報告しなかったか、事態を完全には把握していなかったのだろう、CZはツイッターで次のように不可解な反応を見せている。

> CZ Binance
> @cz_binance
> ある小規模な先物取引所のマーケットメーカーが、@binance の先物プラットフォームを攻撃しようとした。清算の対象となる人は誰もいなかった。なぜなら弊社では、清算を判断する際に指標価格（先物価格ではなく）を使用するからだ（これは弊社のイノベーションである）。結果として、攻撃者だけが多額の損失を出して終わった。

CZ Binance
@cz_binance
攻撃者は @binance と取引を行う、よく知られたアカウントで、数カ月前に彼ら自身の先物取引所を開始していた。この攻撃は彼らによる二度目の試みだ。恥を知れ！

「ただ、『おい、やめろよ』って電話してくればいいのに、すごく中国人的だったよ」とサムは言う。このツイートのあと、サムはバイナンスの最高財務責任者であるウェイ・ジョウに電話をかけた。そこで交わされたのは奇妙な会話だった。ある暗号資産取引所のＣＥＯが、別の取引所のＣＦＯに電話して、新しい先物契約で損失を出したくなければ、市場操作の手法を改善する必要があると伝えたのだ。ウェイ・ジョウはＣＺに報告し、ＣＺはサムに短いが敵意のない電話をかけた。その内容から、サムはＣＺが、部下であるトレーダーたちから、実際に起きたことを未だに知らされていないのだろうと結論づけた。何を報告されていたにせよ、ＣＺがその後に投稿した訂正ツイートは、前のツイート同様、的外れだった。

CZ Binance
@cz_binance
クライアントと話した。彼らのパラメーター設定のミスによる、単なるアクシデントだったようだ。意図的なものではない。すべて解決した。

ＦＴＸが誕生してからの最初の1年半の間に、バイナンスとの間にはこのような小競り合いが何度かあった。当時のバイナンス社員3人によれば、ＣＺはこの新たなライバルに対し、強迫観念めいたものを持つようになった。ＦＴＸに関する定期的な報告をスタッフに要求し、他の取引所に対しては見せない態度でＦＴＸについて語るようになったのだ。

社員の1人は言う。「ＣＺは非常に抜け目がないので、他社の取引所についてはロにしません。無料のマーケティングになると考えているからです。しかしＦＴＸは彼を不安にさせました。2019年以降、彼が話題にするのはＦＴＸだけでした。ＦＴＸこそが、自らの地位に対する唯一本物の脅威だと思っていたのです」。奇妙なことに、その脅威において、サムに次ぐ第2位の株主は他ならぬＣＺ自身だった。

サムは2021年半ばには、規制当局を手懐けると同時にＣＺを大口投資家として抱えることはできないと悟った。優等生でいたいのなら、教室の後ろで革ジャンを着た不良と一緒に座ることはできないのだ。どの規制当局も真っ先に求めてくるのは、投資家のリストと彼らの個人情報だった。バイナンスの元社員は語る。「彼らはＣＺから家族構成や住所を聞き出そうとしましたが、ＣＺは答えたがりませんでした」。最終的にサムはＣＺに対し、ＦＴＸの株式を買い戻したいと伝えた。ＣＺは彼が8000万ドルで取得した株式に対して22億ドルを要求し、サムは支払いに同意した。契約の直前、ＣＺは特に理由もなく追加で7500万ドルを要求し、サムはそれも支払った。20億ドルもの利益を棚ぼたで手に入れたというのに、ＣＺが謝意を示すことはなかった。「そこからは冷戦だった」とサムは言う。

CZの株式を買い戻す一方で、サムは大規模な広報攻勢をかけた。テレビに頻繁に出演し、フォーブス誌の表紙も飾った。ただ相変わらずブランディングのやり方はつかめず、その専門家の意見にも、例によってまったく関心がなかった。彼は社内で話し合い、資金をつぎ込み、何がうまくいくかを見極めながら、ゼロからブランドを構築することにした。CZに22億7500万ドルを渡す一方で、FTXのメンバーにはメモを書いた――そこでは、普通の米国人が商品を好きになったり信頼したりする要因は何か、地球にやってきた火星人のように白紙から考察しようとしていた。

「私たちは現在、技術面と好感度で優位に立っているが、知名度では遅れをとっている。5000万人の潜在的なユーザーに、コインベースからFTXへの乗り換えを促す必要がある。そのためにはかなり強力な一押しが必要になるだろう！」

まずサムは、FTXで達成したいと思っているほどの効果を生んだマーケティングキャンペーンがいかに少ないかを指摘した。彼が成功したと考えていたのは、次の3つしかなかった。

1　Yes we can（そう、僕らにはできる）：バラク・オバマ。

2　Just do it（とにかくやろう）：ナイキ。数多くのアスリートが関係しているが、ブランドを現在の地位に導いたのはマイケル・ジョーダンとタイガー・ウッズの2人だ。

3　Think different（違う視点で考えよう）：アップル。アルベルト・アインシュタイン、ジョン・レノン、マーティン・ルーサー・キング・ジュニア、モハメド・アリ、ローザ・パークス、ガンジー、アルフレッド・ヒッチコックなど。

暗号資産市場に参加している人々の大半は、若い男性だった。そのため、彼らの支持と信頼を得るにはスポーツ界の有名人を使うのが当然のように思えた。しかしスポーツという狭い世界のなかでさえ、何が注目を集めるかは、たまたま決まるようにサムには感じられた。たとえば米国では、スタジアムについている企業名は誰もが知っていて気に留めるが、選手のユニフォームの企業名は誰も知らないし気に留めない。

それは一貫した人間の行動原理というわけではなく、欧州では、ユニフォームのスポンサー名は皆知っていて気に留めるが、スタジアムの企業名はそうではない。米国人がスタジアムのスポンサーの重要性について合意した瞬間などというものはなく、何となくそうなったのだ。「何が重要かという点について、いったん皆の意見が一致すると、それが繰り返されるんだ」とサムは言う。

暗号資産に対しては当初、全般に警戒感があったため、プロスポーツ競技場の命名権を購入するのは少し厄介だった。FTXは、NFLのカンザスシティ・チーフスとニューオーリンズ・セインツのスタジアムとのスポンサー契約を試みたが、どちらも失敗に終わった。そのため、NBAのマイアミ・ヒートから、19年間で1億5500万ドルという命名権の購入を持ちかけられたとき、サムはそのチャンスに飛びついた。この契約にNBAだけでなくマイアミ・デイド郡委員会という政府機関の承認が必要だったことは、さらに好都合だった。その後、政府機関がFTXを認めたと言えるからだ。

一度米国のスタジアムにＦＴＸの名前がつくと、彼らのカネを断る人はいなくなった。[*2] 彼らは米国のプロスポーツ界に多額の資金を投じた。大谷翔平、シャキール・オニール、レブロン・ジェームズ〔ともにＮＢＡのバスケットボール選手〕が広告塔になった。彼らはＭＬＢに１億６２５０万ドルを支払い、すべての審判員のユニフォームに社名をつけた。

サムは、審判員のユニフォームにＦＴＸのロゴをつけるほうが、選手のユニフォームにつけるより効果的だと考えていた。ＭＬＢのすべての試合中継のすべてのショットで、視聴者がＦＴＸのワッペンを見ることになるからだ。「ＮＢＡは審査プロセスを経て私たちを採用してくれました」とＦＴＸの弁護士ダン・フリードバーグは言う。「ＭＬＢはただ『オーケー！』と言っただけです」

それでもサムは、有名人がそれを使っていると嘘をつくだけで商品が魅力的に見えるという考え自体、疑わしいと思っていた。「君たちは、何か商品を買うとき、本当にベイカー・メイフィールドやダック・プレスコット〔ともにＮＦＬのアメリカンフットボール選手〕の意見を気にするだろうか？」と彼は、マーケティングに関して彼に協力するために集められた社員に向けて書いた。まるでそのことを、それまで誰も考えたことがなかったかのように。「仮に僕が、ベイカー・メイフィールドはある住宅保険会社がすごく好きなんだと言っても、君たちは自分の考えを変えはしないだろう」

有名人にまったく影響力がないわけではない。問題は、その影響力を予測するのがいかに難しいかという点だ。ときとして、商品と人間が何らかの神秘的な相互作用を起こし、大衆の想像力を掻き立てることがある。「ケビン・デュラントは本当に素晴らしいバスケ選手だ！　でも彼がどんな車に乗っているかは、たぶん誰も気にしない。けどレブロン・ジェームズがテスラを運転していたら？　まあ、すぐ買いに行こうとするほどではないにせよ、僕がいつかテスラを買う可能性は少し高まるってことは認めざるをえない」

一部の商品については、どんな有名人が宣伝しても意味がないと思った（「日産車を買おうって気にさせてくれるセレブCMなんてあると思う？　僕は無理だと思うんだ」）。他の商品については、まさに誰が宣伝するのかが重要だった。彼は最終的に、この問題は「私たちの想像力を本当に働かせることのできる数少ない人や物」を見つけることだと考えるようになった。そして、ブランドを宣伝するために行ったあらゆる取り組みのなかで、本当に大切なのは3つだけであり、そのなかのひとつが、他のすべてを足したより重要だと考えた――トム・ブレイディだ。

NFLのクォーターバックにカネを払って、僕もFTXを使っていると宣伝させるなら、それがトム・ブレイディでもアーロン・ロジャースでもダク・プレスコットでも大した違いはないと、人は考えるだろう。サムも当初はそう考えていた。ブレイディのほうが少しは効果的だろうけれど、ロジャースでもその半分くらいの価値はあるだろう、と。しかしサムの行く先々で、ブレイディのおかげでFTXを知った、と言われた。CM契約した他の有名人について触れる人は、ほとんどいなかった。

「何に効果があって何にならなかったのか、すごくはっきりしていた。僕にも理由はさっぱりわからない。今でもどう言語化できるかわからないんだ」。サムという火星人が、奇妙ながら紛れもない現代人の事実をまたひとつ発見した――ある瞬間に、大衆の頭に浮かぶ人物は、ほんの一握りしかいないのだ、と。「僕らがブレイディを起用したあとで、コインベースがラッセル・ウィルソン〔NFLのアメリカンフットボール選手〕を使っても、誰も気にかけないだろう」と、サムはチーム宛てのメモに書いている。[*3]

外から見ると、FTXは風変わりなカリスマ性を持った、おそらくは自己陶酔的なリーダーを中心にブランドを構築していた。しかし、実態はもっと奇妙だった。FTXは莫大な資金を投じて、経験者からの意見をほとんど聞かないまま、出たとこ勝負で製品の売り込み方を学んでいたのだ。

そのアプローチは、一面では確かに効果があった。米国の消費者の間でFTXの認知度が上がり、サム・バンクマン・フリードは有名人になった。しかし一方で、このやり方はほとんど意味がなかった。FTXはまだ、実際には米国の消費者にとってあまり利用価値がなかったのだ。FTXは米国で小さな取引所を開設していたが、米国人投資家はほとんど何もできなかった。そこで最も重要な商品である暗号通貨先物は、米国人に販売することが違法だった。つまりFTXは、成り立つかどうか不確かなビジネスに、多額の資金をつぎ込んでいたのだ。

精神科医と1人か2人の弁護士を除いて、FTXには自分の仕事に関して十分な経験のある人物はおらず、皆FTXで働くことでその経験を積んでいた。建築に関しても同様で、誰も建築家に専門性を求めようとしなかった。ライアン・サラメは、慈善活動の寄付を募るために全米を自転車で旅行中、アルフィア・ホワイトという20代後半の建築家と出会った。アルフィア自身が驚くほどの速さで話が進み、ライアンはバリ島の別荘の設計を彼女に依頼した。サムが全社をバハマに移転させるというサプライズ発表をすると、ライアンはそのための物件探しに奔走した。オフィスにちょうどいい場所がなかったため、ライアンはアルフィアを雇って、FTXの新本社を設計してもらうことにした。だが、アルフィアにはそのような建物を設計した経験がなかった。

彼女は建築学校時代の友人のイアン・ローゼンフィールドを助っ人に呼んだ。イアンにもオフィスビルを設計した経験はなかったのだが、それより興味深いのは、彼がサムの高校時代の同級生だったことだ。イアンは、今やサム・バンクマン・フリードが世界有数の富豪になっただけでなく、どういうわけか他の人間と一緒に仕事をし、彼らを管理さえしていると知って、心底驚いた。イアンの記憶に残っているのは、高校の石畳の上を、キャリーバッグをガラガラと引きずりながら、1人黙々と歩くガリ勉の姿だったからだ。

アルフィアとイアンはバハマに飛び、FTXの会議室を拠点にして、どうすべきかを考えはじめた。サムはライアンに小切手帳を渡し、コストを気にせずにできるだけ早くオフィススペースと社員用の住宅を確保するよう指示していた。ライアンほどコストを気にしないのが得意な男はいなかった。数週間のうちに、ライアンは2億5000万ドルから3億ドルの不動産を買い漁った。そのなかには、アルバニーと呼ばれる高級リゾート地にある、1億5300万ドル相当のコンドミニアムも含まれていた。また仮の本社として、ライアンは小さな平屋が12棟ある陰気なオフィスパークを購入した。建物は約2万4000平方メートルのアスファルトの土地に点在し、周りを囲むのは、科学者か不動産開発者なら亜熱帯林と呼ぶような鬱蒼とした植物で、そこに閉じ込められた人は間違いなくジャングルと呼ぶだろう。*4

その一方で、ライアンは新しい本社用地として、ウエストベイの狭いビーチ沿いにあるジャングルそのものの土地約2万平方メートルを450万ドルで購入した。そして、その土地と数億ドルの予算を若い建築家たちに渡し、「好きにやってくれ」と言った。通常、これほどの規模のプロジェクトであれば、プロジェクトマネージャーやオーナー代理など、経験豊富な大人たちが関わる。しかしライアンは2人の若い建築家にすべてを任せた。「小さい街(ミニシティ)を設計するようなものでした」とイアンは言う。

FTXに対応する建物を設計するためには、まず会社の構造や慣習、性質を理解する必要がある。FTXの建築家になるということは、FTXを観察する人類学者になることでもあった。イアンは高校時代、サムのことをよく知らず、今、彼とアルフィアはサムがつくりあげた会社の仕組みを理解しようと努めていた。

しかしすぐに、サム本人はあまり助けにならないとわかった。イアンは言う。「サムには時間がありません。彼はこういうことをすべて他の人に任せてしまいます。最初からサムに関わってもらおうとしましたが、彼は乗り気ではありませんでした。『建築家は君たちなんだから、僕にはわからないよ』と言っていました」

当然ながら、ミニシティの設計者たちには、答えてもらいたい疑問がいくつもあった――「この街には何人住むのか?」「サムはこのミニシティをどんな姿にしたいと思っているのか？」」。しかし、サムは彼らの質問に興味がなく、彼らがバハマに到着するころにはライアンもそうなっていた。ライアンは新しくできたガールフレンドの選挙活動を応援するため、米国に戻ってしまった。建築家たちへの対応は、ライアンの代わりにバハマでカネを使う役目とサポートスタッフの管理をしていた、ニシャド・シンのガールフレンド、クレア・ワタナベに引き継がれた。「社員リストなど、何でもいいから資料をくださいと言ったんです」とイアンは言う。「クレアは『変に思うかもしれないけど、そういったものはありません。社員数さえもわからないんです』と答えました」

幹部からの指示をもらえなかった建築家たちは、ＦＴＸの社員が使っていた仮本社のジャングル小屋で彼らを観察することにした。そしてときどき社員の１人を脇に呼んで、香港の旧オフィスをどのように使っていたのかを尋ねた。「返ってくる答えは、『私たちに聞く必要はない、好きなように設計してくれ』ばかりでした」とアルフィアは言う。

その答えは明らかにばかげていた。住む空間に興味はないと口にする人も、結局はそれを気にするのだ。「どんなふうか気にしないのは、実際にそれを見るまでです」。たとえば香港の旧オフィスでは、たったひとつのドアの配置をめぐって大喧嘩になったことがある。イアンは、「ある女性が風水的に扉をなくす必要があると言い、別の男性は必要だと言って譲らず、口論がエスカレートしました」と振り返る。最終的に、一方の社員を満足させるために出入り口をなくし、もう一方の社員を満足させるために別の出入り口を加えたことで、１００万ドルもの費用がかかった。「１００万ドルのドアというわけです」

建築家たちは観察し、耳を傾け、学んだ。そして観察を通じて、ＦＴＸで働く人々が、リーダーであるサムと同じように、基本的にオフィスで生活していることに気づいた。

サムは香港時代のオフィスで、デスク横のビーズチェアで寝ていたことで有名だが、ニシャドもまたデスクの下にベッドをつくっていた。そして一般社員は、サムのように成功するにはサムと同じ生活をしなければならないと考え、睡眠を犠牲にし、ワークスペースを不健康な形で使っていた。ある社員は30日間、香港のオフィスから一歩も出なかったという。オフィスにはシャワーと仮眠スペースが必要であり、また仕事の中断を最小限に抑えるために、食事や衣服などの必要はできるだけ迅速に満たす必要があった。

イアンは言う。「彼らは欲しいものを何でも手に入れられますが、デスクまで届けてもらう必要があります。アマゾン用荷物置き場はほぼ使われませんでした」。社員の半分が東アジアの人々であることも考慮する必要があった（風水がすべてに影響を与えた）。しかしそれ以上に重要なのが、度を超えたオタク要素だった。「とにかくコンセントはあちこちに必要です」とアルフィアは言う。

ビルに窓があるなら、光で画面が見えにくくならないように、しっかりと遮光できるブラインドも必須だった。「彼らはとにかくブラインドを下ろしておくのが好きです」とイアン。彼らは基本的に、1人でデスクに向かうか、皆で大きい部屋に集まってオタク的な気晴らしをするかのどちらかで、その中間はめったになかった。ライブRPGのために広いスペースが必要だったが、実際にはそれはどこででもできる、と彼らは言った。

そして彼らのほぼ全員が、サムと同じように、優雅さや美しさにまったく関心がなかった。イアンは言う。「他のテック企業の従業員も見てきましたが、この会社の人たちは違っています。美意識や心地良さにはもっと無頓着です」。FTX社員たちが唯一見たいと思っていたのはボスの姿だった。社内での地位は、サムとの距離で測られた。ジャングル小屋からさえ、社員たちは彼を見ようと争った。建築家たちは、彼らがサムの姿を捉えられるよう、メインビルにはガラス張りの壁と中二階を設計した。「どこにいても、サムをちらっと見られるような構造にしました」とイアンは説明する。

この奇妙な新興企業を理解しようと建築家たちが何度も口うるさく尋ねた結果、ついに彼らは最初に求めていたものを受け取った——サム・バンクマン・フリードが構想するミニシティに必要なもののリストだ。「リストには3つしか項目がありませんでした」とイアン。

サムは、リンデン・ピンドリング国際空港に着陸する飛行機から見てわかるよう、建物を「F」の形にしてほしいと要望していた。さらに建物の側面を、彼のボサボサ頭を連想させるものにしたいとも。それは突飛な発想だが、イアンは可能だと考えた。アルミニウムをCNC（コンピューター数値制御）加工すれば、彼が「サムのジュフロ（ユダヤ人がするアフロヘア）」と名づけた髪型になんとなく似せられそうだ。「案外悪くないアイデアでした」

サムの要望リストにあった3番目の、そして最後の項目は、「タングステンキューブ」だった。建築家たちは、なぜ突然タングステンキューブが出てくるのか戸惑った。実は、世界中の暗号資産に関わる人々は、このタングステンキューブに魅了されていたのだ。タングステンは世界で最も注目されている高密度金属で、当時の暗号資産界隈では、「その密度の高さ（the intensity of the density）」という表現がミーム化していた。米中西部のとある会社が、世界最大のタングステンキューブをつくるとされていたが、それは大きさが1辺約37センチメートルだが25万ドルの費用がかかり、重量は約900キログラムもあるという。どうやらサムはそのようなキューブを注文してバハマに空輸させており、それを彼のミニシティの礎石として展示したいと考えていた。

建築家たちはこの貴重な高密度キューブを実際に目にする機会はなかったが、それでも図面には取り入れた。「専用の展示スペースを設計しました」とイアン。そのスペースとは、ミニシティのメインビルにある大きなアトリウムだ。この世界的な暗号資産帝国を訪れた人が最初に目にするのが、このタングステンキューブになるはずだった。抽象性の海から、地球上で最も具体性のある物体が立っているわけだ。

このサムの要望リスト以外に、建築家たちには何の指針もなく、それが彼らを悩ませた。決断を下せば、もう後戻りできないからだ。結局のところ、彼らがつくるのは建築物で、建てたあとサムの期待価値に変化があっても、対応することはできない。

わずか3年の間に二度、サムは会社全体を1万5000キロメートル移動させている。彼らのミニシティはグローバルな金融帝国の本社として機能することになっていたが、FTXがグローバルな金融帝国になるための近道は、米国の規制当局が米国での事業設立を許可することだった。その場合、サムは間違いなく会社を米国に移転させるだろう。そうなると、このミニシティはせいぜい出張所のような存在になってしまう。「600人でも10人でも快適であるように設計しなければなりません」と、イアンはその難しさを上品に表現した。

明確な指示の代わりに、建築家たちに与えられたのは期日だった。4月25日に行われる大々的な発表イベントまでに、約2万平方メートルのジャングルを切り拓き、計画している建物のイメージ写真で構成されたスライドショーを用意する必要があった。驚くべきことに、彼らは期日に間に合わせた。許可をとらずにジャングルを切り拓き、誰の助けも借りずデザインを描き上げたのだ。この新たに整地されたジャングル跡地には、ミニシティのイメージ画像と共に「FTX：GROWTH IN PROGRESS（FTX：ただいま成長中）」というスローガンが書かれた看板が建てられた。バハマのメディアが集まり、新首相が側近を引き連れて現れた。大勢のFTX社員も、人生でおそらく初めてシャベルを持ち、起工式のために集まった。そしてFTXのCOOであるコンスタンス・ワンと一緒に乗っていた車から、サムが現れた。まるでごみ箱から這い出してきたような格好――短パンにしわくちゃのTシャツ、ヨレヨレの靴下――で。相変わらずだな、とイアンは思った。

このプロジェクトを始めて、遠くからサムを観察するようになってから、イアンの頭には同じ考えが何度も浮かんだ。サムは驚くほど高校時代のままだ。高校時代の変わり者のクラスメイトが世界有数の富豪になったら、きっと彼も変わったのだろうと思うだろう。しかし、サムは変わっていなかった。変わったのはサムを取り巻く世界だった。

起工式の前に、サムはスピーチをすることになっていた。イアンは助言が必要かもしれないと考え、式典の前に彼を引き止めた。

「どの設計図を見た？」とイアンは尋ねた。

「どれも見てないよ」とサムが答える。

「企画書くらいは見たんだろ？」

「ぜんぜん」

なんだって？　とイアンは思った。新しいミニシティについて何も知らないサムが、どうやってスピーチをするんだ？

「何を話すつもりなの？」

「その場で何とかするさ」とサムは答えた。

彼は何とかした。スピーチの話題を変えたのだ。これは彼の常套手段だった。答えたくない質問や、答え方がわからない質問が投げかけられたとき、サムはそれを単に、自分が答えやすい質問に変えてしまうのだ。

その日、彼が答えたい質問は「このミニシティはどういうものなのか？　なぜこのような設計になっているのか？」ではなく、「なぜバハマに来たのか？」だった。

やがて建築家たちも気づいたのだが、サムは、彼らが何を設計したかわかっていないどころか、そもそも彼らが何かを設計していたこともわかっていなかった。多額の予算が投じられるＦＴＸの新本社プロジェクトを、そのカネを払う当事者から何のインプットもないまま、彼らが全面的に決定していたことを知らなかったのだ。

さらに、建築家たちが受け取っていたサムの要望リストさえ、実は本人のものではないことが判明した。サム自身はそのような要望を出した覚えもなかった。それは社内の別の人間が、「もし自分がサムだったら新オフィスに欲しいもの」を想像して作成したのだ。

サムはビルの側面を「サムのジュフロ」にすることなど求めていなかった。単にリストを作成した人物が、サムがそれを面白がるのではないかと想像しただけだった。タングステンキューブも興味深いアイデアではあったが、実際にサムもしくは他の誰かが1トンものキューブを買い付け、バハマまで輸送させた可能性がどれほどあるだろうか？　もしキューブが存在しているなら、なぜ建築家たちは一度も見たことがないのだろう？　「実際、本当にキューブが購入されたのかどうかもわかりません」と、それを中心に建物を設計したイアンは言う。こうした状況が起こりうるのがFTXという会社だった。「皆がいつもサムの代わりに意思決定していたのです」

起工式のあと、サムは少しその場に留まっていた。イアンはその機会をとらえ、ここ数カ月の間、直接尋ねたいと思っていたことをやっと聞いた。

「仕事以外で、この場所にひとつ望むとしたら何？」

サムは初めて、それについて考えた。「バドミントンのコート」

それだけが彼の望みだった。バドミントンのコート。

「何面欲しいんだい？」

「3面」とサムは答え、去って行った。

「それが、私たちが彼にできた最初で最後の質問でした」とイアンは言う。

もちろん、人々の問題に耳を傾けるのはジョージ・ラーナーの仕事だったし、実際、彼はそうしようと努めた。2022年の春には、ジャングル小屋のひとつに小さなオフィスを開設したのだ。シンプルなデスクの向かいに赤いソファが置かれ、隅には、誰もがサムの居場所だとわかるベビーブルーのビーズチェアがある。

ドアは話したい人が誰でも入れるように開かれていたが、じきに彼は、話したい人の多さとその理由にうんざりしてしまった。「バハマでは不満を抱える人が大勢いました」と彼は言う。アジア系の男たちは、もっとアジア系の女性たちと付き合いたいと思っていた。アジア系の女性たちは、近くにいるアジア系の男たちが好きではなかった。「皆がデートの機会がないと文句を言っていました。効果的利他主義者たちを除いてね。彼らは気にしていませんでした」

効果的利他主義者でない社員は、彼らが、自分たちは他の誰より賢いと思っていると感じた。大勢の人が、サムの徹底した放任主義的マネジメントに不満を抱いていた。特にアジア系の社員は、組織図がないことに困惑した。サムに直接報告をあげることになっている社員のうち驚くほど多くの人が、サムは報告を受けたがらないのだと言った。「サムは多くの人を避けていました。私を通じてならサムに接触できるのではないかと考える社員もいれば、サムと話ができないからと私に話しに来る社員もいました。ひどく迷惑でしたよ」

バハマ当局はジョージに医師免許を与えていなかった。彼の肩書はシニア・プロフェッショナル・コーチで、実際、それがサムのために果たしてきた役割だった。サムは心理的な問題は解決不能で話す意味がないと考えていたため、心理的問題よりビジネス上の問題を相談したがったからだ。今バハマで、ジョージは経営コンサルタントという新しい役割に適応しようとしていた。社員たちのセラピーを通して、自分がアドバイスしようとしているＣＥＯの会社について、情報を吸収していった。

社員からの不満でわかったのは、サムが管理すべき部下を管理していないか、管理が下手すぎて管理していないも同然だということだった。「サムに報告をあげる部下が多すぎました」

新しい仕事を始めて数カ月後、ジョージはＦＴＸの社員約３００人のうち１００人に会っていた。投資家、顧客、社員、そしておそらくＦＴＸの創業者さえ持っていないような唯一の視点を持ち、会社の全体像を見渡すことができていた。「サムは社員に職務記述書を渡すのを嫌っていました。彼が組織図を大嫌いなのは誰もが知っていました」。また、社員がいかに立派な肩書を欲しがっても、サムがそうした肩書を嫌っていることも全員が知っていた。彼はその理由を説明するメモまで書いていた。「肩書に関する考察」と名づけられたそのメモの冒頭はこうだ。「ここ数年で、肩書がＦＴＸの人間のパフォーマンスを大幅に悪化させる可能性があるとわかった」。そしてサムは、そう考えられる理由を列挙した。

ａ）肩書があると、肩書のない人からのアドバイスを受け入れようとしなくなる。
ｂ）肩書があると、部下の基本的仕事をどうすればうまくできるか学ぶ努力をしなくなる。結果として、自分が満足にできない仕事の担当者を管理しようとするので、事態は当然悪化する。
ｃ）肩書は、その人間のエゴと会社の間に重大な軋轢を生み出す可能性がある。
ｄ）肩書は、同僚を怒らせる原因になりうる。

いずれにせよ、ジョージは自分の患者たちが会社の組織上どこに位置するのか把握する必要があると感じた。「社内にどのような関係性があるかわからず、それを理解する必要を感じました。多くの人が確執を抱えて私のところに来ていたからです。その人の語る内容が理にかなっているのかどうか確認したかったのです」。サムは自らの組織を難解なパズルのようなものにし、彼のセラピストはそれを解こうと奮闘していた。

最終的にジョージは、肥大化するサムの創造物について、社内向けに初めての組織図を作成した。その作業を終えるころには、多くの興味深いことを発見していた。たとえば、24人の人物が、自分はサムに直接報告する立場にあると考えていた。このグループには、サムの父親のジョーや、幼なじみで、サムが何らかの理由で買い取ったゲーム「ストーリーブック・ブロール」の製作者であるマット・ナスも含まれていた。一方、このグループに最高財務責任者（CFO）はおらず、それはそもそもFTXにCFOが存在しなかったからだ。最高リスク管理責任者や人事部長がいなかったのも同じ理由による。「会社というよりクラブハウスみたいですね」とジョージは言う。

そのグループに最高技術責任者（CTO）のゲイリー・ワンはいた。しかし、ゲイリーは人間関係的に孤立しており、部下は1人もいなかった。「ゲイリーは自分だけの小さな箱に閉じこもっていました」。普通のテック企業なら、何人ものプログラマーがCTOの配下にいるはずだ。しかしFTXでは、彼らはすべてニシャド・シンの指示を受けていた。バハマからあっという間にいなくなり、今ではほぼ会社に関わっていないように見えるライアン・サラメは、どういうわけか海外事業全体のCEOとして27人の部下を従えていた。

肩書が依然として製品責任者であるラムニク・アローラは、明らかに製品とは無関係で、莫大な資金の調達とその運用業務を担う数人の担当者を指揮していた。ジョージは彼を「ベンチャー部門」と記した小さな箱に分類した。全社員の約半分は、サムが香港に拠点を移して最初に雇った2人の若い女性、コンスタンス・ワンとジェン・チャンの部下で、ジョージの記録によると、そのほとんどが東アジア系の女性だった。

そして、キャロライン・エリソンがいた。キャロラインは、アラメダ・リサーチで働く22人のトレーダーや開発者を1人で管理していて、その約半数はサムと共に香港からバハマへと移ってきた。これにはジョージも少し驚いた。「彼女はアラメダについて一言も話しませんでした。サムもです。明らかに、それについて考えたくなかったのです」

2022年2月6日、「考察」と題されたメモで、キャロラインはサムとの関係を改善するための6つのアイデアを書き出した。その3番目には「一緒にラーナーのカップルカウンセリングを受ける」と書かれており、その前は、「別れるかどうか決める期日を設定する」で、そのあとは、「今後より良いコミュニケーションをとると心に決める」だった。サムを追ってバハマに移ったころには、2人の関係は以前に増して悪化していた。新本社の着工を10日後に控えた4月15日の夜、2人は将来について話し合った。翌日、キャロラインはその話し合いの内容をサム宛てのメモにまとめた。

●キャロラインのプラン

- アラメダを辞めて米国に帰る
- サムのプラン
- 別れるけど友だちでいて、できるだけ波風が立たないようにする

その夜2人が議論したのは、キャロラインが、サムのプライベート・ヘッジファンドでありドラゴンの巣のような資金源でもある、アラメダ・リサーチの経営を続けるのが賢明なのか、それとも人生の別の選択肢をとるべきなのか、についてだった。「アラメダの経営は、私に相対的な優位性があるとも適性があるとも思えない」と彼女は書いた。「得意でないことを山ほどやらなければならないと感じている……でも確かに、アラメダの経営は、次善の選択肢よりずっと高いEV［期待値］が期待できると思う。時間をかけて別の選択肢とそのEVについて熟考するまで、アラメダを辞めることは考えないほうがいいと思う」

キャロラインがすぐにでも実行しようと考えたのは、サムと寝るのをやめることだった。彼女は、ライアンが購入した3000万ドルのペントハウスで、ニシャドやゲイリーを含む8人の効果的利他主義者たちと同居していたが、そこでサムと共有していた寝室から出て行きたくはなかった。サムのほうが、同じ敷地内にあるもっと質素なコンドミニアムにこっそり引っ越すべきだ。

社内では、キャロラインが交際の秘密を打ち明けた数人以外、FTXのCEOとアラメダ・リサーチのCEOが恋愛関係にあることを知る者はほとんどいなかった。「人は探していない

ものは見ようとしない」とサムは言う。今、彼らは自分たちのロマンスが終わったことも見ようとしていなかった。サムは関係を隠しただけでなく、それを終わらせたことも、皆が思っているのと違う場所で暮らしていることも隠した。つまり、おかしな話だが、彼はこの2つの嘘を組み合わせてひとつの真実を生み出していたのだ。それは偶然にも、暗号資産の価格が暴落する直前のことであり、また、これも奇妙な偶然で、私が彼らを観察するために訪れたころのことでもあった。

第3部

8 ドラゴンの巣

サム・バンクマン・フリードについて最初に気づいたことのひとつは、彼から何かを盗むのは簡単だということだ。2022年4月下旬の早朝、誰でも彼のジャングル小屋に忍び込んで、欲しい物を何でも手に入れられただろう。FTXの仮本社敷地前の警備員詰所には誰も立っていなかった。駐車場のバリケードは出入り口を半分も塞いでおらず、障害物というよりも飾りのように存在しているにすぎなかった。サムが働いていたジャングル小屋27番のドアは鍵がかかっておらず、受付の机も無人だった。

これから私は、ニシャド・シンに対して、「事前検死」〔起こりうる失敗とその可能性を予測、リスクを洗い出す手法〕を行う予定だった（同じことを、ジョージ・ラーナーが作成した組織図のトップにいる他の経営幹部に対しても行っていた）。「会社が崩壊した未来を想像してください。どうしてそうなったのか教えてください」。この問いに対してニシャドは、「誰かがサムを誘拐したからです」と即座に答えることになる。そして、セキュリティに関するサムの考えの甘さが帝国の崩壊につながるという悪夢にずっと悩まされている、と続ける。

そのときの彼には、他のリスクよりも、そのことを心配するほうが合理的だった。サムは簡単に行動を把握できる有名な大富豪であり、ボディガードも連れずに動き回っている。数十億ドル相当のさまざまな暗号通貨を保有していて、それは決済手段としては実用的でないが身代金としては抜群だ。ニシャドは言う。「暗号通貨を持っている人は、誘拐の格好のターゲットです。なぜもっと頻繁に起こらないのかわかりません」

唯一難しいのは、サムがどの小屋にいるのかを突き止めることだろう。今ＦＴＸの本部は、十数棟の小さな平屋で構成されており、すべて似た形をしている。ミルクチョコレート色のくすんだ金属屋根の、黄褐色に塗られた小屋だ。誰が建てたにしろ、建物を飾るとか魅力を持たせることなどはじめから諦めていたのだろう。

どの建物を見ても、誘拐に値する人物がいるとは思えない。もちろん、朝の7時という時間帯で人がほとんどいないため、それも問題ではない。サムが建物内にいる唯一の人間である可能性は十分にあり、誘拐犯は獲物を見つけるまで小屋から小屋へと移動するだけでいい。サムには為す術がない。彼は物理的な脅威から逃れることはおろか、それに気づくことすらできないだろう。

しかし、私が到着したとき、彼はそこにいなかった。ニシャドはいたが、私が隣のサムの椅子に座っても、ほとんど顔を上げなかった。机を覆いつくす山のような小物が、横に置いてあるビーズチェアの上にこぼれ落ちていた。ニシャドがタイピングを続ける間、私はそれらの品々を手に取って、一つひとつ棚卸を始めた。

モートンソルトの特大容器　1個
中身が入ったままの新しい iPhone の箱　1個
くしゃくしゃになった1ドル札　1枚
ハンドスピナー　4個
トランプ　1組
枕と毛布　1セット
マイアミ・ヒートのジャージが詰まった、半分開いた大きな段ボール箱　2個
カッターナイフ　1本
無香料蚊よけスプレー（ビニールで密閉された状態）　1本
サムの署名が必要な機密書類が入ったマニラフォルダー　4つ
リフトマスター社製のガレージドア自動開閉装置　1台
中身が入ったままの新しい iPhone の別の箱　1個
マイアミ市長フランシス・スアレスからサム・バンクマン・フリードに贈られた記念メダル　1個
「FTX：新しい決済の世界へようこそ」と刻印された、用途不明の正方形のプラスチック製ボックス　12個
箸　3膳
リッツ・カールトン・ホテルのルームキーカード　1枚
ガイアトップ社製の携帯扇風機　1台

すべての面が白く塗られている変わったルービックキューブ　1個

山積みになった物の半分ほどを見終えたころ、サムが現れた。一瞬、散らかし放題のティーンエイジャーの部屋にいるところを本人に見つかったような気持ちになった。私がどうやってオフィスに入ったのか、なぜ机を物色しているのか疑問に思ったとしても、サムはそれを顔に出さなかった。何か新しい事態が起きているようだ。

サムの人生を支配するルールがあるとすれば、それは決して彼を退屈させないということだ。「彼はカニエに似ている」と、サムをよく知っていてカニエ・ウェストとも親交のある人物は言う。「彼が行くところには、必ずとんでもないことが起こるんだ」

その日、つまり私が彼の机の棚卸をした朝、そのとんでもないことが起きていた。イーロン・マスクがツイッター社を買収しようとしており、サムはマスクのアドバイザーの1人であるイゴール・クルガノフと電話で話をしたのだ。報道によれば、クルガノフはロシア生まれの元プロポーカープレイヤーで、マスクから50億ドル以上の資産を寄付する任務を任されていたという。さらに彼は効果的利他主義者を自称し、そのため筋書きはさらに複雑になっていた。

彼とサムは、サムがツイッターの買収資金を出す可能性について議論したばかりだった。実は、サムはすでにツイッターの株式に1億ドルを投じており、残りを買い取るという密かな野望を実現する方法を模索していた。彼はほとんどの株式を1株33ドルで買ったのだが、それはイーロン・マスクがツイッター社全体に支払うことに同意した額より1株あたり21・20ドルも安かった。

何か買いたいものが出てきたとき、ラムニクとニシャドに相談するのが役に立つとサムは思っていた。2人とも頭が良く、少なくともサムが考える「高いＩＱ」の持ち主だった。さらに2人には不思議な能力があって、サムに反対するときもことさら騒ぎ立てず、実際には彼らの言うことに従わざるをえなくても、サムにそう感じさせなかった。彼らと話すとサムは、実際にそうしなくても、自分の判断をチェックしたような気になれたのだ。

このときもサムは、2人を会議室代わりに使っているジャングル小屋に引っ張っていった。そこには椅子とソファがひとつずつあり、サムはソファの上に靴を脱いで横になり、胸の上にハンドスピナーを載せていた。ラムニクとニシャドは床に胡坐をかいた。皆短パンを穿いていて、その光景はさながら、落ち着きのない小学1年生のクラスの昼寝の時間のようだった。

サムは今回の相談内容を2人に伝えた。イーロン・マスクがツイッターを買収するつもりでいるが、実際には全額を自分で支払いたくない。そこで、４４０億ドルの費用の一部を負担する出資者を探している。彼らは我々にも参加してほしがっている。しかし、返事をする猶予はたったの3時間しかない。

「それをして僕らにどんなメリットがある?」と、ニシャドはもっともな質問をした。

「いろいろメリットはあるさ」とサムは答え、そのなかでも特に重要なのがイーロン・マスクとの新たな提携関係だと強調した。暗号資産はツイッター上での盛り上がりに大きく依存しており、マスクはツイッター上で最も影響力のある存在だった。たったひとつのツイートで、暗号資産トレーダーをコインベースからＦＴＸへと大移動させることも、その逆を引き起こすこともできる。さらにマスクは世界最大の個人資産を保有しており、イゴール・クルガノフを雇うことで、資産の一部を効果的利他主義関連の活動に投じる姿勢を示していた。

「いくらぐらいを考えてるんだ？」ラムニクが尋ねる。

「10億ドルぐらい」とサムは答えた。ラムニクの顔に不安の色が一瞬浮かび、すぐに消えた。

「でも、おそらく最低で2億５０００万ドルかな」とサムは続ける。はした金だ。彼らがすでに所有している（そして今回の取引にそのまま組み込める）１億ドル相当のツイッター株に、１億５０００万ドルを上乗せするだけの話だ。

「イーロンと直接話せるかな？」とニシャドは尋ねた。「これって本当に効果的利他主義の活動につながるわけ？」

「彼は変な奴だ」とサムは言い、天井を見つめた。片手でハンドスピナーをいじり、反対の手でリップクリームをくるくると回す。サムの背後は一面が大きな窓になっていた。外では細いヤシの木が風に揺れ、さらに向こう、アスファルトの駐車場では、何人かの若いエンジニアが歩きながら歩数を数えていた。「彼がいちばん欲しいのがカネなら、出す奴はたくさんいるはずだ。１週間もあればシンジケートを組めるだろう。大事なのは金額じゃない。大事なのは、誰が彼に良くしてきたか、誰がそうじゃなかったかってことだよ」

　床に座るニシャドの顔には疑いが見てとれた。その横にいるラムニクは、何を考えているのかわからない表情をしていた。

「僕らはこれでもっと有名になれる」とサムは言った。

「もっと有名になったって、それが今すぐに何かの役に立つだろうか？」ニシャドが返す。

サムは明らかにそれが役に立つと考えていた。彼はツイッターに夢中だった。彼のような人間が大衆とコミュニケーションをとるのに、ツイッターは唯一最良の方法だった。ツイッター上では、彼が人と対面する際に起きる問題がすべて消え去ったのだ。「ツイッターは他のどの媒体よりも5倍は市場を動かしている。とても独特なブランドなんだ」

「7500万ドルって答えたら失礼だろうか?」とニシャドが尋ねた。

「ツイッターの1日のアクティブユーザーは2億3000万人だよ」とラムニクが言った。「そのうちの8000万人から、たとえば月額5ドルずつ取れたら、月4億ドルの収入が得られる」。ラムニクはときどきこういうことをした。たとえ彼自身がサムの主張に乗り気でなくても、サムが望む主張を後押しする考え方を提供するのだ。

「これはなんだか笑える状況だね」ニシャドが新たな思考の流れを中断するように言った。「イーロンは僕らを、投資ビークルの代用として扱っているよ」

彼らは決断を下す前にもう少しだけ検討を重ねた。議論全体は15分もかからなかった。やがてサムは、この件について考えられることはすべて考えたと判断し、他の2人に投票を求めた。

「ノー」とニシャドは言った。

「ノー、もしくは非常に少ない額で」とラムニクは言った。

こうして会議は終了した。私が気づいていなかったこと(だがニシャドとラムニクは当たり前だと思っていたこと)は、サムが依然として多額の資金をイーロン・マスクに渡す可能性があるということだった。サムは投票を求めておきながら、その結果を平気で無視することができた。

案の定、まもなくサムは独断で、マスクのツイッター社買収に関してアドバイスと資金調達支援をしていたモルガン・スタンレーに連絡し、ツイッター株に投資するために彼のFTX株を担保に10億ドルを貸す気があるかと尋ねた。また、マスクの財務顧問にも連絡し、マスクがツイッターをブロックチェーン上に移行させるつもりがあれば50億ドルの投資を検討すると伝えた。ツイッターは他のソーシャルメディアと同様に独立したプラットフォームで、他とのつながりはなかった。それらをブロックチェーン上に実装すれば、すべてつなぎ合わせることができる。マスクがその提案を拒否すると、サムは興味を失い、一切の投資をやめることにした。半年後には、自分がまだ1億ドル相当のツイッター株を所有しているか、あるいはそれがすでにイーロン・マスクに売却されたかも知らないだろう。

サムが巨額の資金でつくりあげたパズルの全貌を把握している者は誰一人いなかった。ラムニクは最も明確に見えていた可能性があるが、それさえ一部でしかなかった。サムは3年の間に、総額で約50億ドルを300もの案件に投じた。3日に1件のペースで新たな投資判断を行っていた計算になる。ツイッターに10億ドルを投資するかどうかの判断に20分程度しかかけなかったのは、彼に割ける時間がそれしかなかったからだ。

あまりにも多くの投資判断が待ち受けていた。彼はソラナのような新しい暗号通貨や、アンソニー・スカラムーチの投資会社スカイブリッジのような老舗企業にも投資した。また、たとえばリキッドという日本の暗号資産取引所のように、FTXのビジネスに明らかに関係する企業を買収したが、逆にストーリーブック・ブロールを開発したスタジオのように、暗号資産とはまったく無関係な企業も買収した。

資金は、ほぼ常にFTXからではなく、ラムニクをはじめ皆がサムのプライベート・ファンドだと思っていたアラメダ・リサーチから出ていた。ラムニクはそうした判断に深く関わることも多かったが、サムが何をしたか事後に知らされることも同じくらい多かった。

サムはアンソロピックというAIのスタートアップ企業に5億ドルを投資したが、そのときも誰にも相談はなかった。「あとでサムに言ったんだ、『僕たちはこの会社のことなんてこれっぽっちも知らないじゃないか』って」とラムニク。ツイッターへの追加出資を検討していたのとほぼ同時期に、サムは元ジェーン・ストリートのトレーダー、リリー・チャンに4億5000万ドルを託し、バハマにモジュロ・キャピタルという2つ目の暗号資産クオンツ取引ファンドを設立している。ラムニクの知る限り、サムはそれが完了するまで誰にもこの件を伝えていない。

さらに同年3月、サムは、ハリウッドのエージェントから投資マネージャーに転身したマイケル・キーブスという人物に、ラムニクや他の誰にも相談することなく50億ドルの投資を約束していた。サムはこの約束の数週間前にキーブスと出会ったばかりで、彼について何も知らず、名前をどう発音するかさえ、よくわかっていなかった。

サムが全然知らない人物に50億ドルを投じようとしていると聞いたとき、ラムニクをはじめFTXの社員は警戒した。顧問弁護士から多くの助けを借りて、ラムニクとニシャドは50億ドルを5億ドルまで減額するようサムを説得した——少なくとも、サムは同意したと思っていた。それからかなりたって、ラムニクは、サムがいつも通り自分のやりたいように事を進め、キーブスが運営するさまざまな投資ファンドに30億ドル投資する約束をしたと知る。「サムは人を信じすぎます」とラムニクは言う。「あまりにも早く、あまりにも信じすぎるんです」

サムの世界では、多くのことが、普通なら存在する「抑制と均衡」なしで進められた。サム以外の人が、それに不満を口にするのは難しかった。取引にはサム自身のカネだけが絡んでいるように見えたからだ。彼のカネを、彼が好きなように使って何が悪い？　とはいえ彼の年齢の人物が、年長者の監督や企業における通常の制約なしにこれほどの大金をばら撒いた例は、人類史上でもそう多くないだろう。

たとえば取締役会だ。サムは言う。「取締役会を持つ必要があるかどうかさえ定かではないんだけど、それを置いていないと怪訝な顔をされるから、3人でそれっぽいものをつくっている」。ツイッターに関する議論のあとで、そう私に語った彼は、他の2人の名前を思い出せないことを認めた。「3カ月前には誰だか覚えていたんだけど。変わったかもしれない。その仕事の主な職務要件は、夜中の3時に電子署名するのをいとわないことだ。電子署名が主な仕事だからね」。CFOも不在だった。過去1年半にわたり、サムがFTXへの投資を許可したベンチャーキャピタリストたちは、CFOとしてきちんとした人物を雇うべきだと彼に言いつづけていた。「CFOに関しては宗教のようなものがあるんだ。僕が『なぜ必要なんだ？』と聞くと、CFOがすべきことをひとつも挙げられない人もいる。『資金を管理するため』とか『予測を立てるため』とか言うけど、僕に言わせれば、『ふざけんな、僕が一日中何をしてると思ってる？　カネがいくらあるかわかっていないとでも思ってるのか？』ってこと」

香港時代、シスマのことが記憶に残っていたサムは、年長者が周りにいることが役に立つかもしれない、と少しの間考えていた。「何人か大人を雇ってみたけど、何もしてくれなかった。これは45歳以上の人全員に言える。彼らがしたのは心配することだけ。典型的な大人の行動を挙げようか？　香港で中国政府が暗号資産を締め付けるんじゃないかとビクつくことだよ。彼らの仕事は深刻じゃない問題にも深刻になることだ。ところが深刻な問題は特定できない。彼らは規制当局を恐れるんだ。それに税金！　支払わないとは言わないが、払い過ぎてしまうと翌年は損失が出たとしても、もう税金は支払い済みってことになるわけだよ」

サムは税金を最低限にしたくはなかったとか、中国政府が突然彼を捕まえて刑務所に放り込む心配はなかった、と言っているのではない。サムが言わんとしたのは、何か悪いことが起きる確率は低く、それについて考える時間は無駄だということだ。「彼らは声高に、大げさで現実離れした心配ばかりしていた。彼らを落ち着かせるには、新しい心配事を出して、それまでの心配事から注意をそらすしかなかったよ」

本音を言えば、大人は彼を退屈させたのだ。彼らがしたのは、彼の手綱を引くことだけだった。

その数カ月後の2022年7月の終わりごろ、私は北カリフォルニアの私設飛行場の滑走路近くでサムと会った。私は自宅から車で向かい、彼は効果的利他主義のリーダーたちとの、サムの資金の使い途に関する短い会合から戻ったところだった。いつものように、彼は遅刻した。ようやく到着すると、彼は黒塗りの車の後部座席から転げるように降りてきた。スーツケースではなく、小さな洗濯物の山に見えるものを持っている。近づいてくると、それが紺のスーツと、ブルックスブラザーズのボタンダウンシャツであることがわかった。「これはワシントンDCに着ていくスーツなんだ」と彼は言い訳するように言った。「普段はDCに置いてあるよ」

6時間後、彼は初対面の上院共和党院内総務のミッチ・マコネルと会食する予定だった。事前の指示で、もし短パン姿で現れたらマコネルは不快に思うだろうと言われていた。「マコネルは服装にこだわるんだ」とサムは言いながら、プライベートジェットの階段を上り、スーツを予備の座席にポンと置いた。「あと、『院内総務（リーダー）（Leader）』って呼ばないといけない。『マコネル院内総務』とか『院内総務閣下』とか。間違えないようにリハーサルしてきた。特に、『親愛なる指導者（ディア・リーダー）』と呼びたくなる衝動に駆られるからね」

私は服のかたまりに目をやった。服のしわは昨日今日できたものではなく、のばすにはかなりの時間と労力がかかりそうだ。この服が役に立つとは想像できない。

「ベルトはある？」と私は尋ねた。

「ベルトは持ってないんだ」と彼は答え、ビーガンスナックの入ったカゴに手を伸ばしてポップコーンを一袋つかみ、そのまま座席にドスンと座った。

「靴は？」

「えっと、靴もないな」

彼はまるで、「スーツを持ってこい」という簡単な指示だけを受けたようだが、指示を送った人間はこう付け加える必要があった――「スーツは着用できる状態であること。そしてミッチ・マコネルがディナーの相手に求める、フォーマルな服装の基準を満たすために必要なものをすべて揃えること」。その指示がなかったのでサムは、スーツの他に何が必要かわざわざ考えようとはしなかった。

彼はこういうことをよくしでかした。7カ月前には、下院金融サービス委員会で暗号資産の規制に関する証言を行ったが、そのとき誰かが彼の足元のクローズアップ写真を撮った。サムの新しいドレスシューズの靴ひもは、箱から出したままのように片側にまとまっていた。誰かが彼に靴を手渡し、「これを履いたほうがいい」とだけ言って、それ以上の指示をしなかったのだろう。

ともかく、ワシントンDCに出向くときだけ、彼はスーツを携えた。その重要性を考えれば、犠牲も正当化されると考えたのだ。ここ数十年の間に、米国では規制が緩和され、個人や企業が事実上無制限の献金を政治キャンペーンやスーパーPACに対して行えるようになった。

彼らがどのような活動を行っているのか、その目的は何か、一般の米国民には知ることができない。自身が莫大な資金を持つようになってサムが驚いたのは、富裕層や企業の新たな政治環境への適応があまりに遅いことだった。米国政府は太陽の下にあるものすべてに多大な影響力を及ぼす。4年の任期中、大統領は議会と協働して約15兆ドルもの予算を執行する。にもかかわらず、2016年の大統領選や議会選の全候補者が費やした選挙資金の総額は、たったの65億ドルだ。「政治には十分な資金がないように見える。人々は十分な献金を行っていない。おかしなことに、ウォーレン・バフェットですら年間20億ドルも寄付していないんだ」

サムは米国の政治のなかに、資金力による別のパズルをつくろうとしていた。数十億ドルをさまざまなベンチャーキャピタル投資につぎ込んだが、公共政策に影響を与えるためにさらに数億ドルを使うつもりだった。後に、彼がしたあらゆることはさらに冷笑的に解釈されるようになるが、当時も多くの人が彼に疑問を抱いていた。その疑問の多くが的外れだ。彼の政治に対する支出は、3つのバケツに無造作に配分されていた。

ひとつ目のバケツは最も小さく、彼の狭いビジネス上の関心事に関わるものだ。ある法案を支援する意志のある政治家や利益団体に数百万ドルを寄付したが、その法案とは、米国人が国内のFTXで、海外のFTXで行われているような暗号資産取引をできるようにするものだった。

最も貧しく弱い立場の市民を、宝くじやカジノといったオッズが不利なギャンブルに平気で参加させる米国が、証券や証券と解釈される可能性のあるものについて例外を設けるのは、大人の世界の奇妙で無意味な特徴の表れだと彼は思った。しかし、それがこの新しいゲームのルールであり、サムはそのルールを変えようと決心した。他の暗号資産取引所が行っているような、「ただルールを無視する」という道を選ぶのではなく。

彼自身がより多くのカネを稼ぎやすくするためにサムが費やしたカネは、他人から最も見えやすいカネだった。そのすべての出所は、サムかFTXか暗号資産関連の利益団体に簡単にたどれたのだ。不透明だったのは残りの2つのバケツ、つまり彼自身の狭い経済的利益とはほとんど関係のないカネだった。世界は変わる必要があると考え、そのように変えようとするサムの試みは、彼のビジネスとはほとんど関係がない。それを効果的に行うためには、自分のやっていることを隠す必要があった。そうしないと、寄付の目的は暗号資産の法整備にあると思われてしまうからだ。

一部の人々にとって、「暗号資産」は「犯罪」と同義だった。サムの意見では、暗号資産を寄付したら、誰もが暗号資産のためのカネだと推測することだ」。「問題は、もしそれが開示されたら、誰もが暗号資産のためのカネだと推測することだ」。サムの意見では、暗号資産を寄付するのは理不尽なほど難しかった。政治家や利益団体は、たとえそれがどういうものかよくわからなくても、たいてい受け取るのをしぶった。「そこには具体的なものは何もない。彼らはただ気まずいだけなんだ」。彼らの戸惑いは奇妙な反応を生んだ。「あるグループはこんなことを言った。『あの、心から感謝してるけど、FTXからカネをもらうのはまずいから受け取れないんだ。それに、別の資金源を見つけたから』。その別の資金源というのは、弟のゲイブなんだけどね」


サムの頭のなかでは、自分のカネは暗号マネーではなかった。たまたま暗号資産で手に入れた、効果的利他主義者の資金だ。サムは弟と共に世界の問題を分析し、他のどんな問題よりも、効果的利他主義に関連する2つの課題に対処することが理にかなっていると結論づけた。そして、その取り組みに向け、多額の資金を密かに投入する必要があった。

最初に取り組んだのは、パンデミック対策だ。これについては、それほど密かに行動する必要はなかった。人類の存亡に関わるリスクのなかで、パンデミックは特別な位置を占めている。たとえば、小惑星の衝突と異なり、パンデミックの脅威は現実的に感じられ、政治家を説得して真剣に取り組ませることができた。また気候変動と異なり、100万人もの米国人が新たな病原体によって命を落としたにもかかわらず、問題への対処方法を真剣に話し合ったり考えたりする人はほとんどいなかった。そしてＡＩの人類への脅威と異なり、パンデミックのリスクを軽減するためには、費用はかかるがいくつかの明確な対策が存在していた。

たとえば、気象予測のグローバルシステムに似た、疾病予測のグローバルシステムの構築が喫緊の課題だ。サムの推測では、それには１０００億ドルが必要であり、彼１人の手には負えない金額だった。「もし10分の1の規模なら、自分だけでもできるかもしれない。ＦＴＸが今の6倍の規模に成長したら、再検討する必要があるね」。彼には今、自分で取り組むだけの資金はないが、米国政府を説得するための資金はある。

ミッチ・マコネルとの夕食会も表向きはこの問題について議論するためで（おそらく最大の目的は他にあっただろうが）、米保健福祉省内にある生物医学先端研究開発局（ＢＡＲＤＡ）に、パンデミック対策として１００億ドルを割り当てる計画について話し合った。マコネルは共和党員で、理論的には政府支出拡大には反対の立場だ。しかしサムは、こうした政治家は仲間意識だけでは動かない複雑な存在だと考えていた。「彼はポリオを経験している。だから関心があると思うんだ」

パンデミックに関心を持つよう議員たちを説得することは、サムの戦略のひとつにすぎなかった。もうひとつの戦略は、パンデミック対策に取り組む新たな担い手を議会に送り込むことだ。サムの政治工作チームは、本選挙よりも予備選挙にカネをかけるほうがはるかに理にかなっていると考えた。予備選では、本選ではできない方法で有権者を動かせる。予備選での説得力の大部分は単なる知名度の問題であり、それは広告で買うことができるからだ。

彼らはまた、接戦の予備選に１００万ドルを投じれば、５分の１の確率で自分たちの候補者に有利に動かせることもわかっていた（あるいはそうだと信じていた）。問題は、影響を与えられる選挙が5つのうちどれか、事前に判断する方法がないことだった。そこで彼らは、パンデミック対策への支出を支持する議員候補をできるだけ多く見つけ、彼らの選挙をまとめて支援することにした。同時に、投入する資金が暗号資産ビジネスと関係があるように見えないよう最善を尽くした。

当然ながら、5回の選挙のうち1回でしか勝てないということは、他の4回は負けるということだ。サムの政治活動における投資手法は、ベンチャーキャピタルへの投資と似ていた。常軌を逸したリターンを追求することで、あとから見ればばかげたリスクを取っていたのだ。ごく短期間のうちに、サムの資金は政治工作の歴史上でも特に壮大な失敗に次々と投じられた。

たとえばキャリック・フリンだ。サムが彼に出会ったとき、フリンは選挙に立候補しようとしていた。典型的なワシントンDCの政策通で、重要人物の後ろに座り、ときおり立ち上がって耳打ちする、青いスーツを着た無名の下働きの1人だった。サムの目から見て、フリンの最も重要な特徴は、パンデミック予防に対する深い理解と献身的な姿勢だった。2番目に重要な特徴は、効果的利他主義者であることで、曖昧な感情ではなく数学に従って行動できると思われた。都合のいいことに、彼は最近、ワシントンDCからオレゴン州ポートランド郊外に新設された左派寄りの選挙区へと引っ越していた。ここは激戦区の様相を呈し、最終的に、他に15人もの候補者が飛び込んできた。

フリンは仲間の効果的利他主義者たちに、自分が下院議員に立候補することについてどう思うか聞いてみた。候補者として、彼には明らかな弱点があった。ワシントンのインサイダーであり、移住者であることに加え、人前で話すのが苦手で、批判に敏感だった。彼は自分を「非常に内向的」と表現している。

それでも効果的利他主義者たちは、彼が出馬しない正当な理由を見つけられず、かくして彼は立候補することになった。効果的利他主義者としての活動で、サムは彼を知っていた。彼はサムが支持してくれるかもしれないと感じてはいたが、それが何を意味するのかはわからなかった。ジャーナリストのデヴィッド・ウィーゲルは、ワシントン・ポスト紙の記事の冒頭で、彼がそれを知った瞬間を捉えている。

「私たちは YouTube のビデオを一緒に見ていたんです。何かのチュートリアルでした」。妻キャスリン・メクロー・フリンと並んで座ったキャリック・フリンは言った。先週、全米商工会議所の朝食会に出席したあとのことだ。朝食会では民主党候補者に対して郊外の犯罪に関する説明が行われた。

「突然、『キャリック・フリン！』という声が聞こえてきたんです」とメクロー・フリンは振り返る。

「そのとき、僕は水を飲んでたんだ」とフリン。

妻は彼の発言を訂正した。「マウンテンデューよ」

「ダイエット・マウンテンデューだったはずだ」とフリンは、より自信を持って言った。

彼が何を飲んでいたにせよ、有料の政治広告が自分の名前を叫ぶのを聞いたとたん、彼はそれをこぼしてしまった。それはノルマンディー上陸作戦にも匹敵する政治戦の、最初の砲撃だった。サムの政治チームは彼の資金から1000万ドルをつかんでバズーカ砲に詰め込み、ポートランド郊外に撃ち込んだのだ。この小さな予備選は、オレゴン州史上最もカネがかかったものとなり、その後、全米でも3番目にカネのかかった下院民主党予備選挙になった。

キャリック・フリンを下院議員にしようとしたサムの試みは、政治キャンペーンというより、地元住民の感覚に対する攻撃に近かった。ライバルの民主党候補の選挙運動を指揮したテス・シーガーは、「その渦中にいるのは、まさに『Veep／ヴィープ』〔米国の政治風刺コメディドラマ〕のなかにいるようでした」と語っている。「トレイルブレイザーズ〔NBA所属のプロバスケットボールチーム〕を取材している人々が、フリンの広告のあまりの多さに文句を言っていたほどです。すべてが非常に稚拙なやり方でした」

稚拙さが政治にどう影響するかは予測しがたいが、その後に起きたことは、ある意味で筋が通っていた。人々は、大量のフリンの広告の資金源がどこなのかを突き止めたのだ。予備選挙に出馬した他の8人の民主党候補が手を組み、フリンを糾弾した。ある候補は彼を「不気味な資金を持つ男」と呼んだ。別の候補は「バハマの億万長者がオレゴンの選挙区を買おうとしている」と言った——それは事実だった。サムは、人類の存亡に関わるリスクに議会が取り組むことを期待して、議席を買おうとしていたのだ。

オレゴン州民はその努力を評価しなかったどころか、多くの人々がフリンを嫌うようになった。そしてフリンは、その感情を無視することができなかった。討論会中に他の候補者から攻撃された彼は、途中で退席してしまった。彼の資金提供者たちでさえ、彼の公の場での発言が、支離滅裂で賢明ではないと感じはじめた。「意地悪なことを言われると、彼は本当に傷ついた」とサムは言う。「彼はあるとき、オレゴン州に巨大なフクロウ支持層があることを知らずに、フクロウを侮辱してしまった」[*1]

2022年5月17日に行われた選挙で、キャリック・フリンは19％の票を獲得したが、37％の得票率で勝利したアンドレア・サリナスに次ぐ2位に終わった。フリンへの1票を獲得するごとに、サムは1000ドル弱を費やしたことになるが、さほど気にしていなかった。サムは教訓を得ていた。どんなに大金をつぎ込んでも当選できない候補者がいるのだ、と。「カネで買えるものには限界があるんだ」

どちらにせよ、サムにとってキャリック・フリンに費やしたカネは、「第2のバケツ」全体から見ればしずく1滴程度だった。そして、他の連邦議会選挙はもっとうまくいっていた。彼にはもうひとつ、さらに有望なバケツがあった。他の2つのバケツよりもさらに見えにくい、政治資金用の入れ物だ。このバケツは、有権者に資金の出所を知られないように、主にミッチ・マコネル、またはマコネルの友人によって管理されることになっていた。この偽装を合法とするために、サムとマコネルはこのバケツの使用方法については話し合わない。しかしこのバケツは、2人のディナーの非常に重要な裏テーマとなっていた。

サムはマコネルのなかに、彼と同じ関心を見出していた——人類にとって存亡に関わるもうひとつの脅威、つまりドナルド・トランプへの関心だ。サムの考えでは、トランプによる政府への攻撃、そして米国の選挙の公正性への攻撃は、パンデミックやＡＩ、気候変動と同じリストに属していた。全米各地の共和党予備選では、トランプが大統領選で勝利を盗まれたと本気で主張する立候補者が散見された。また、その考えに口先だけの賛同を余儀なくされる候補者もいた。

マコネルの側近たちは、すでに両者の区別をつけており、マコネルは前者を倒そうとしていた。「彼はすでに仕事を済ませている」とサムは言う。その仕事とは、「実際に統治しようとしている人と、政府を弱体化させるだろう人を区別すること」だと彼は付け加えた。

そのころサムは、連邦上院議員選挙においてトランプ派の候補者を打ち負かすために、マコネルに１５００万～３０００万ドルの献金を行う計画を立てていた。また彼は、プライベートジェットがワシントンＤＣに向かって降下している間に、別のプランも進めていると私に説明した。ドナルド・トランプ本人に立候補を断念させるよう、彼にその対価を払うことの合法性について調べていたのだ。彼のチームは水面下でトランプ陣営とのコネをつくり、ドナルド・トランプが50億ドルでその申し出を受けるかもしれないという、さほど衝撃的とは言えない情報を持って帰ってきた。少なくとも、サムはチームからそう聞かされた。

振り返ってみると、サムの頭がドナルド・トランプを理解するのに適していたというのは、興味深い点だろう。そのとき、彼のチームはトランプ陣営への謎のコミュニケーション・ルートを使って、トランプにある案をもちかけていた。ミズーリ州では、エリック・グライテンズという熱狂的なトランプ派候補者と、エリック・シュミットというそれほど熱心でないトランプ派候補者が接戦を繰り広げていた。シュミットは統治を望み、グライテンズは破壊を望んでいた。トランプはまだこのレースについて発言しておらず、彼の支持によって形勢がグライテンズに傾くのではないかと懸念されていた。

サムのチームはあるアイデアを思いつき、サムによれば、まさにそのときトランプ本人に伝えられようとしていた。そのアイデアとは、トランプに「私はエリックを支持する！」と言わせるが、どちらのエリックかは明確にしないというものだ。

結局のところ、トランプは誰が勝つかなどどうでもいい。望んでいるのは勝者を支持したと見られることだけだ。彼が「私はエリックを支持する！」と言えば、どちらのエリックが勝っても、彼はその功績を手に入れる。さらに、より具体的な支持を表明するよりトランプに注目が集まることになり、注目こそ、最終的にトランプが望むすべてだった。「いかにもトランプらしい行動だ。きっとミームになるだろうね」

そう言いながら、サムはぎこちないレイアップシュートのような不器用な動きで、ポップコーンを口に放り込んだ。成功率は6割くらいで、ポップコーンはそこらじゅうに飛び散っていた。サムは離陸中に彼のほうに飛んできた温かいナッツの皿も受け止められず、それもまだ周りに散らばっていた。頭のなかで政治の世界に秩序をもたらしている間、彼は自分のいる空間にカオスを生み出していた。ようやく飛行機が着陸し、彼はディナーに向かうため駆け出した。散らかった後片付けは誰かがしてくれるだろう。

私たちは翌朝、キャピトル・ヒルの裏側にあるタウンハウスで会う約束をしていた。そこはサムが出資し、ゲイブが運営している組織、ガーディング・アゲインスト・パンデミックの本部として使われていた。またしても彼は遅刻して、またしても車の後部座席から転げるように降りてきた（今回はワシントンDCで普通に見られるタクシーだったが）。そしてまたしても丸めたスーツを手にしていたが、今回は車から出るとき持っていたものから茶色のドレスシューズが片方、路上に転げ落ちた。彼がそれを拾おうと手を伸ばしたとたん、もう片方も落ちてタクシーの下に転がってしまった。

そのとき私は、彼のスーツの色が変わっていることに気づいた。しわくちゃだったスーツを誰かが持ち去って、プレス済みの別のスーツと交換したのだ。それが今ではまた洗濯物になっている。サムが誰もいないタウンハウスに入り、クローゼットを開け、空のハンガーがずらりと並んでいるのには目もくれずに、丸めた服をクローゼットに投げ入れるのを、私は見ていた。それから彼と一緒に空港まで車で移動し、バハマに戻った。

2日後、トランプはトゥルース・ソーシャル〔トランプが2020年の大統領選後に自ら立ち上げたソーシャルメディア〕への投稿を行い、ミズーリ州の連邦上院議員選挙における彼の支持候補を発表する意向を表明した。その後、書面による声明を発表したのだが、そこには「エリックは私の完全かつ全面的な支持を得ている！」と書かれていた。[*2]

日が沈もうとしているアルバニーのリゾートに効果的利他主義者たちが集まり、自分たちの資金をどう寄付するかについて話し合っていた。フォーマルな場に出るため正装した金持ちのように、マリーナを囲む建物群は、薄暗くなると輝きを増す。真昼の太陽の下では、それらはただ7つの真っ白で無粋な巨大建造物で、互いにあまり見分けがつかなかった。

人工の照明が灯る夕暮れどきになって初めて、それらの名前が意味を持つ。「ハニカム（ハチの巣)」と名づけられた建物のファサードは、蜜蠟でできた六角形が積み重なっているように見えた。「キューブ」と呼ばれる建物は、不揃いな長方形が重なっているように見えた。「オーキッド(蘭)」は海に最も近く、最も眺望のいい建物だったが、特徴はわかりにくい。どんな光の下で見ても蘭の花とは似ても似つかないが、外側を覆うアルミ板には、熱帯の花を連想させる模様が描かれていた。

FTXの新社屋の外装が、サムの「サムのジュフロ」を連想させるように設計されていたのと同じだ。夜になってそこのペントハウスが紫色にライトアップされると、紫の光が建物を華やかに見せ、羨望の対象であることに慣れている人々にさえ羨望を抱かせた。効果的利他主義者たちは皆——少なくともキャロラインがサムを追い出すまでは——そこに住んでいた。ゲイリー、ニシャド、キャロライン、そしてサムの大学時代の親友であるアダム・イェディディアは、似たような寝室で眠っていた。キャロライン以外は、それぞれのパートナーと。

オーキッドのペントハウスの内部には、物欲を満たせるようなものがさらに詰まっていた。1000平方メートルもの大理石の床には、普通の金持ちなら、この物件を手に入れるためにどんな犠牲を払っても、その価値はあったと納得できる贅沢が施されていた。問題は、ここに住む金持ちたちが普通ではないということだった。効果的利他主義者たちは、すでにその素晴らしさを半ば台無しにしていた。壁の一面は、今やずらりと並ぶコンピューターのモニターで見えなくなっていて、そこから伸びるコードがジャングルの蔓のように大理石の上を蛇行していた。安っぽいイケア風の棚は、効果的利他主義者たちのお気に入りのボードゲーム(「ギャラクシートラッカー」「ウイングスパン」「世界の七不思議」、複数のチェスセットなど)の重みできしんでいた。リビングルームは巨大なビデオゲーム用のモニターに占拠されていた。

そして効果的利他主義者たちは、この物件に備えつけてあったさまざまなクリスタルや銀製の置物の脇に、捨てるのが面倒なガラクタを放置していた。サムが受け取ったものの結局読まなかった作家のサイン本、シャキール・オニールがサインしてサムに贈ったフットボール、各種プロスポーツリーグから送られた応援グッズなどだ。

事実上、彼らは3000万ドルのコンドミニアムを安アパートに変えてしまった。6階にある湾曲したバルコニーからは、途方もなく素晴らしい景色を望むことができたが、彼らはほとんど見向きもしなかった。そのすぐ下にはセミプライベートビーチがあり、バルコニーからトム・ブレイディがシャキール・オニールのサイン入りフットボールを投げ込めるほど近かった。バハマでの新生活を始めて1年、ニシャド・シンは一度だけそのビーチに足を踏み入れたが、それも親戚が訪ねてきたからにすぎない。サムと、おそらくゲイリーは、一度も足を踏み入れていない。

キャロラインがワインのグラスを持って現れ（それはここでは享楽的な行為と見なされた）、会議が始まった。FTXの資金獲得サイドからはキャロライン、サム、ゲイリー、ニシャドが参加し、資金提供サイドからはFTXの慈善部門で働く4人の社員が参加していた。彼らは、人生の決断を期待値計算に置き換えるという雇い主の習慣を共有し、彼らの内なる計算も、同様に驚くべき行動をもたらした。

2020年、アヴィタル・バルウィットはローズ奨学金を獲得したがそれを辞退し、最初にキャリック・フリンの議会選挙キャンペーンを率い、その後FTXで寄付を担当するようになった。15歳でコロンビア大学に入学し、4年後に首席で卒業したレオポルド・アッシェンブレナーは、この新しい慈善活動のためにイェール大学ロースクールへの入学を辞退した。彼らの上司である、元オックスフォード大学の哲学研究員ニック・ベックステッドも出席しており、彼らの精神的な指導者ウィル・マッカスキルもいた。マッカスキルは、サムを含む全員がこの場にいることに何らかの形で責任があった。

2012年秋にウィル・マッカスキルがサムに「寄付するために稼ぐ」という考えを受け入れさせて以降、効果的利他主義の運動は明らかに変化した。既存の人間の命を救うことよりも、未来の人間の命を救うことに関心が移ったのだ。2020年初頭、この運動の共同創始者の一人であるトビー・オードは、彼（そしてペントハウスにいた全員）が到達した思考を説明する著書『*The Precipice*（崖っぷち）』を出版する。

オードはそのなかで、人類が直面するさまざまな存亡の危機の確率について、大まかな推測を示した。恒星が爆発する確率は10億分の1、小惑星の衝突は100万分の1と見積もった。核爆弾や気候変動といった人為的リスクが人類を滅亡させる確率は1000分の1。自然発生の疫病ではなく人為的な病原体が人類を滅亡させる確率は30分の1。そして人類にとって最も可能性の高い脅威は暴走するAIだと主張し、AIが私たちの知る生活を終わらせる確率を10分の1とした。「もしそうなれば、僕らは絶滅してしまう」とサムは説明する。「生物学的リスクの場合は、たとえ本当に悪化しても、知能はないから、AIがやるように落伍者を一掃することはないんだ」

このような計算に対するひとつの反応は、それらを一種のでたらめなＳＦと見なす、というものだ。これらの事象が実際にどのような確率で起きるのかは誰にもわからないし、数字をでっち上げようとする姿勢は、この問題に対する信頼性を高めるどころか低くする。とはいうものの、こうした恐ろしいことが起きる可能性は、確かに存在する。そしてもし何らかの可能性があるなら、その確率を考えないわけにはいかないだろう。

具体的な確率に異論を唱える自由はある。しかしひとたび議論に入ってしまえば、ある種のロジックから逃れるのは難しくなる。それは、未来のすべての人類が関わる存亡の危機の可能性を、たとえほんのわずかでも減らす行為には、現在生きている人々の命を救うためのどんな行為よりも、はるかに大きな期待値があるというものだ。「核心的な論点は、『未来は広大である』ということだ。その未来に数値をあてがうことはできる。しかし明らかに、そこへ続くものにはすべて大きな乗数がかかるんだ」

いつの日か歴史家が効果的利他主義の変遷を振り返ったとき、彼らはそれがいかに容易に変容したかに驚くだろう。それは流血はおろか大きな騒動も起こすことなく、今生きている人々に背を向けたのだ。アフリカの貧しい子どもたちを救うために名声と財産を犠牲にしてきた人々が、救う対象を銀河系の未来の子どもたちに移すなんてありえないと思うかもしれない。しかし実際にそうなったのだ。このことは、この運動における感情の役割について何かを物語っている。感情は問題ではなかった。重要なのは計算だった。効果的利他主義が、普通の慈善活動がエネルギーを得るような場所から感情的な力を得たことは一度もない。常に、善い人生を送るための最も論理的な方法を求める、冷静な欲求によって動かされていたのだ。

いずれにせよ、サムのリビングに集まり、サムの資金の使い途について話し合っていた人々は、マラリア予防のためアフリカの子どもたちに蚊帳を買うことについて話し合っていたわけではない。彼らは人類滅亡のリスクを減らすための賢い方法を探していた。

寄付できる金額は劇的に増えようとしていた——あるいは、彼ら全員がそう考えていた。２０２１年に３０００万ドルを寄付したあと、２０２２年には3億ドル、２０２３年には10億ドルを寄付するペースで進んでいた。その少し前にニシャドが私に言ったように、「私たちはようやく、善を行うことについて語るのをやめ、実行に移す段階に来ている」のだ。

彼らが直近で行ったこと、もしくはこれから行おうとしていることのリストは、もうすぐ完全に無意味なものになろうとしていた。しかしあとから振り返ると、それは別の理由で興味深いものだ。彼らはしばらくの間、受け取ったばかりの提案や、資金提供をする可能性のある案件について話した。

たとえばスタンフォード大学のある経済学者は、ＡＩとバイオテクノロジーに特化した新しい大学を設立し、開発途上国の低・中所得者層の若者たちを学生の一部として迎え入れることを希望していた。大災害リスクを専門とするシンクタンクのエンジニアは、万が一９１１が機能しなくなった場合の緊急連絡用に、バックアップとなる通信衛星の打ち上げを望んでいた。アポロ・アカデミック・サーベイという組織はすでに、ＦＴＸの資金を使って、あらゆる問題に関する専門家のコンセンサスを迅速に判断する仕組みをつくりあげていた。面白いことに、このようなツールを持っているのは経済学だけだった。彼らが最初にこのツールに投げかけた質問は、「地球が小惑星によって破壊される可能性はどのくらいか」だ。結論から言えば、可能性はそれほど高くなかった。「心配事がひとつ減りました」とアヴィタルは言う。

彼らはこの活動を始めてからわずか1年で、2000件近くのプロジェクト案を受け取っていた。それらにある程度の資金は提供したものの、その過程で、従来の慈善活動のやり方はある意味でばかげているという結論に至っていた。受け取った要望——その大半は自分たちだけでは評価できない——に対処するだけでも、大規模なスタッフと多額の費用を必要とする。カネの大半は膨大な役所仕事に費やされてしまうだろう。

そこで彼らは、最近になって新しいアプローチを採用した。自分たちで資金を配るのではなく、資金の配り方について、もっと良い独自の考えを持っていそうな専門家を世界中で探したのだ。直近の6カ月間で、パンデミック防止やAIに深い知識を持つ100人が、FTXからメールを受け取っていた。その内容は、だいたい次のような感じだ。「こんにちは。私たちのことを知らないでしょうが、100万ドルを無条件で差し上げます。あなたの仕事は、それをできるだけ効果的に寄付することです」

2021年初めに設立されたFTX財団は、この人々が100万ドルをどのように使ったかを追跡したが、それはただ、彼らに資金をもっと与えるべきかどうか判断するためだった。「資金を提供してからは、簡単に批判しないようにしている」とサムは言う。「でも、追加の資金提供はしない場合があるよ」。この手法で期待されていたのは、第1に、現場の人間が誰よりも資金の使い方に精通していること、第2に、資金を配ることに天賦の才を持つ人がいるかもしれないことだ。サムは言う。「重要なのは躊躇を吹き飛ばすことだ。何もしないのがデフォルトであるという状況を変えていかないと」

効果的利他主義者たちは最初の会議を深夜に終え、翌日の夜に再開し、午前1時まで話し込んだ。ニシャドとサムがかなり話した。キャロラインはワインを飲みながら控えめに話した。ゲイリーはまったく話さなかった。サムがいつもそうであったように、彼らの動きは速かった。「もし資金の4分の1を無駄にしてしまったら、すごく悲しい。でもそれで残り4分の3の効果が3倍になったら、それは勝利なんだ」

これもまた、別のゲームだった。このゲームは、「サム、ニシャド、ゲイリー、キャロラインが巨万の富を築き、それを使って人類の壮大な歴史が終焉を迎えるのを防ぐ」というものだ。サムが愛するすべてのゲームと同様に、このゲームにも時間制限があった。彼はなぜか、自分や多くの人々は、40歳を過ぎると重要なことを成し遂げる可能性が低くなる、と判断していた。彼が睡眠も運動も食事もまともにとらず、常に静観より行動を選ぶのには理由があった。彼は急がなければならないのだ。自分の人生の後半には大きな期待値は見込めないとサムは考えていた。人類を救うために自分たちの役割を果たすには、せいぜい10年、長くても15年しかないと思っていたのだ。

結果的に、彼らに残された時間は5週間しかなかった。

2022年10月の〝最後の日々〟になっても、ジャングル小屋の間を歩き回って何かがおかしいと気づくことはなかっただろう。アスファルトの広大な敷地をジャングル小屋27番に向かって歩いていた私は、ラムニクと彼の妻マリカ・チャウラにばったり会った。ビットコインの価格が暴落していたにもかかわらず、ラムニクの気分は毎日最高値を更新していた。彼はサムの資金（少なくとも彼はサムの資金だと思っていた）を使って、暗号資産金融の世界で新しくて奇妙な役割を果たしていた。

２０１７年のブーム開始から２０２２年6月までの間に、暗号資産は伝統的な金融システムを再現していたが、そこには、従来の金融には存在するルールや規制、投資家保護が一切伴っていなかった。ブローカーも存在した。また独自の銀行や、暗号資産預金に対して暗号資産金利を支払う銀行のようなものもあった――ただし、そうした預金には保険は適用されなかった。その銀行は集めた資金を、より高い金利で暗号資産ヘッジファンドに貸し出していたが、そのヘッジファンドが借りた資金で何をしているのか、誰も本当にはわかっていなかった。単に暗号資産取引を仲介するだけでなく、顧客の資金を保管する取引所もあったが、その保管方法に規制当局はほとんど注意を払っていなかった。

さらには「ステーブルコイン」という形で、米ドルに相当するものさえ存在した。これらはビットコインと同じようにブロックチェーン上のデジタル通貨だが、ビットコインとは異なり、実際のドルに裏打ちされている。ステーブルコイン1ドル相当ごとに、米連邦預金保険公社（ＦＤＩＣ）が保証する銀行のどこかに1ドルが預けられているはずだった。しかしここでも、そのドルが現実にあるという証拠はなかった。

このシステム全体が、膨大な量の信用に支えられていた。10月末にはその信用が失われ、暗号資産業界は、昔ながらの金融危機を加速させたような状態となった。6月下旬、アラメダ・リサーチに次ぐ大手ヘッジファンドのスリーアローズ・キャピタルが破綻した。銀行やそれに近い存在が取り付け騒ぎにあい、経営破綻した。

従来の金融危機とは異なり、事態の収拾に乗り出して人々を安心させる政府は存在しなかった。２００８年の金融危機は、各国政府が銀行救済に合意して初めて沈静化したが、２０２２年の暗号資産危機には、この仕組みがなかった。代わりに暗号資産業界にいたのがサムだ。あるいは、より正確に言えば、倒産した暗号資産関連企業のうちどれを救済し、どれを見殺しにするかの判断に追われるラムニクだった。サムはかつてないほど重要な存在となり、それに伴ってラムニクの重要性も高まった。「これは信用の崩壊を反映しているんです」と、暗号資産業界の関係者は語った。「今、それはサムへの信用です」

サムへの信用は、ラムニクへの信用を意味した。彼はまさにそのとき、倒産した2つの暗号資産取引所、ボイジャー・デジタルとブロックファイの買収に関する最後の仕上げをしていた。ピーク時には、両社の時価総額は合わせて約70億ドルだった。それが今では、ラムニクはせいぜい2億ドルで両社を手に入れようとしていた。はした金だ。

少なくとも、そう思えた。ラムニクは先日サムに、買収案件のために使えると想定すべき資金はどのくらいかと尋ねていた。サムの答えは、「10億ドルに達したら教えてくれ」だった。2年前のラムニクは、ただ朝歩いて仕事に行けることを願う男だった。それが今では、暗号資産業界のＪＰモルガンともいうべきサムの右腕になっている。妻と一緒にいる彼は、喜びと栄光に満ち溢れていた。

ジャングル小屋27番に入りながら、私はラムニクの妻に言った。「このすべてをこなす方法が、どうして彼にはわかるのか、私には理解できません」

「でしょう！」と彼女は明るく答えた。「私もいつも彼にそう聞いているのよ。どうやってわかるの？って。彼には、ただわかるのよ」

9 消滅

私がバハマを留守にしたのは、ほんの1週間ほどだった。しかし戻ったときには、ラムニクをはじめ、組織図のほぼ全体が島から逃げ出していた。バハマ空港の駐車場には、会社の車のかなりの数が、キーを残したまま放置されていた。それは奇妙な光景だったろう――パニックに陥ったFTXとアラメダ・リサーチの社員が、サンダルと派手な柄物のシャツを着た無邪気な観光客の波に抗うように、我先に逃げて行ったのだ。ターミナルを通り過ぎる彼らの頭上で、空港の巨大なスクリーンがメッセージを繰り返していた――「いつでもどこでも、無料で暗号資産を手に入れよう。FTXアプリをダウンロード」。私が到着した11月11日の金曜日には、朝4時半にサムがFTXを米国で破産させる書類に電子署名していたにもかかわらず、空港の壁にはまだ暗号資産を陽気に宣伝する看板が残っていた。

午後遅くになって、ナタリーが空港に迎えに来てくれた。運転していたのは、地元の債権者たちがまだ差し押さえていない数少ない車の1台だった。前日の夜、彼女は広報責任者とサムの人生のマネージャーの職を辞していた。翌朝には、ほとんど何も持たず、また何が起きたのかを明確に理解できないまま、バハマをあとにするつもりだった。彼女はいまや皆が知っている事実を知っていた。暗号資産のトレーダーたちが所有する、そしてＦＴＸ社内で安全に保管されているはずの、少なくとも80億ドル相当の資産が、代わりにアラメダ・リサーチに入っていたのだ。その80億ドルがどうなったのか、完全には明らかになっていないが、いい話でないのは確かだった。ナタリーはそれを知ったとき泣いたという。「ＦＴＸにはアラメダ用に特別なボタンが用意されていて、それを一度押すだけで、アラメダは好きなだけリスクを取ることができました」と彼女は言う。

ほとんどのＦＴＸ社員と同じく、彼女も自分のカネをＦＴＸに預けていた。それがすべて消えてしまった。ほとんどのＦＴＸ社員と同じく、彼女も夢のなかにいたような気分だった。すでにその夢はぼやけてきていて、思い出すのに苦労した。ヴィンス・カーターと隣人だったなんて、本当に本当なのだろうか？

日曜日から水曜日の間、効果的利他主義者の一団はサムの寝室にこもり、会社の救済を試みては失敗していた。ナタリーは今、彼らの居場所や精神状態についてぼんやりとしか把握していない。水曜日、ジョージ・ラーナーはニシャドに自殺の恐れがあると判断し、彼を国外に脱出させてサンフランシスコにいる両親のもとに送り届ける手配をした。

会社が倒産しようとしていたとき、キャロラインはアジアを旅行中で、奇妙な気分のままそこに留まっていた。彼女と話した精神科医その他の人々によると、キャロラインは安堵と幸福の中間にいるようで、やはりボストン近郊の実家に戻る予定だという。ゲイリーはいつものように無口で何を考えているかわからなかったが、どうやらまだその辺にいるらしかった。そしてサム――ナタリーにはサムが本当は何を感じているのか、そもそもどこにいるのかさえもわからなかった。サムを追跡することは、もはや彼女の仕事ではなかった。

空港からアルバニー・リゾートへ向かう途中にＦＴＸのオフィスがあり、私はそこを見たかったがナタリーは不安そうだった。社用車を差し押さえる連中がいるかもしれないと恐れたのだ。それでもオフィスが近づくと、彼女はスピードを落とした。警備員詰所は空っぽだった。遮断機は下がっていたが、以前と変わらず道路をほとんど塞いでいない。アスファルトの敷地に人影はなく、車は消え、ジャングル小屋も完全に放棄されているように見えた。

そのとき、敷地の向こう側で、１人の人物が小屋を回って姿を現した。サムだった。真っ赤なＴシャツに短パンという姿で、かつての自分の帝国をぐるぐる歩き回っている。遠くからでも、シャワーとひげ剃りが必要なことがわかった。彼は私たちを待っていたかのように、歩いてきて車に乗り込んだ。そして自宅まで乗せてほしいと言ったが、そうなるともちろん、そもそも彼がどうやって、なぜここに来たのかという疑問が湧く。

「考えてみると妙だよね」オフィスをあとにしながら彼は言った。「土曜日。土曜日まではすべてが普通だった」

過去数年間に何が起きていたのかを再考する前に、ここ数週間に何が起きていたのかをできる限り再構築してみよう。サムとＣＺの間で新たな小競り合いがあったのだが、当初はそれほど大事ではないように思えた。10月下旬、サムは資金調達のために中東へ飛び、ついでに東半球でＦＴＸの第2の拠点を探した。２０２２年10月24日の夜、彼はリヤドで開催された会議で

CZとばったり会った。約3年ぶりの再会だ。彼らは短く、気まずい会話を交わしたが、それは話さないより労力がかからなかったからだ。「実質的な情報交換は何もない5分間の会話だった」とサムは言う。「表面上で感じ良くしただけだ。お互いここにいると認識する義務は果たした、という感じ」。翌日、サムはドバイに飛び、現地の金融規制当局と会談した。当時、規制当局は、FTXがドバイを東半球の本拠地とすることを望んでいた。サムは後日、彼らに伝えようとしたメッセージを書き上げた。「ドバイは大好きです」と彼は書いた。

しかし私たちは、バイナンスと同じ場所にはいられません……これには2つの理由があります。第1に、彼らは常に私たちを傷つけようと多大なリソースを費やしています。第2に、彼らはどこにいようと、その場所の評判を汚してしまいます。この点は、いくら強調しても足りないくらいです。ドバイやUAE［アラブ首長国連邦］については、他の国々や規制当局から概ね好意的な話を聞いています。ただ、常に次のような言葉がささやかれるのも耳にしています。「バイナンスを受け入れた国だからね。彼らの基準は信頼できないよ」

ドバイがCZと彼の取引所を排除すると決めたとしても、CZが喜んで住む国がFTXを受け入れるかどうかは、サムにはよくわからなかった。この森ではCZが最大の熊であり、サムはわざわざその熊をつついているように見えた。ドバイは小さな国で、首長のいるヒューストンのようなものだ。CZをホームレスの逃亡者にしようというサムの企ては、必ず彼の身に跳ね返ってくるだろう。それなのにサムは、それだけでやめようとしなかった。10月30日、バハマに戻ったサムは、CZが米国の暗号資産規制に影響を及ぼせないことを揶揄するようなツイートをした。「ええと、彼はまだDCに行くことを許されているんでしたっけ?」

その3日後の11月2日、暗号資産関連のニュースサイトであるコインデスクが、奇妙な文書に関する記事を公開した。その文書は、アラメダ・リサーチ内部の人間か、あるいはアラメダ・リサーチにカネを貸している誰かにリークされたと思われた。そのなかには貸借対照表があったが、正式なものではない。監査を受けた形跡はなく、アラメダ・リサーチの資産を完全に説明しているようにも見えないうえに、そもそも本物かどうかも不確かだった。

ただその文書には、2022年6月30日時点でアラメダ・リサーチ内部にあったとされる、146億ドルの資産と80億ドルの負債がリストアップされていた。コインデスクの記事が強調していたのは、その資産の3分の1以上が、3年前にFTXが発行したトークンであるFTTだったという点だ。

FTX内の人々にとっては、その記事は単に下世話な興味をそそるだけのものだと思われた。[*1]その投稿者の1人が、ジェーン・ストリートでキャロライン・エリソンの交際相手だったエリック・マネスの現在のガールフレンドだと誰もが気づいた。前月、そのカップルはバハマを訪れ、アルバニーにあるアラメダ・リサーチの社員の家に滞在していた――このリークは何かしらの形で、社内で発生したのだろうか? またこの記事には、ドラゴンの巣を垣間見るスリルもあった。

ただ、このニュースがFTXの誰かを警戒させたり驚かせたりすることはなかった。FTT

は実質的にＦＴＸの株式であり、ＦＴＸの収益の3分の1に対する権利を有していた。ＦＴＸは２０２１年に10億ドルの収益を上げており、暗号資産の価格が暴落したとはいえ、２０２２年には再びその水準に到達しようとしていた。２０１９年にＦＴＴの価格が急騰して以来、繰り返し表明されているサムの最大の後悔は、そもそもＦＴＴをつくって売ってしまったことだ。それ以来、彼はアラメダ・リサーチ内でＦＴＴを吸い上げていた。

11月6日、日曜日の朝、ＣＺは７３０万人のフォロワーに向けて、こんなツイートをした。

> CZ ◆ Binance
> @cz_binance
> 昨年のＦＴＸ株式からの撤退の一環として、バイナンスは現金にして約21億米ドル相当の暗号通貨（ＢＵＳＤとＦＴＴ）を受け取った。最近明らかになった事実を踏まえ、当社では帳簿に残っているＦＴＴをすべて清算することを決定した。

ＣＺは、２０２１年半ばにＦＴＸ株を22億７５００万ドルでの売り払った際に代金の一部として受け取った、約5億ドル相当のＦＴＴをまだ保有していた（残りの大部分はビットコインとドルで受け取ったが、当初の株式取得に使用したバイナンスの独自トークンであるＢＮＢも約4億ドル相当取り戻していた)。サムはコインデスクの記事と同じく、そのツイートについても深く考えなかった。

11月5日の土曜日、彼は弟のゲイブ、ライアン・サラメとともに、パームビーチでフロリダ州知事のロン・デサンティスと会談した。この会合に特に目的はなかった。基本的に米国の政界、金融界の誰もがサムに会いたがっており、デサンティスも同様だった。そしてサムも、いつか献金を頼まれるかもしれないこの人物について知りたかった。「理性的な人物からトランプまでの間で、彼がどのあたりにいるのか見極めたかったんだ。でも、わからなかったよ」

会談のあと、彼は翌日にタンパに飛び、トム・ブレイディ率いるバッカニアーズ対ロサンゼルス・ラムズの試合を観戦する予定だった。その試合は、ブレイディがまたもや土壇場で勝負を決めるタッチダウンを見せる、スリリングな展開となった。しかし、試合を観戦したのはゲイブとライアン・サラメだけだった。サムはそのころにはもうバハマに戻り、別の試合の決着を迎えていたのである。

FTXの取り付け騒ぎは壮絶なものとなった。取引所には150億ドルの顧客資金があった。正確には、それに相当する金額が法定通貨、ビットコイン、またはイーサリアムで保有されているはずだった。通常の日には、5000万ドルほどが取引所に出入りしていた。しかし11月1日から5日までの間に、毎日2億ドルが流出した。そして6日の日曜日の深夜には、毎時1億ドルが引き出される状態となった。

FTXの顧客はその日に20億ドルを引き出し、さらに月曜日には40億ドルを引き出そうとした。火曜日の朝までに50億ドルが流出し、取引所が膨れ上がる顧客の要求に応えられるだけの現金を用意できないことは明らかだった。正式には引き出しを停止しなかったものの、実際には顧客への返金を多かれ少なかれ止めていた。

この出来事のスピード以上に興味深いのは、そのきっかけとなった事件だ。CZのツイートが最初であることは明らかだが、それが最後でもなければ、おそらく最も重要なものでもなかった。キャロラインは日曜日の朝、CZにこう返答していた。

> Caroline
> @carolinecapital
> @cz_binance もしFTT売却による市場への影響を最小限に抑えたいのであれば、アラメダが喜んで本日中にすべてを単価22ドルで買い取りますよ!

その口調——明らかに何か他の動機を隠しているような、陽気で単純な表現——はサムによく似ていたが、実際にキャロラインがこのツイートを書いていた。彼女もサムも、CZが取引に応じるなどとは予想していなかった。CZはFTXに対するダメージを最大限にしたいと考えており、そのために、できるだけ長く不確実な状態を引き延ばすだろう。具体的な額で買い取るという話が彼を黙らせ、市場を落ち着かせるだろうというのが、彼らの目論見だった。

それは逆効果になった。次に起きたことを誰よりもよく理解しているのは、さまざまな暗号通貨の価格動向を調査しているリスク分析会社のガントレットだろう。キャロラインのツイートから20秒以内に、FTTを購入するために資金を借りていた投機家たちが、争うようにFTTを売却しはじめた。

このパニックは、ある仮定によって引き起こされた。もし、FTTの最大の所有者であるアラメダ・リサーチが、それを22ドルという価格で大量に購入する意志をおおっぴらに示しているなら、彼らは22ドルという市場価格を何らかの理由で維持する必要があるに違いない。そしてその理由について、最も説得力のある説明は、アラメダ・リサーチがFTTを担保として使い、他からドルやビットコインを借りていたというものだった。ガントレットのCEOタルン・チトラはブルームバーグ・ニュースに対し、「その価格が必要だという確信がない限り、22ドルなどという価格水準を誰かに伝えることはありません」と語っている。月曜日の夜までに、FTTの価格は22ドルから7ドルに急落した。CZが処分することにした5億ドルは、物事の大枠から見れば些細な金額であり、誰もそれ以上注目することはなかった。

火曜日になると、計算は小学4年生でもわかるようなレベルになっていた。危機の前、FTXには約150億ドル相当の顧客預金があることになっていた。[*2] そのうち50億ドルはすでに顧客に支払われていたので、FTXの内部には約100億ドルが残っているはずだ。しかし、そうではなかったのだ。残っている資産は、アラメダ内に残されたドラゴンの宝だけだった。

FTTの山、ソラナトークンの山、さらに売却が難しいさまざまな暗号通貨、3億ドル相当のバハマの不動産、サムによるベンチャーキャピタルへの文字通り山のような投資——これには、サムが売ろうとしなかったツイッターの株式が含まれていた。顧客に返還されていない現金やビットコインはまだおそらく30億ドル分あったが、秘密の蓄えの大部分は直ちに市場で売却できるようなものではなかった。

FTXへの取り付け騒ぎが起きてから最初の2～3日間、キャロラインとサムが何度もやりとりしていたのは、まさにこのことだった。そのころは香港オフィスにいたキャロラインが、画面に映る。サムは、彼または彼女が購入したもののリストを読み上げ、これを売るのにどれくらい時間がかかる？と尋ねる。たいていの答えは、「かかりすぎます」だった。

11月6日の夜、サムはラムニクに電話し、カネの工面について話し合うためアルバニーにある自分の部屋に来るように言った。サムは20分間隔で2回電話をかけてきたが、彼がそれまで同じ件で二度も電話してくることなどなかった。ラムニクは三重に混乱していた。サムはフロリダにいて、トム・ブレイディのアメフトの試合を見てるんじゃないのか？　それに彼が住んでいるのは「ジェミニ」の1階じゃなくて、他の効果的利他主義者たちと一緒に「オーキッド」のペントハウスに住んでるんじゃないのか？（FTX社内のほぼ全員同様、彼はまだサムとキャロラインが付き合っていたことを知らなかった）。そして何より、サムはなぜそんなに緊急でカネが必要なんだ？

ラムニクはFTXから資金が流出していることには気づいていたが、それを大したことだとは思っていなかった。顧客はパニックになって全額を引き出すかもしれないが、パニックになるようなことは何もないとわかれば、彼らと共にカネも戻ってくるだろう。

ラムニクはずっと徒歩で出勤したいと思っていたが、それが実現していた。彼は自宅（「キューブ」1B）を出て、アルバニーのマリーナ周辺を歩き、眠っている超大型ヨットの横を通り過ぎた。それぞれのヨットには、内輪受けや悪い冗談のような名前がついている。スペシャルK〔幻覚剤〕。パイプ・ドリーム〔夢想〕。ファンタ・シー〔幻想（ファンタジー）のもじり〕。辺りに人がほとんどいないのが不思議だった。昼間でも人より船のほうが多く、夜になるとリゾート全体が閑散とした。ここは金持ちが、「金持ちならそうするのが当たり前」という理由で、必要のない家を買う場所だった。

ジェミニにあるサムの住居に入ると、そこには効果的利他主義者しかいなかった。ニシャドはリビングにいて、キャロラインはビデオ画面に映っている。サムは横になるために寝室に向かおうとしていた。サムは支離滅裂というほどではないが、会話をするのが難しい状態だった。ニシャドはラムニクが見たことのないほどサムに激昂していて、あるときはサムのほうを向いて「頼むからストーリーブック・ブロールをプレイするのをやめてくれないか?!」と叫んだ。

彼らが話していることは、ラムニクにはまったく理解できなかった。キャロラインはアラメダ・リサーチの責任者だったが、アラメダのカネがどこにあるのかまったく把握していないようだった。彼女は画面から、ここで2億ドル見つけたとか、あそこで4億ドル見つけたとか、まるで科学的な発見をしたかのように発表している。バハマのデルテック銀行の男がラムニクに、「そういえば、うちには3億ドルの預け入れがありますよ」とメッセージで伝えてきた。そして、その事実を全員が知らなかった!

最終的にラムニクは、70億ドルを迅速に調達する必要があることを理解した。それは70億ドルと思われる穴を埋めるためだった(正確な数字は最初の数日間で大きく変動した)。ラムニクが「そもそもどうして穴が空いたんだ?」という当然の質問をすると、サム、ニシャド、キャロラインからは曖昧な答えしか返ってこなかった。ゲイリーは少し離れたところで黙って座っていた。

ラムニクはゲイリーの隣のデスクで6カ月間仕事をした。「彼は会社に来て、座り、仕事を始め、12時間ぶっ通しで働くんです。来るときも帰るときも一言もしゃべりません」とラムニクは言う。ゲイリーはいつも昼過ぎまで出社しなかったが、ある日午前11時に現れたことがあり、ラムニクはそのことをきっかけに会話を始めようとした。

「今日はいつもより早く来たね。まだ11時だよ」

「それも午前のね」とゲイリーは返した。

それが、彼らの交わした唯一の会話で、今、ゲイリーは二度目の会話をしたそうには見えなかった。いつものように、サムがほとんどしゃべっていた。もしそのときラムニクに、「サムは何を知っていて何を知らないと思う?」と質問していたら、「サムは実際に何が起きたのか知らないんだ」と答えただろう。サムは不意を突かれたのだ、と。ラムニクは考えていた――もし彼らが資金不足になるリスクがあると知っていたら、なぜ手持ちの資金がいくらあるか調べもしなかった? 彼らは何もしてなかったじゃないか。

翌日の昼食後、FTXの弁護士であるカン・サンが姿を現した。サムはラムニクを呼んだのと同じ理由でカンを呼び出していた。投資家と話し、70億ドルの資金調達を手伝わせるためだ。カンもまた困惑していた。「彼らは、資金がどこに行ったのかという質問に直接答えようとしませんでした」と彼は言う。「私が部屋に入っても、資金が不適切に扱われていたことを誰も認めようとしませんでした。カネなら全部そこにある、ただ流動性の問題を抱えているだけだ、と」。サム、カン、ラムニク、それに他の人たちも、政府系ファンドやプライベート・エクイティ・ファンド、アジアの暗号資産取引所など、70億ドルを迅速に提供できる可能性のあるところに片っ端から電話をかけた。

しかし結局のところ、なぜ必要なのかを説明できないのに70億ドルを提供してもらうのは難しい。それがすぐに必要となればなおさらだ。多くの人々がサム、カン、ラムニクと話す気はあったが、全員が同じ質問をした。「顧客の預金はどこに消えたのか？」。その質問に答えが得られなかったため、70億ドルを用意できる人は皆、興味を失った。

そのような大金を出せる人のなかでただ1人、実際に出してもいいと名乗り出た人物がいた――CZだ。言うまでもなく、CZはサムにとって、カネの無心などしたくない相手だった。サムがCZに電話したのは火曜日になってからだった。「CZに電話したら、めちゃくちゃ怒ってて。だからひたすら謝った。3時間後にLOI［意向表明書］にサインしたんだ」。この合意は、FTX USの負債を引き受けるのと引き換えに、FTX USを除いた会社全体をバイナンスに譲渡するものだった。また、FTXとアラメダ・リサーチの帳簿を監査する権利もバイナンスに与えられた。

これによりCZは、部外者として誰よりも先にこのドラゴンの巣を覗き込み、FTXとアラメダ・リサーチのなかで一体何が起きたのかを把握している、もしくは把握しているように見える立場を得ることになった。

翌11月9日水曜日の夜、CZは自分が見たものが何であれ、そのせいで考えが変わったと表明した。サムはこのニュースをツイッターで知ることとなった。

Binance
@binance
デューデリジェンスの結果、ならびに顧客資金の不適切な取り扱いや米国機関による調査の可能性に関する最新のニュース報道を踏まえ、私たちは FTX.com の買収を追求しないことを決定しました。

Binance
返信先：@binance さん
私たちは当初、流動性を確保することでＦＴＸの顧客を支援できると期待していましたが、この問題は私たちが制御、あるいは支援できる範囲を超えています。

まだ逃げ出していなかった社員も、このとき一斉に空港へと急いだ。それぞれに切迫した理由があった。ニシャドは自殺を口にすることが増えていた。カンは妻から、今すぐ逃げ出さなければ離婚すると告げられた。ラムニクは自分を外から見えない裏方だと考えていたが、複数の殺害予告を受けていた。ＦＴＸ内にあるはずの資金が実際にはアラメダに流れていたのを知らなくて良かった、と思った。妻が救ってくれたのだ、という考えが頭をよぎった。なぜなら、彼に話すことは彼の妻に話すことに等しいと誰もが知っていたからだ。効果的利他主義者たちは、信頼できる人を１人は増やせるが２人は無理だったのだ、と彼は思った。

水曜日の夜までに、効果的利他主義者たちの小さな輪のなかでも信頼は消えかけていた。キャロラインはそれでも明るさを保ち、サムにその理由を説明さえした。日曜日に彼に宛ててこう書いている。「長い間、いつかこの日が来るんじゃないかという恐怖が次第に大きくなって、私を苦しめていました。でも、それが実際に起きた今、どんな形であれ終わらせることができて本当にホッとしています」。バハマ時間の火曜日未明、彼女は別のメッセージを書いた。「終わらせることができて、妙なくらい、いい気分。ずっとこれを怖がっていたから、肩の荷が下りたみたい」。翌日、CZがFTXの買収について心変わりしたとツイートする4時間前、彼女は香港支社の部下たちに語りかけた。「ええと、とりあえずいくつか話すことから始めるから、質問があったら自由にして」と、彼女は緊張した面持ちで笑いながら話しはじめた。

キャロラインの考えははっきりしていたが、言葉遣いは疑問符と感嘆符だらけだった。語尾を上げ、不安げな声を出しながら、冷酷なほどシンプルなメッセージを伝えた。私たちは破産したのだ、と。彼女は詳細には触れなかったが、アラメダが損失を出したのは6月のことで、そのとき大手の暗号資産貸付業者からも返済を求められたのだ、と説明した。そこで、アラメダは返済に充てるためFTXから「借りた」のだ、と。そして今や――彼女の知る限りでは――FTXがCZに売却された以上、アラメダもおそらく存続しないだろうと語った。「とにかく、ごめんなさいというのがいちばん言いたいことかな?」と彼女は言った。「本当に最悪。みんなにとって本当に不公平なことだと思う」。後始末しなければならないような事態を手伝いたくない人もいることはわかっている、でも「残ってくれる人には、もしかしたら何らかの未来があるかも」。彼女はCZとの取引に希望的観測を述べて締めくくった。「すべての債権者に返済して、アラメダの破綻を回避するのは、たぶんいいことだよね？」

彼女が話し終わると、トレーダーの１人が質問した。「負債はどれくらいですか？」

言えません、とキャロラインは答えた。

彼は食い下がった。「10億ドルと60億ドル、どちらに近いですか？」

「えーっと、後者？」とキャロラインは答えた。

社員への発表後、キャロラインは１人の女性社員に近づき、明るく声をかけた。「もし残って手伝ってくれたら、本当に感謝するわ！」

「ふざけんな」と女性は吐き捨てた。

キャロラインが自身の罪を嬉々として語る一方で、ニシャドは惨めな様子で自身の無実の証拠を探していた。危機の当初、彼の主な心配は、効果的利他主義の夢が潰えてしまったこと、FTXからカネを借りていた彼自身を含む全員が、資産がなく、会社にまだ借金があるため、すぐに破産するだろうということだった。

月曜日の午前4時、彼はキャロラインに、「この件で効果的利他主義に悪いイメージがつくのが残念だ」というテキストメッセージを送信している。11月9日水曜日になると、彼の心は自身の法的危機に向かっていた。彼はサムに、「ものすごく自分勝手な考えだけど、それは大勢の人間で仕組んだことではない、と彼らに伝える必要があるかもしれない」というメッセージを送ったが、「それ」が何で、「彼ら」が誰であるのかは明確にしなかった。彼は続けて、「非難の矛先を君だけに、あるいは君とゲイリーだけに向けさせることは可能だろうか？」というメッセージを送った。そして3通目には、「僕はこの仕掛けに気づいていなかった、とゼインに伝える必要があると思う」と書いた。

その夜、ニシャドはゲイリーとサムだけとのミーティングを要求した。３人が部屋で顔を合わせると、ニシャドはこう切り出した。「もし法執行機関や規制当局から接触があった場合、どうなる？」

「どういう意味？」とサムは聞き返した。

「囚人のジレンマのなかで、どうやって協力するんだ？　どうやってお互いの無実を主張し合う？」とニシャドが続ける。

「僕らのうちの誰かが犯罪の意図を持っていたとは思えないけど」とサム。

「いや、それじゃ不十分だ。君から彼らに話してもらわないと。僕が何も知らなかったと証言してほしい」

「どうしてそんなことがわかる？」とサムは言った。「僕が何も知らなかったことについて、君が何も知らなかったって言ってほしいだって？　そんなのできっこないだろう。意味がわからない」

「でも、本当に知らなかったんだ」ニシャドが言い返す。

「じゃあそう言えばいいじゃないか」とサム。

「僕の場合はそれではまずいんだ。僕のしたことはコンピューターのプログラムのなかに証拠として残っているから」[*3]

ゲイリーは最初から最後までただ見ているだけで、その週ずっとそうだったように、一言も発しなかった。まるで自分が口にする可能性のある言葉について期待値を計算したあげく、しゃべっても得にならないと判断したかのように。

金曜日、ニシャドは姿を消した。それはいいタイミングだったと言えるだろう。その時点で、バハマ警察が残っている幹部たちを逮捕する準備を進めていたからだ。その日の午後、およそ4億5000万ドル相当の暗号資産がFTX内のウォレットから消えた。その犯行に及んだハッカーが誰なのかは誰にもわからず、誰もが内部犯行を疑った。多くの人々が、特にサムとケイリーを疑った。その夜、サムはキャロラインに電話したが、彼女がこたえることはなかった。そして二度と応答することはなかった。

混乱のなか、このドラマの登場人物全員をバハマに招いた張本人である女性が介入した。バハマの金融規制の最高責任者、クリスティーナ・ロールである。彼女は、サムを中心として成長し、彼を利用して大成功を収めた日和見主義者たちで溢れる金融エコシステムが、これほど早く崩壊してしまったことに心底ショックを受けていた。そしてサムのカネを取っていった人々が、彼が何をしたのか正確に知らないにもかかわらず、彼を裏切っていく様子にも。

サムが皆にカネを配っていた間、人々は彼を愛し、誰も彼に多くの質問はしなかった。しかし彼がカネを失うと、人々は彼を裏切り、彼らがした質問に対するサムの答えを聞くことさえ拒否した。彼女は、誰が何をしたのか誰も何もわかっていない状態で、警察が人々を逮捕しようとしていることを問題視した。

当局関係者はまだ誰も、サムや、FTXとアラメダの幹部と話をしていない。誰もがツイッターで読んだことしか知らない。彼らを犯罪で告発できる証拠はなかった。バハマでは、詐欺は故意でなければならず、今回の件では意図が不明確だった。明確な証拠がない限り、逮捕しても長くは拘束できない。

ロールがサムとゲイリーの逮捕に反対したもうひとつの理由は、何が起きたかを理解するために2人の助けが必要だったからだ。サムは今週ずっと、彼女からの電話に出なかった。水曜日の午後、彼女はようやくFTXの共同CEOであるライアン・サラメ（トム・ブレイディの試合のあとは米国に留まっていた）と、FTXの米国事業を担当する弁護士、ライン・ミラーとZoomで話をすることができた。彼らは資金がFTXからアラメダに移動されたことは認めたが、それがどのように、なぜ起きたのかはわからないと述べた。「CEOを務める人物でありながら、この程度しか理解していないのはおかしいと思いました」とロールは言う。

それは奇妙な状況だった。FTXの社内の人々は皆、実際よりも知らなかったように見せかけはじめ、FTXの社外の人々は皆、実際よりも知っていると思い込んだ。ツイッター上では、またたく間に噂が事実となり、事実がストーリーになり、ストーリーが説明になった。サムは数十億ドルを手にして逃亡中、ということになっていた。サムはドバイ、あるいは米国との犯罪人引渡し条約のないどこかにいる、とされた。誰かが、ブエノスアイレスの通りをさまよっているとされるサムらしき男の動画を投稿した。

クリスティーナ・ロールは、サムが逃げるとも、数十億ドルを隠しているとも思っていなかった。彼女がいちばん心配していたのは、質問をしてもサムがまともに答えてくれないことだった。「サムは、なぜ人々が自分を信用しないのかわかっていないと思います」と彼女は言う。「人は、彼が他人をボードゲーム上の駒のように扱っているのが、すぐにわかるんです」

彼女は木曜日にＦＴＸの資産を凍結し、実質的に、バハマで破産に相当する措置である清算手続きへと追い込んだ。金曜日（私が到着した日だ）、サムはバハマの清算人と会うために、父のジョーに元ＦＴＸオフィスまで送ってもらった。3時間後、サムと清算人がその日の作業を終えた。ロールは翌日に警察本部で彼女と面会するようサムに求めた。彼女はゲイリーにも聞き取りを行いたいと考えていたが、清算人がＦＴＸ資産の保全に彼を必要としていたため、ゲイリーからの聞き取りは翌週の月曜日まで延期された。数時間にわたってサムに厳しい質問をしたあと、ロールはその様子を見ていた部下と共に車に乗り込んだ。部下は泣きはじめ、「彼を逮捕させないでください」と懇願した。ロールは逮捕させなかった。代わりに警察を説得してサムとゲイリーのパスポートを取り上げるに留めた。だから私がナタリーとＦＴＸの駐車場に行ったとき、逮捕されなかったサムが、1人ぐるぐると歩き回っていたのだ。

金曜日の夜までに、舞台を降りるのを待つ——そしてこの芝居の意味を他の人に見つけてもらうのを待つ——人々は、たった2人になっていた。1人目はゼイン・タケットだ。ゼインがまだ近くにいるかもしれないと聞いた私は、翌日の11月12日土曜日に彼を見つけ出した。ゼインは他の誰もしなかったことをしていた。銃撃戦が始まったとき、その場から逃げ出すのではなく、そちらに向かって走ったのだ。

前の週の日曜日、彼はリスボンで開催された暗号資産のカンファレンスに参加しており、その後ＦＴＸがスポンサーを務めるＦ１レースのためにアブダビに向かおうとしていた。しかし今、彼はアルバニーにある部屋の大理石の床を歩き回り、乾燥機からバッグへと衣類を移しながら、ラム酒をボトルから飲んでいた。

当初からゼインはサムと、サムが創造しようとしていた暗号資産帝国に夢中になっていた。しかしやみくもに加担したわけではない。ＦＴＸに参加する前、彼は暗号資産業界の昔からの友人たちに相談していた。その1人がＣＺだった。「サムのことを教えてくれたのはＣＺです」と、彼は振り返る。「彼は『君にとって本当にいい選択肢だと思う』と言ったんです。人から、『どうしてそんなにサムを信用できたの？』と尋ねられるけど、ＣＺがきっかけです。それに誰もサムのことを悪く言わなかったし」。ゼインは、法を守るように見える人々と一緒に、町に立派な家を建てるよう説得されたガンマンだったのだ。ゼインを信頼してＦＴＸに資金を預ける大物の暗号資産投機家も大勢いた。

もちろん、そうした人々も、これまでの2週間の様子を見て疑念を抱くようになっていた。彼らもツイッターを見ていたからだ。しかし日曜日、事態が明らかになりはじめ、ゼインがサムに指示を仰いだとき、サムが命じたのは皆を安心させるようにということだった。「サムに連絡して、『ダメージコントロールしたほうがいい？』と聞くと、『うん』と答えました」。その後、ゼインはサムに3つの質問を投げかけた。「第1に、我々は破産状態なのか？　第2に、顧客の資金をアラメダに貸し出したことはあるか？　第3に、僕が質問していなくて知っておくべきことはあるか？」。サムは返信せず、その後完全に音信不通になった。彼はクリスティーナ・ロールの前から姿を消したように、ゼインの前からも姿を消したのだ。

それでもゼインは、ＦＴＸが深刻な危機に陥っているはずがないと考えていた。そんなことはありえないと思っていたのだ。ＦＴＴの価格が取引所の価値に影響を与えるはずがない、それはアップルの株価が iPhone の売上に影響を与えるはずがないのと同じだ。実際はまったく逆で、取引所の収益がＦＴＴの価値を動かしているんじゃないか。「ＦＴＴがゼロになったとして、それが何だっていうんです？」

危機などありえないと彼が考えたもうひとつの理由は、ＦＴＸが非常に大きな利益を上げていたことだ。「僕は、我々が実際にどれだけ儲かっていたか知っています。毎月２５００億ドルの取引量に対して２ｂｐ［０・０２％］の収益でした。まるで紙幣の印刷機の上に座っていたようなもんです。悪いことをする必要なんかありませんよ」

月曜日の夜遅くまで、ゼインは友人たちにすべてが順調だと伝えていた。取引所から流出した資金は、逃げ出すことを何とも思わない人々のものであり、残った資金、少なくともその一部は、困難なときも味方を支えるというゼインの信念を共有する人々のものなのだから。「あのクソ野郎は、僕がかばってやったのに、どうして何も教えてくれなかったんだろう？」と彼は言い、サムにぶつけた言葉を繰り返した。「おまえは自分のために僕に嘘をつかせたんだ。くたばれ」

彼は効果的利他主義者たちとはまったく違っていた。サムの「ボブをどう考えるか」に対する関心は彼にはなかった。もしボブがゼインの親友で、ボブが未解決の殺人事件の犯人であるという証拠がなかったら、ゼインはボブのことをそれまでと同じように考えるだろう。ボブを支え、彼の気持ちを楽にしようとするだろう。しかし、もしボブが裏庭で血まみれのナイフを埋めているところに出くわしたら、確率を再考したりせず、その場で彼を撃ち殺すだろう。少なくとも私は、今でもゼインがそういう人物だと考えている。

　彼は火曜日に辞めていった。そしてマイアミに向かったが、その先は未定だった。どのような道を進むにせよ、サムが何をしたか、その理由は何かを探って時間を無駄にするつもりはなかった。ゼインにとってはどうでもいいことだ。ひとつだけ残った疑問は、なぜ自分を含めて誰も、この事態を予見できなかったのか、ということだ。それに対する答えの糸口は見えていた。「サムの風変わりなところです。彼の風変わりさと並外れた知性によって、多くの懸念を振り払えたんです。なぜ？という疑問が消えてしまったんですよ」

　サムと他の関係者に法的裁きを下すのは誰か、そして彼らの後始末をするのは誰か、という問題が残った。サムが米国で破産申請する書類に署名する前日、バハマはＦＴＸを清算する方向に動き出していた。アラメダ・リサーチと米国内の小さな取引所は、デラウェア州で法人登記されていた。取引の大半が行われていたＦＴＸの大規模な国際暗号資産取引所は、香港で設立されていた。アンティグアに登記され、現在はバハマに本社を置くこの中核となる暗号資産取引所は、米国民の利用を禁じ、それを徹底させていた。取引を行っていた米国民がいるとすれば、不正な手段を使っていたことになる。これらのことから、サムへの裁きとＦＴＸの清算手続きはバハマで行われるべきだという主張があり、そこには十分な説得力があった。

　一方で、訴訟に関わることで巨額の報酬が見込める米国の破産弁護士たちは、すべての資産とそれを管理する人物全員を米国に移すべきだという、やや無理のある主張を展開していた。そしてサム自身は第３の主張として、どのような判断が下されようと、それはゲイリーがいる場所でなされる必要があると訴えていた。なぜなら、ビジネスを管理していたプログラムを説明できるのはゲイリーだけだからだ。「結局のところ、管轄権争いの決め手となるのはゲイリーなんだ」と、ゼインが去った夜にサムは言った。「コンピューターの使い方がわかるのは彼だけなんだから」

ゲイリーが最後に退場する人物となった。彼はオーキッドのペントハウスでサムを引き止め、ごく短いものだったが、彼と会話した。

「弁護士と話して、ここを出ることにした」とゲイリーは言った。

「ここに関係することで、何か言っておきたいことはある?」サムが尋ねる。

「弁護士に出るように言われたんだ。だから出なきゃ」とゲイリーは答えた。[*4]

それだけだった。ゲイリーはいつ、どのように去るつもりなのかを明かさなかった——パスポートをバハマ政府に没収されていたため、それは重大問題だった。日曜の夜、ゲイリーは誰とも話すことなく、誰にも気づかれずにオーキッドのペントハウスから姿を消した。彼を密かに連れ出した弁護士は、米国の当局と手筈を整え、バハマ政府に事態を察知される前に、別のパスポートを発行して密航させる段取りをつけていた。クリスティーナ・ロールは彼と話す機会を永遠に失ってしまった。

10 マンフレッド

逃げる必要を感じた人々が逃げ出したあとのアルバニー・リゾートは、まるでハリケーン・カトリーナに襲われた翌週のニューオーリンズのようだった。人影はなく、物だけが散乱している。表面上は静寂に包まれていたが、奥には混乱が渦巻いていた。十数棟ある高級コンドミニアムのどれにでも入ることができ、そこには食料や衣類も残されていた。ハニカムやキューブなどの、最も贅沢な5ベッドルームのユニットには、山ほどの中国のお菓子、あらゆる場面に対応できる服、それに海賊船を沈めるのに十分な量のアルコールがあった。

サムの両親はバハマに飛び、息子と一緒にオーキッドのペントハウスに最後まで留まるつもりだったし、彼のセラピストもそのつもりだった。FTXの技術者の1人、ダン・チャプスキーという人物も残っていたが、彼は特殊なケースだった。チーフ・データ・サイエンティストという肩書を持っていたが、サムは彼が誰なのか、何をしているのか、なぜ留まったのかをほとんど知らなかったし、それを言えばダン自身にもわからなかった。破産が申請された金曜日、彼は空襲を受けたような虚ろな表情で自分の高級コンドミニアムから現れ、ジョージ・ラーナーを探し回った。

「なぜ僕はここにいるんだろう？」彼は尋ねた。

ジョージはしばらく彼の目をじっと見つめ、「君はここを去るべきだ」と答えた。

理由はわからないが、ダンは去らなかった。彼はすぐに米国とバハマの破産手続きチームの両方に雇われ、その直後、残された会社の資産をめぐる両者の争いに巻き込まれることになる。どちらのチームもＦＴＸのデータベースの中身を解明するために誰かの助けが必要で、ダンは残された人物のなかで、唯一コンピューターの使い方がわかる人物だったのだ。


ピーク時には、アルバニーにはＦＴＸとアラメダ・リサーチの社員と関係者が70人も滞在していた。しかし11月14日月曜日に、ジョージやダン以外にＦＴＸ関係者がいるらしい気配があるのは、サムの住むオーキッドの背後にある家だけだった。

その家は「コンク・シャック」と呼ばれ、ライアン・サラメが購入した高級物件で、６ベッドルームの素晴らしい住宅であるだけでなく、アルバニーにしては珍しく周辺の環境に調和していた。ライアンは１５００万ドルを支払い、当初はサムがこの家に住むことを想定していた。サムは家を一目見て、いくつかのベッドルームが他よりも大きいことに気づくと、他の効果的利他主義者たちと同じ条件で暮らせるオーキッドのペントハウスに住むと決めた。

コンク・シャックはコンスタンス・ワンに渡された。コンスタンスは、サムの内輪の効果的利他主義者たちを除けば、バハマにいた社員のなかで最も長くＦＴＸに在籍していた。２０１９年４月１日に採用され、ＦＴＸでは最初の中国人社員であり、全体でも８番目の古参だ。取引所が崩壊したとき、彼女はＣＯＯ（最高執行責任者）の肩書を持ち、ＦＴＸデジタル・マーケッツのCEOでもあった。他の同僚たちが逃げ出したあとも、2匹の猫と共にコンク・シャックに残った。

ラッキーとマネーと呼ばれていた猫たちがネックだった。2匹を中国に連れ帰る許可証を得るには数週間かかるうえに、航空会社は一度に1匹しか搭乗させられないという。もし選ばなければならないとしたらラッキーを選ぶだろうが、マネーを置いていくのも考えられず、コンスタンスはその選択をしなくて済むことに安堵していた。親友であるクイン・リーが、彼女を助けるために残ってくれたのだ。クインは、ナタリー・ティエンやゼイン・タケットらと共に、例の組織図でコンスタンスの下にいた48人のうちの1人だった。「彼女は私のために残ってくれました」とコンスタンスは言う。「猫たちを連れ帰るには、彼女の助けが必要なんです」

ペットのためにリスクを冒す人を目にするのは、これが初めてではない。ハリケーン・カトリーナのときも似たような光景を見た。しかし、ラッキーとマネーだけがコンスタンスの残った理由でないのは明らかだった。ペットの渡航書類を手に入れたあとも、彼女はバハマに留まったのだから。

サムにはまだ、取引所を復活させられるかもしれないという一縷の望みがあった。その望みは、ある計画を携えてサムに近づいてきたジャスティン・サンという中国生まれの暗号資産長者に託されていた。ブロックチェーン「トロン」の創設者であるサンはFTXの債権者たちに対し、残りの資産に対する請求権と引き換えに、自身の暗号通貨「トロニクス」を渡そうとしていた。この計画のために北京語を話せる人間が必要だと悟ったサムは、コンスタンスに残ってくれるよう頼み込んだのだ。彼女はジャスティン・サンの計画には不信感を抱いていたが、

「サムが自殺しないように見届けたいんです」と言った。「ときどきは、それは私の役目じゃないと思いますが」

しかし何より、コンスタンスは何が起きたのかを知りたかった。FTXのCOOとしてバハマに留まり、勾留や逮捕の危険を冒しながらも、FTXがどのように運営されていたのかを知りたいという気持ちが、彼女を動かしていた。「私は物事を理解するのが好きなんです。理解できないと、本当にイライラします」

FTXが崩壊したあとの月曜日の朝、私はこの2人の若い中国人女性を、コンク・シャックのキッチンで見つけた。コンスタンスは、FTXとアラメダ・リサーチの機密文書になりうる書類を、わずかながら確保していた。クインは、それまでFTXの社員が住んでいた家やアパートで新鮮な野菜を探そうとして失敗したところだった（すでに住居は施錠され、警備員が立っていた）。2人とも中国にいる両親の対応に手を焼いていた。調査が終わるまで帰国しないと伝えたところ、彼らがパニックになってしまったのだ。メディアが今回の騒動を煽っており、中国でもサムとFTXの話題で持ち切りだった。「FTXの名前が知れ渡りました」とコンスタンスは言う。「FTXが目指していたのはまさにこの状態です。倒産で達成できました！」

2人はそれぞれの方法で両親を黙らせようとした。クインは、サムの両親がバハマに残されていて、慰める人がいないと母親に力説した。「ママに『2人は年寄りで、誰も一緒にいないのよ』と言ったんです。そしたらママは『私も年寄りでしょ！』と言いました」。一方コンスタンスは母親を黙らせることができたが、それはこう言って脅したからだ。「もしこれ以上電話をかけてきて怒鳴りつづけ、今の状況に片をつける機会を与えてくれないと、悲しさが限界を超えて気持ちをコントロールできなくなり、生きていられないかもしれない」。コンスタンスの作戦に感心したクインは、自分も母親に同じことを言ってみた。「ママに『すごく落ち込んでるの。もっと落ち込ませたいの？　これ以上何か言われたら、私、自殺しちゃうから』と言いましたが、全然ダメでした！『おまえにはもう十分同情したよ！　仕事ばっかりして、まだ彼氏もいないんだから！』ですって」

クインを相談役にして、コンスタンスが調査を主導した。彼女は事態に困惑していたが、強い意欲があった。彼女がサムに会ったのは、彼がFTXを始める前、まだアジアで誰も知らないただの暗号資産トレーダーだったころだ。２０１８年後半、フォビがアラメダ・リサーチの資金の一部を凍結あるいは紛失したとき、彼女はこの取引所のシンガポール・オフィスで働いていた。「彼らは中国語を話せず、カスタマーサポートは英語を話せませんでした。彼らは私を見つけて、問題を解決する魔法を発見したわけです」

サムは自身の暗号資産取引所を開くと決めると、コンスタンスをフォビから引き抜いた。そして、中国語が必要なミーティングには必ず彼女を同伴することになった。「彼は文字通り無名で、誰も彼を真剣に受け止めていませんでした」。最初のころの会議では、サムの貧乏ゆすりがあまりにひどくて、テーブルまで揺れてしまうほどだった。コンスタンスはサムの膝にそっと手を置き、彼を落ち着かせようとした。するとサムは彼女のほうを見て頷き、脚は落ち着いた。コンスタンスは、サムがまったく知らない相手に多くの情報を明かしてしまうことに、たびたび不安を感じていた。「最初のころ、そんなに正直になる必要はありません、とサムに何度か伝えました。この業界ではみんなハッタリをかますんだから、と。でもサムはいつも、僕の最後のカードを見せてあげよう、という感じなんです」

当時、暗号資産はまだ小さな世界だった。「何度かカンファレンスに行って、イベントを主催すれば、基本的に全員と顔見知りになれるほどです」。人々にサムを知ってもらうため、彼女は彼をダンスパーティーに連れて行き（「サムのダンスはぴょんぴょん跳ねるだけなんですけど」）、朝の3時まで一緒にそこにいた。翌朝は9時に会議の予定が入っていた。コンスタンスは6時に二日酔いで目を覚まし、サムに日程変更のメッセージを送ったところ、すぐに返事が来た。「彼は全然寝ないんです。一度彼に、どうやって幸せを感じるのか尋ねたことがあります。そしたら『幸せは重要じゃない』と言われました」

4年後、コンスタンスはコンク・シャックのキッチンで、彼女が手に入れた（どのように手に入れたのかは教えてもらえなかった）私的な書類に目を通していた。そこにはサムが空き時間に行っていたことが記されていた。まず手にしたのは、FTXが広告宣伝につぎ込んだ費用の一覧表だ。ジョージの組織図によると、FTXのマーケティングはすべてコンスタンスが統括している。彼女が知らされていなかったFTX最大のマーケティング支出がそこにはあった。

彼女はその金額に度肝を抜かれた。有名な音楽フェス「コーチェラ」との3年契約が2500万ドル。NBA選手ステフィン・カリーとの3年契約が3150万ドル。メルセデスのF1チームとの3年契約が7900万ドル。MLBとの5年契約が1億6250万ドル。ビデオゲーム開発会社ライアットゲームズとの7年契約は1億500万ドルだった（「サムが『リーグ・オブ・レジェンド』が好きだからというだけの理由です」とコンスタンスは言う)。他にも数えきれないほどの契約が続き、比較的少額の契約も、実際にはそれほど少額ではなかった。たとえば人気テレビ番組「シャーク・タンク」の司会者ケビン・オレアリーには、「20時間の営業、20件のSNS投稿、1回のバーチャルランチ、50枚のサイン」の対価として1570万ドルが支払われていた。

バーチャルランチ! コンスタンスはもちろん、サムがカネにルーズなのは知っていた。ただ、有り余るほどの大金があるなら、ケビン・オレアリーにいくら渡そうが構わないと思った。「問題にしようとしたことはあります。でも、アラメダの利益を使っているか、サムが投資で大儲けしているんだろうと思いました」

次の資料はアラメダ・リサーチの大まかな貸借対照表だった。ただし、それはFTX崩壊の引き金となった、コインデスクの記事にあった貸借対照表とは重要な点で違っていた。サムかキャロライン、あるいは2人が一緒に急ごしらえで作成したのではないか、とコンスタンスは感じた。

彼女がこの資料を見つけたのは前週の火曜日、FTXが顧客への返金を止めたあとのことだ。「これを見たとき、外部からの問い合わせには答えないようにチームに指示しました。彼らの名前に傷がつくのを防ぎたかったからです」。その資産の欄には、サムがここ2年間で行った数百件の個人投資が記載されており、それは総額47億1703万200ドルに達していた。

そして負債に目をやると、そこには他のすべてを合わせたよりも重要な項目があった。それは「顧客預金101億5206万8800ドル」だった。FTXが保管すべき100億ドル以上の資金が、なぜかサムの個人トレーディングファンドに流れ込んでいたのだ。保有する流動資産、つまり米ドルや即座に米ドルに換金可能な暗号資産の記載は、わずか30億ドルだった。「とんでもないことだと思いました。問題は『なぜ?』でした」。ゼインが抱いたのと同じ疑問だ。「とてつもなく儲かっていた会社なのに。利益率は40~50%でした。昨年だけでも4億ドルを稼いでいたんです」

コンスタンスが密かに集めた資料のうち、最初の2つが資金の使われ方に関するものだとすれば、残りの資料は、誰がそのツケを払うのかを明らかにしていた。彼女はFTXの債権者トップ50のリストを見た。そこには取引所から資金を引き出せなかった50のアカウントが、負債額の大きさ順に並んでいた。破綻した時点で、FTXは1000万人以上の口座保有者を抱え、負債総額は87億ドルに達していた。その半分近くの40億ドルが、このトップ50アカウントに集中していた。

FTXとアラメダ以外で最大の被害を被ったのはHFT業者だ。上位にはジャンプ・トレーディング(2億6166万6000ドル)があり、最も損失が少ないのはバーチュ・ファイナンシャル・シンガポール(1009万5336・83ドル)だが、リストの約半数は実名が隠されていた。「タイ・モー・シャン・リミテッド」と記され、7500万ドル以上の損失を計上していたアカウントは、ジャンプ・トレーディングの関連会社だった。

また、実名を伏せられていたアカウントの多くが、実はFTX社員のものだった。コンスタンス自身も約2500万ドルを失った。転職前から使っていた普通の銀行口座に8万ドル残っていたが、それ以外はすべて失ってしまったのだ。

コンスタンスは営業チームも統括していたため、このリストの多くの名前、特にＨＦＴ業者には見覚えがあった。そして、彼ら全員がＦＴＸとアラメダ・リサーチの関係に強い疑念を抱いていたことを知っていた。「みんなその点を懸念していました。文字通り、毎日真っ先に聞かれたのがそれでした。アラメダ・リサーチは私たちの先回りをしているのか？　他人の取引を覗き見ていないか？　取引処理のレイテンシ［遅延］が小さいんじゃないか？って」。つまり、ＮＡＳＤＡＱやニューヨーク株式市場でＨＦＴ業者が享受していた、あの不公平な取引上の優位性を、アラメダもＦＴＸで利用していたのではないか、と疑っていたのだ。しかし驚くべきことに、そうではなかった。それどころか、ＦＴＸは単に、ＨＦＴ業者から預かった資産をアラメダに無償で貸し出していたのだ！

ＦＴＸは他にも、ＨＦＴ業者だけでなく、あらゆる顧客のカネを危険に晒すようなことを行っていた。しかしアラメダ・リサーチについては、他のトレーダーに適用されるすべてのリスク管理ルールが適用除外されていた。ＦＴＸを利用する他のトレーダーの取引は、損失が出た場合、その額が担保として預けていた証拠金よりも大きくなった時点で清算されるようになっていた。だからこそ、ＦＴＸは他の暗号資産取引所よりもずっと安全だと感じられたのだ。１人のトレーダーが、取引所全体、ひいてはそこで取引する他のトレーダー全員を危険に晒すほどの損失を出すことは許されなかった。

しかし、アラメダ・リサーチには特例が設けられていた。サムの個人トレーディング会社は事実上、取引が清算されることなく無限大の損失を出すことが許されていた。「誰も清算のことを気にしていませんでした。そして誰も、『本当は私たちのカネはアラメダにあるんじゃないのか？』なんて質問はしませんでした」。サムの言ったことは正しかった。人は探していないものは見ようとしないのだ。[*1]

この時点まで、コンスタンスは冷静で淡々としていた。まるでまったく知らない人のカルテを調べて、死因を探っているかのようだった。だが最後の書類にたどり着いたとき、彼女の口調が変わった。それはＦＴＸの株主全員と、各々が所有する株式数のリストだった。毎年の終わり、彼女はボーナスの一環として、他のＦＴＸ社員と同様に一定数のＦＴＸ株を購入できた。全員がこの株を、最高に魅力的な投資だと信じていた。まさに破綻の直前まで、世界で最も有名なベンチャーキャピタリストたちが、社員向けの価格より割高な金額でも喜んでＦＴＸ株を買おうと躍起になっていたのだ。「サムが各社員の買える株数を決めていました。ほとんど皆上限まで買っていました」。彼女も例外ではなかったが、それが実際のところ何を意味するのかは理解していなかった。

このリストを見つけたとき、彼女は自然と自分の名前を探し、隣に書かれた数字を確かめた。そこには「０・０４％」と記されていた。４％でも０・４％でもない。０・０４％だ。もちろん毎年のボーナスの一部として与えられる、あるいは格安で買える株式の数は知っていた。だが、自分が会社をどのくらいの割合で保有しているのか、あるいは他の人々の保有率はどのくらいになるのか、正確に計算しようと思ったことはなかった。当然、サムが60％を所有していることは知っていたし、彼に続く2大株主であるゲイリーとニシャドは合わせて23％持っていることも、情報が公開されていたので知っていた。フォーブス誌がサムだけでなくゲイリーやニシャドも長者番付に載せるために、その株数が必要だったのだ。

自分自身も含め、他のFTX社員たちがどのくらいの割合で株を保有しているのかについては、コンスタンスには一切知らされていなかった。今彼女は、ジョージの組織図でトップにいる人々の数字と、自分の数字を比較していた。ラムニクの保有数は彼女の何倍もあった。つい最近の2021年5月に着任し（そして16カ月後に辞任した）、FTX USの元CEOだったブレット・ハリソンですら、やはり彼女の何倍も保有していた。そして……彼女と同じレベルの社員たちはほぼ全員が同様だった。過去3年間にわたり、FTXに出資してくれそうな投資家たちと交わした会話をコンスタンスは思い出した。何人かが、FTXのキャップテーブル（主要株主リスト）を見たときに、彼女の名前が載っていないことに驚いた、と打ち明けていた。彼女はそれについて深く考えたことはなかった。「サムは私を公平に扱ってくれていると、ずっと信じていましたから」

コンスタンスのサムに対する感情が変わったのは、その瞬間だった。自分がいかに不公平な扱いを受けていたかを目の当たりにしたのだ。それまで彼女は、ただ嘆き悲しむだけだった。ジャングル小屋27番での最後の日となった先週の木曜日、彼女はクインと抱き合って涙を流した。すべてを失ったが、抱いたのは恨みではなく、喪失感だった。しかしサムが自分にくれたものが、他の人々に比べていかに小さかったかを知ったとき、怒りが頂点に達した。

激昂したコンスタンスは、オーキッドのペントハウスに乗り込み、サムに詰問した。「『そんなはずない』とサムは答えました。『最低でも100万株は持ってると思ってたんだけど』って」。コンスタンスの保有数はその4分の1にも満たなかった。「サムが『そんなつもりはなかったんだ』と弁明してきたので、私は『あなたがどんなつもりだったかなんてどうでもいい！』と言い返しました」

この衝撃的な発見が、その後1カ月間の流れを決定づけた。コンスタンスは、ばかげているとしか思えないサムのFTX復活計画を手伝うふりをして、彼のそばに残りつづけるつもりだった。毎日のようにサムと会って、彼の求めに応じて通訳をし、夕食をつくることさえした。

しかし、彼女の真の目的は、彼が何をしたのかを正確に把握することだった。いずれ米国司法省が自分にたどり着くはずだ。そのときは、サムを訴追する側の証人になってやる。だがそれまでに、サムにいくつか質問をしないと。説明させ、ぼろを出させ、自白に追い込むのだ。最低限でも、彼の話の綻びや矛盾を見つけ出すつもりだった。

サムがコンスタンスに語った話は、次のようなものだった。本来FTXのコールドストレージ〔ここではコールドウォレット、つまりインターネットに接続されていない環境で暗号資産を安全に保管する外部記憶装置を指す〕にあるはずだった資金が、アラメダのホットウォレット〔インターネットに接続された環境で暗号資産を保管する場所を指し、頻繁に取引したり必要に応じて即座に引き出す資産を一時的に置いておく〕に流れてしまったのには、2つの経路があるという。

ひとつ目は、アラメダの通常の取引活動によるものだ。他のトレーダー同様、アラメダもFTXの取引所に担保を預けることで、資金を借りることができた。その担保としてアラメダが用いていたのがFTTトークンで、それは実質的にFTXの株式に相当するトークンだ。しかしFTXの崩壊によってFTTの価格は暴落。担保は無価値となり、アラメダに貸した資金の一部が未返済のまま残ってしまった。

サムの話では、アラメダがＦＴＸの他のすべてのトレーダーに適用されるルールから除外され、特例により清算を免れていたのには理由がある。ＦＴＸが設立された２０１９年当時、アラメダはそこで最大の取引量を誇るトレーダーだった。そのため当初、ＦＴＸで発生するほとんどの取引において、アラメダはその当事者の一方に立っていた。この場合、アラメダがときどき損失を出すことが許されれば、取引所の市場がよりうまく機能する。たとえば他のトレーダーのポジションが損失を出し、ＦＴＸが強制的に清算した場合、アラメダがそれを買い取るといった具合だ。

サムの言い分では、ＦＴＸがアラメダのリスク許容上限をオフにしたのは、自社の魅力を高めるためだった。この不穏な優遇策による損失は、いずれにせよ些細なものだったという。ＦＴＸからアラメダに提供された通常の取引への融資は、顧客にとっての損失全体のごく一部であり、それ単独では問題にならなかった。ＦＴＸ内に保管されていなければならなかった、今やアラメダ内にある顧客資金の大部分（正確には88億ドル）は、アラメダが「fiat@」と名づけた口座に保管されていた。

fiat@ 口座は、２０１９年にＦＴＸの新規顧客から送られてくるドルや、その他の法定通貨（フィアット・カレンシー）を受け取るために開設された。アラメダ・リサーチがそれを設けたのは、ＦＴＸが自身の銀行口座を取得できなくなってからだ。２０１９年当時、米国の銀行で、新しく設置された国際的な暗号資産取引所を相手にするところはなかった。

彼らがアラメダ・リサーチのような、暗号資産関連の企業に銀行サービスを提供していた場合、そうした企業はたいてい暗号資産との関係を隠していた。米国最大の暗号資産取引所であるコインベースは、シリコンバレー銀行を説得して口座を開設することに奇跡的に成功し、暗号資産を取引する顧客とのドル建ての入出金が可能になった。

米国の銀行口座を得たことによって、コインベースは大きなアドバンテージを得たが、彼らがどうやって口座獲得に成功したかを語るのは、別の機会に譲ろう。ここでの問題は、FTXがドル建て入出金用の銀行口座を開設できなかったという点だ。2019年春の設立から、2021年7月にサンディエゴにあるシルバーゲート銀行を説得してようやく口座開設を認められるまで、FTXはドル建ての預金を受け付ける直接的な手段を持っていなかった。[*2]

サムの話によれば、顧客から送金されてきたドルはアラメダ・リサーチに蓄えられ、単に移動されることがなかっただけだという。FTXは2021年7月までドル建ての銀行口座を持っていなかったため、預かったドルを置いておく別の場所がなかったのだ。それは顧客預金としてFTXのダッシュボード上に計上されていたものの、実際にはアラメダの口座に残っていたことになる。

サムはさらに、今となっては衝撃的なこの事実について、少なくとも2022年6月までは特に彼の注意を引かなかったと主張した。アラメダ・リサーチを経営していたのは彼ではなく、キャロラインだった。2021年末、顧客が米国の銀行を通じて直接FTXにドルを入金できるようになり、fiat@ 口座へのドルの流入が止まったころ、アラメダ・リサーチの純資産額は1000億ドルに達していた。

もちろん、この数字の信憑性は極めて低い。というのも、暗号資産の市場価値に基づいたものでしかなく、いつか市場が消えるかもしれないからだ。ただ、サムがときどき頭のなかでやっていたように、アラメダの資産をより厳密に評価したとしても、容易に３００億ドルにはなった。本来アラメダ・リサーチに入るべきではなかった88億ドルは、計算上の誤差のような些細な話ではない。しかし、心配するほどのことでもないかもしれない。サムはこう表現した。「僕は一度も、『ドルはどれだけある？』なんて聞かなかった。アラメダには無限のドルがあるように僕たちには感じられたんだ」

２０２２年春の終わりごろには、その感覚には変化が生じていただろう。４月上旬から6月中旬までの間に、ビットコインの価格が４万５０００ドル強から１万９０００ドル以下へと暴落したのだ。夏を迎え、この急激な相場変動は、アラメダにとって88億ドルの持つ相対的な重要性を急上昇させることになった。しかしサムは、アラメダ・リサーチ社内のリスクを管理していなかったという。それはキャロラインの役目だったというのだ。おそらくこのころには、彼とキャロラインはほとんど話もしていなかったため、彼女は自分が抱えているリスクについて、彼に直接相談しようとしなかった。

２０２２年10月までに、アラメダ内部に蓄積され、アラメダが次第に依存するようになっていた、この説明のつかない巨額の他人名義の資金にサムが直接関わったのは、わずか２回だと彼は主張した。

１回目は、かなり不可解なものだ。6月中旬、キャロラインは fiat@ 口座の残高が88億ドルから160億ドルに膨れ上がっているのを発見し、危機感を抱いた。そして心配のあまり、サムではなくニシャドに相談を持ちかけ、ニシャドはサムとゲイリーに報告した。ゲイリーは、それが単にソフトウェアのバグによるものであることを発見した。fiat@口座の実際の残高は変わっておらず、依然として88億ドルだったのだ。

3カ月後の9月、キャロラインはニシャドを呼び、アラメダが晒されているリスクに対する不安が日に日に大きくなっていると打ち明けた。ニシャドはサムをオーキッドのバルコニーに連れ出し、キャロラインの心配を伝えたがfiat@口座についてははっきりとは触れなかった。サムによれば、彼はこの時点で、アラメダが危機に瀕しているのではないかと考えたという。そこで自らアラメダの口座を分析し、問題を把握することにした。10月には全体像がはっきりした。そこで初めて、アラメダが88億ドルもの顧客資金をあたかも自社資金のように運用してきたのだと理解した。しかしそのころには時すでに遅しだった。

コンスタンスはサムの話を最後まで聞き、言い分には耳を傾けたが、それを信じようとはしなかった。サムが、何か重要な事実を話していないのではないかと疑っていた。たとえばアラメダ・リサーチで突発的に巨額の損失が出て、それをきっかけに、彼が意図的に顧客の資金をアラメダへ移したのではないか、と。「おかしいんです。彼は単なる会計上のミスだと私に思い込ませようとしていました」。彼がどのようにして、あるいはなぜ意図的に客のカネを奪って自分のカネとして使おうとしたのかはわからなかったが、彼がそうしたのは確かだと感じていた。「彼が資金を移動させたとはっきり認めなかったことを、ずっと残念に感じています」

コンスタンスは、社内資料を入手したときと同じように、自分自身で真相を突き止めようと決意した。サムのガードがゆるんだときに、彼にジャブを浴びせかけた。またFTXのコンピュータープログラムを調べているダン・チャプスキーの肩越しに画面をのぞき込み、サムが彼女に何かを隠している証拠を探そうとした。しかし調査を始めてから1カ月たっても、何も見つけられずにいた。

コンスタンスがほんの少しだけ、サムの自白を引き出したかもしれないと思えたのは、世間に彼の話をどう公表するかを話し合っていたときだ。「サムに言ったんです、あなたが資金を移動させた理由を説明しなくちゃいけないって。すると彼は、それを否定しませんでした」

とはいえ、サムが実際に資金を移動したと口にしたわけではない。彼の話はとうてい信じがたかったが、反証するのも非常に困難だった。コンスタンス自身がFTXで働いていた経験も助けにならなかった。たとえば、「取引所の市場を維持するために、アラメダのトレーダーにリスク管理ルールの適用を免除する必要があった」と聞かされても、当時の彼女は驚かなかっただろう。

アラメダがいつでも、誰とでも、どんな取引でも行おうとしていたことが、FTXの成功に大きく貢献したのを、彼女はよく知っていた。暗号資産取引所が自前のトレーディング・チームを有していることにも、何の疑念も抱かなかった。「大半の取引所がそうしていました。[*3] 特に中国の取引所は全部。トレーディング・チームがどれくらい大きいか、何をやっているかだけの問題です」。fiat@ 口座をめぐるサムの荒唐無稽な言い分さえ、否定できなかった。2021年後半まで、自分のドルを個人の銀行口座からFTXに移すときは、FTXに直接送金するのではなく、アラメダ・リサーチが所有するさまざまな口座に送金する必要があった。

fiat@ 口座にあったドルの一部は、かつて彼女のカネだったのだ。

その月の大半を通じて、私はコンスタンスがサムとの対決から戻ってくる様子を見ていた。「しつこく食い下がってみると、毎回少しずつ新しいことを漏らすんです」と彼女は言った。しかしいくら彼の発言を引き出しても、彼女の置かれた状況に説明がなされたという感覚は一向に得られなかった。12月初旬のある夜、コンスタンスはクインと共にキッチンに立ち、この1カ月間でサム・バンクマン・フリードについて学べたことがあるとしたら何だったかを考えていた。結局、重要な発見はひとつしかない、と彼女は結論づけた。

彼女はサムに対して何度も、彼が自らに最も忠実だった人々を苦しめたという事実を突きつけた。FTXに関わったことで利益を得られたのは、CZとFTXの元幹部数人の欧米系男性だけだった。大半のFTX社員は貯蓄を失った。なかには配偶者、家、友人、そして名誉を失った者もいた。まだ香港にいる台湾人のFTX社員のなかには、飛行機代すら工面できず、帰国できない者もいる。「サムに尋ねたんです。『こういうことをしてたとき、それがどれだけ多くの人を傷つけるか考えたことはある？　最初の期待値計算に、それも入ってた？』って」

しかしこの期に及んでも、彼女の言葉はサムに届かなかった。彼によれば、自分がいかに他人を許可なく大きなリスクに晒してしまったかに、気づいていなかったという。

それでもコンスタンスは、サムは自分が他人に与えた損害を、たとえば彼女だったら受け止めるようには受け止めていない、と感じた。「サムには共感力というものがまったくありません。それが私の知らなかったことであり、今回学んだことでした。彼は何も感じることができないんです」

その翌朝、私がコンク・シャックのキッチンに戻ると、こう書かれたメモが置かれていた。

「どうしてサムは人を愛せないんだろう？　――クインより」

私には別の疑問があった。ＦＴＸ破綻のニュースを聞いた瞬間から、私はその疑問で頭がいっぱいだった――カネはどこへ行ったのか？　そのカネに何が起きたのかが明らかになっていない。失われた顧客資金の額や、その消失の経緯を解明しなければ、効果的利他主義者たちが顧客資金を使って何をしたのか、なぜそれをしたのかを理解することも難しい。

ＦＴＸ破綻の数日後、私はおそらく世界でいちばん雑な財務諸表を作成した。ＦＴＸとアラメダ・リサーチをひとつの事業体として扱い、それを「サムの世界」とした。１列目には、そこから出ていったすべての資金を記入した。２列目には、２０１９年４月の設立以来、「サムの世界」に入ったすべての資金を記入し、ＦＴＸが設立される前のアラメダ・リサーチの１年半を無視した。その間の数字は、比較的取るに足らないものだからだ。当然、すべてざっくりとした概算だ。いくつかはサムから聞いた数字だが、すべての数字は私に嘘をつく理由のない元関係者によって確認されている。ともあれ、この極めて簡素な収入と支出の表が完成すると、その内容は次のようになった。

【収入】

●純顧客預金：150億ドル
●ベンチャーキャピタリストからの投資：23億ドル
●アラメダ・リサーチのトレード利益：25億ドル
●FTX取引所の売上：20億ドル
●暗号資産金融機関（主にジェネシスとブロックファイ）から得た融資の残高：15億ドル
●FTTの初回売却額：3500万ドル

合計——233億3500万ドル

【支出】

●11月の取り付け騒ぎで顧客に返還された額：50億ドル
●CZに支払われた額：14億ドル（現金で支払った分のみ。サムが彼に支払った5億ドル相当のFTTについては、無償で発行されたもののため無視している。また、CZが最初の出資の支払いに使った8000万ドル相当のBNBトークンも無視している。これは、サムがCZの持ち分を買い取る際に対価として返却したが、その当時の価値は4億ドルに上っていた）
●サムの個人投資：44億ドル（投資ポートフォリオ全体の価値は47億ドルだが、少なくとも3億ドル相当の1件の投資は、FTXの株式で支払いを行っていた。他の案件でも同様の支払い方法がとられた可能性が高く、実態よりもかなり数字が膨らんでいると見込

まれる）

- サムへの融資：10億ドル（政治献金や効果的利他主義活動への寄付などに充当された。弁護士から、株式配当には税金がかかるため、自分に配当を払うより融資するほうが賢明だと助言されたあと、サムはこの方法をとるようになった）
- 同じ目的でのニシャドへの融資：5億4300万ドル
- セレブとの広告宣伝契約：5億ドル（この見積もりもおそらく実態より大きい。トム・ブレイディなどのケースでは、FTXは現金ではなく自社株で対価を支払っている）
- FTXのトークン（FTT）のバイバック＆バーン：6億ドル
- 企業経費（給与、ランチ、バハマの不動産など）：10億ドル

合計――144億4300万ドル

明らかに会計事務所が作成するようなものではないが、私が自分用につくったこのリストは、サムとキャロラインが自分たちの関係を整理しようと書いたメモに似ていなくもない。さて、過去3年半の間に「サムの世界」に入ってきた資金は、出ていった額よりも約90億ドル多かった。11月8日火曜日にFTXが顧客への返金を止めた時点でも、彼らの手元には30億ドルが残っていた。これにより、行方不明の金額は60億ドルということになる（3日後に発生したハッキングで盗まれた約4億5000万ドルは、この計算に含めていない）。

消えたカネについては、いくつかの説明が可能だった。しかしよく考えると、どれも説得力に欠けていた。たとえば、アラメダのトレーダーたちが取引で60億ドルを溶かしたという可能

性はある。だが、もしそうであれば、なぜ彼らは最後まで自分たちが利益を上げていると思い込んでいたのだろうか？

私は何人かのトレーダーと話した。そのなかにはジェーン・ストリート出身者もいた。彼らは決して愚かではない。みな陽気で明るく、アラメダのトレーダー１人あたりの収益はジェーン・ストリートのそれよりはるかに多いと自慢してさえいた。アラメダが取引で巨額の損失を出していたとしても、それがどのように発生したのかは容易には把握できない。

当時最もまことしやかにささやかれていた説は、暗号資産価格の暴落が「サムの世界」からすべての資金を吸い上げたというものだった。確かに、サムが大量に保有していたソラナやＦＴＴ、そして価値の疑わしいその他のトークンの価格は暴落していた。それらの価値は、２０２１年末には理論上１０００億ドルであったが、２０２２年11月には実質的にゼロになっている。だが、そもそもサムはこれらのトークンに対して、ほとんど何も支払っていない。彼が実際にドルを払った投資というより、そこらで拾った資金のようなものだった。ＦＴＴは自分で発行したもので、対価は払っていない。ソラナトークンについても、彼はせいぜい１億ドル程度しか支払っていない。彼の雲のような利益は消え失せたが、それでもなお、あの巨額の資金がどうなったのかの説明にはならない。

11月14日の晩、私はオーキッドのペントハウスで、サムが１人でいるのを見かけた。彼の効果的利他主義者のグループは、今やニューヨーク・ポスト紙によって「ポリアモリー主義者」と呼ばれるようになっており、オーキッドはさながらその拠点のような扱いを受けていた。外部の世界では、彼らが内輪でみだらな行為にふけっているという妄想が膨らんでいた。効果的利他主義者は一夫一妻制に反対しているという誤解も広がった。

あげくには、彼らは時間の半分を、オーキッドのペントハウスで新しいセックスの方法を試すのに費やしているという噂まで流れた。実際にしていたのは、ほとんどボードゲームだったのだが。彼らはバグハウスチェス〔変則チェスの一種で、2人一組のチームが相手チームと2つの盤を使って対戦する〕に熱中し、あらゆる可能な組み合わせとポジションを追求していた（このゲームでだけの話だ）。しかし、こうした混乱も理解できた。彼らは銃の扱い方を学ぶ気がないのに、自分たちに狩猟免許を与えたのだ。そんなことをする人たちがいるだろうか？

ＦＴＸの破綻から時間がたっても、強盗事件の現場のようなペントハウスの様子は変わらなかった。それぞれの部屋は住人が出て行った瞬間のまま、持ち物だけでなく、彼らの精神状態まで保存されているようだった。キャロラインの部屋は、新しい彼氏と休暇に出たときのまま浮き立つように散らかり、悩んだ末に荷物に入れなかった服がベッドに置きっぱなしになっていた。ニシャドの部屋は完璧に片付いていた。バハマを離れる前に説得が必要だった彼は、その時間を使って自分の部屋を、まるで客のチェックインを待つホテルの部屋のようにしていた。

サムが引っ越してきたゲイリーの部屋は、より複雑な物語を語っていた。部屋の隅には荷造りされた鞄が3つ残っていた。ゲイリーは荷造りをすると決めたのに、結局鞄を残して出て行ったのだ。しかし、すべてを片付けたわけではない。部屋中いたるところに汚れた服が散らばっていた。机の上には食べかけの油揚げ麺が置きっぱなしだったし、歯ブラシもバスルームに残っていた。彼はどうやら去る準備を整えたものの、気が変わって数日間、しばらく留まるつもりで生活したが、また気が変わって急いで出て行ったようだ。

「恐怖を感じると、人はこういうことをするんだ」と、私が残された持ち物を見て回っているとき、サムが言った。「皆がなぜ、どうやって去って行ったかがわかる。たとえば、あと1時間かけて荷造りしていたらどうだろう？　彼は何日間もここにいたのに、なぜもう1時間いなかったんだろう？　『ここにいる時間は106時間だ』と決めて、106時間たったから逃げ出したというわけじゃない」。彼は一呼吸おいて、付け加えた。「彼の弁護士が、ここに留まれば刑事責任を問われかねないと忠告したんだと思うよ」

サムに会うとき用意してきた質問リストは、まるで中身をひと口飲むとその分が増えるトリック・グラスのようだった。彼の答えは常に、さらなる疑問を生むのだ。今は「あの60億ドルはどうなったのか？」という質問が、リストの先頭にあるべきだった。しかしコンスタンスの書類からは、他にも無数の、明らかに重要度の低い質問が生まれていて、どうしてもそのひとつを尋ねずにはいられなかった。

「ケビン・オレアリーにバーチャルランチ代を払ったのかい？」と私は聞いた。「本当に？」

「それほど高くなかったよ」と、サムはゲイリーのベッドで伸びをしながら答えた。アルバニーのメイドサービスの料金は払えなくなっており、ベッドメイキングはされていなかった。アルバニー・リゾートからは、水道と電気を止めるという警告も来ていた。「年間200万ドルくらいだから」

「年間500万ドルを3年間だよ」と私は訂正した。テレビ番組「シャーク・タンク」の出演者に、いくつかのツイートとサインをしてもらう対価として。しかもそれはシャーク・タンクでいちばん有名な人物ではない。もしかしたら2番目に有名な人物ですらない。

「だからね」とサムは言った。「シャンプーのようなタイプの商品もあるよ。シャンプーっていうのは、シャンプーが必要になったら、シャンプーを買う。そういう仕組みだ。シャンプーについてツイートしたりしない。でも金融商品は違う。なぜロビンフッド〔米国の証券取引アプリ〕で取引するのか？　友だちがロビンフッドで取引しているからだ。それは意識的な選択なんだよ」

彼は今、おそらく彼にとって最も自然なモードに入っていた。私はそれを、サムの「バカにも辛抱強く説明するモード」と考えていた。彼は高校で素晴らしい物理教師になれただろう。

「ケビン・オレアリーに1500万ドルを支払うことに同意したよね」と私は言った。

「どうやってFTXに人を集めるのか？」と、彼は私の言葉を無視して続けた。「投資はソーシャルネットワークなんだ。意味不明だけど、そうなんだよ。そしてケビン・オレアリーはインフルエンサーだ。ソーシャルネットワークで影響力を持つ人を探すと、実はそんなに多くないんだ」

そう言ってから、彼は金融業界の有力なインフルエンサーと見なされている人々を挙げはじめた。ケビン・オレアリーは、そのリストの上位には入っていなかった。サムはテレビ番組「マッド・マネー」のジム・クレイマーを雇おうとしたが、失敗していた。

「それでケビン・オレアリーってわけか！」と、思わず大声が出た〔オレアリーは「マッド・マネー」にゲスト出演していた〕。

「誰が彼の話に耳を傾けるか？」とサムは言った。彼はケビン・オレアリーについても、他のすべての事案を決めるときと同じ思考方法をとっていた。「答えは『誰も聞かない』じゃない。100万人が彼をフォローしている。しかも、金融に関するアドバイスを聞こうとしてフォローしてるんだ。衝撃的だよね。でも本当のことだ。この指数関数的なネットワークから拡大できることがあるなら、どんなことでも助かるんだ。ケビン・オレアリーが重要人物だとは言えない。でも、他に誰が重要か僕にはわからない。金融アドバイスをする立場にある人で、ツイッターで100万人のフォロワーを持つ人が何人いると思う？　そんなに大勢いるわけじゃない。30人ほどさ。そのうち20人はいろんな理由で断るだろう。しかし彼はイエスと言った。それが理由その1だ」

「理由その2は？」

「理由その2は、彼のほうからこちらにきたことだよ」

やがて私たちは、それに対する答えが他の謎を解くヒントになるかもしれない質問にたどり着いた——カネはどこへ行ったのか？　この質問をするのはこれが最後ではなかった。コンスタンスのように、私も何度も探りを入れていたが、いつも十分な答えは得られないままだった。

しかしその夜、サムはこのパズルのピースをひとつ埋めてくれた。FTXはハッカーに多額の資金を盗まれていたのだ。ハッカーを勢いづかせないために、この損失は公にされなかった。最大規模のハッキングは2021年3月と4月に発生した。1人のトレーダーがFTXに口座を開設し、取引量の少ないビットマックスとモバイルコインという2種類のトークンを買い占め、市場を独占した。この買い占めにより、2つのトークンの価格は急上昇し、特にモバイルコインの価格はたった数週間で2・5ドルから54ドルへと跳ね上がった。トルコから活動していたと見られるこのトレーダーは、モバイルコインを愛していたからそうしたのではない。単にFTXのリスク管理ソフトウェアの欠陥を見抜いていたのだ。

彼はFTXの仕組みを通じ、モバイルコインとビットマックスの保有価値に基づいて、ビットコインや他の売りやすい暗号資産を借り入れることができた。つまりこの人物は、本当に価値のある暗号資産をFTXから借りるために、モバイルコインとビットマックスの価値を水増ししたのだ。その資産を手に入れると、彼は跡形もなく消え失せた。そしてFTXには暴落するトークンと、6億ドル相当の暗号資産の損失が残された。

サムが言うには、このハッキングの規模は例外的なものだ。盗難による損失は、すべて合わせても10億ドルをわずかに超える程度だった。いずれのケースでもゲイリーが密かに問題を修正し、何事もなかったかのように先に進んで、泥棒が戦利品を持ち去ることは許した。サムは彼らを「ゲームを楽しんでいる人たち」と表現した（彼は本当に盗みやすい相手だったのだ）。

ハッキングによる損失を除くと、説明のつかないまま消えた資金は50億ドルになる。サムは、行方不明の金額をそれ以上減らすのには役に立たなかった。資金の行方を知らなかったか、言いたくなかったかのどちらかだ。最も明白な説明はしりぞけた――2022年の大規模な暗号資産暴落によって、アラメダが莫大な損失を出したという説だ。FTXの破綻は、リップルの行方不明事件と少し似ていたが、規模ははるかに大きい。今回、資金の行方に関する疑問を解明するには、さらに長い時間がかかるだろう。そしてそれを解明するのに最も適任だった人物は、まもなくいなくなってしまう。

12月12日月曜日の夜、コンスタンスとクインは臭豆腐に関する面白い YouTube 動画を見終わり、夕食づくりのためにいつものようにオーキッドへ向かっていると、前のほうに制服を着た男たちがいた。まるでドラマ「CSI：科学捜査班」のような光景で、彼女たちはサムの建物の前で彼らに追いつき、なぜそこにいるのか尋ねた。男たちは質問に答えず、代わりにこう返した。「ご自身でなかに入って確かめてもいいですよ」。これは通常、制服を着た人々が言うセリフではない。そこで2人は、実際に確かめることにした。

その少し前、小さな集団――アルバニー・リゾートの職員たち、「CSI」のような男たち、そして1人の大柄なバハマの警察官――が、エレベーターから降り、ペントハウスに入った。エレベーターからリビングまでは長い廊下がある。その廊下を歩いてきた警察官が、「サム・バンクマン・フリード氏はいますか？」と尋ねた。彼は手にした紙を読み上げている。どうやら令状らしい。ジョージがリビングの椅子から立ち上がると、警察官が彼に近づき、「あなたがサム・バンクマン・フリードですか？」と尋ねた。

当初、誰もサムを見つけられなかった。彼はゲイリーのバスルームで携帯電話をいじっていたのだ。1時間足らず前、サムの弁護士たちが電話をかけてきて、米当局は彼が米国に戻るかバハマで逮捕されるかを1時間以内に決定するよう迫っている、と告げた。彼は、下院金融サービス委員会に提出する書面での証言作成を急いでいた。同委員会はFTX破綻に関する調査を開始するところだったのだ。サムは、米当局に拘束されることなく直接証言できるような取引を成立させたいと期待していたが、それは明らかに無理な話だった。

送信ボタンを押す前、証言内容について母親と揉めた。証言の冒頭に「私はしくじりました（I fucked up）」という一文があり、下院委員会で「ファック」なんて言葉は使わないで、とバーバラは訴えていた。その点は今や無意味なようだった。[*4] サムがやりかけていたことを終える前に、バハマの警察官が彼に手錠をかけたからだ。バーバラとサムは、議会での発言をめぐって言い争うのをやめ、彼が刑務所に行くときの服装をめぐって言い争いはじめた。バーバラはサムに長ズボンを穿くように言い、サムは短パンのままでいると言い張った。

警察が容疑の内容を説明し、令状を示していると、コンスタンスとクインが入ってきて、何か役に立とうとした。ゲイリーが残していった散乱物の上に、サムは自分の洗濯物を重ねていたが、2人はその洗濯物をかき分けて、サムが刑務所に持って行けそうな服を探した。「靴下が必要ね、彼はよく靴下を履き替えるから」とクインは考えた。

警官がサムを部屋から連れ出そうとしていた。「まだ彼を連れて行かないで、靴下を探し終わってないから」。今やジョージも部屋に来て、サムに必要そうなものを探した。記念品をとっておく箱を見つけて、ジョージは驚いた。サムにそんな感情があったとは知らなかったのだ。箱を開けると、わずかなものしか入っていなかった。高校の数学大会で勝ち取ったメダルがいくつか。サムの顔が表紙のフォーブス誌1冊。そしてジェーン・ストリート・キャピタル時代の名刺が1箱。

コンスタンスが目をとめたのはマンフレッドだった。マンフレッドは、サムが生まれたときからずっと持っているぬいぐるみだ。代わりは一切認めなかったため、もうすぐ31歳になる。コンスタンスが初めてマンフレッドを見たのは香港にいたときで、サムはそれをバークレーから持ってきていた。当時ですら、非常に古くて擦り切れていたので、もともと何の動物か特定するのは難しかった。犬かもしれないし熊かもしれない。

マンフレッドは香港からバハマまで旅をし、もうすぐ刑務所に行くことになるのだろう、とコンスタンスは思った。それほどサムはマンフレッドをそばに置きたがった。コンスタンスとクインは、このサムの幼なじみの意味について考えあぐねていた。サムは本物の動物を気にかけず、ヴィーガンになったのも感情ではなく期待値計算の結果だ。クインは、サムがマンフレッドを非常に大切にしていたのは「誰とも共有する必要がないから」だと考えていた。コンスタンスはマンフレッドを違う視点から見ていた。「何かに愛着を持つのは、サムにとって、とてもとても大事なことだと思います」と彼女は言う。

11　カネはどこへ消えた？

サリバン&クロムウェルの弁護士から、大きな仕事が舞い込むかもしれないので待機しているようにとのメッセージを受け取ったとき、ジョン・レイはその「大きな仕事」が何なのかまったく見当もつかなかった。わかっていたのは、どんな仕事が自分に回ってくるにせよ、それは「死に体」だということだけだ。

彼は暗号資産やその文化について何も知らなかった。ビットコインについて説明できるようになりたいとも思わなかった。FTXについてもまったく知識がなく、サリバン&クロムウェルの弁護士が「SBF」〔サム・バンクマン・フリードの略〕と言っても、それが誰なのか、それとも何のことなのかさっぱりだった。「『フォードの小型ボックスカー（small box Ford）』のことかと思ったよ」とレイは後に言っている。11月8日火曜日夜の電話のあと、サリバン&クロムウェルから追って指示はなく、水曜日の深夜になってようやく、テキストメッセージを受け取った。「とんでもないことになっている。あとで連絡する」。

しかし次に連絡が来たのは11月11日金曜日の午前0時33分だ。そんな非常識な時間に、レイは再びテキストメッセージを受け取った。「彼らはまだ、君がその仕事に適任かどうか検討している」。次のメッセージが届いたのは2時間後だ。「SBFが姿を消した」。ジョン・レイの頭に、自分はこの手の仕事を受けるには歳をとり過ぎているのではないか、という考えがよぎった。

しかし、このゲームにはジョン・レイが必要だった。米国の企業倒産を扱うという荒々しくて面白い世界は、大手の法律事務所に支配されつつあったが、レイのように山師の役割を果たす一匹狼も少数ながら残っていた。法律事務所が山師を引き入れ、破綻した会社のCEOに就任させ、その山師が今度は法律事務所を雇うという構図だった。

法的には、2022年11月11日金曜日の午前4時30分、サム・バンクマン・フリードが電子署名してFTXの破産申請をし、ジョン・レイをFTXの新しいCEOに指名した。実際には、サリバン&クロムウェルがサムの後任としてジョン・レイをFTXのCEOに据え、その後ジョン・レイが大規模破産の弁護士としてサリバン&クロムウェルを雇った。[*1]

サリバン&クロムウェルがなぜそこにいたのかというと、世間がサムを持ち上げていたころ、彼のためにさまざまな仕事をしたからだ。実際、FTXが米国の規制当局の前で質問（「FTXとアラメダ・リサーチの間に利益相反はあるか」といった質問）に答えた際、FTXの弁護士を務めたのは彼らだ。サムはジョン・レイという人物を知らなかったし、破産関連の書類にも署名したくなかった。厳密に言うと、11月11日の朝、2時間ほどは、書類に署名する気になった。それまで、サリバン&クロムウェルの弁護士や父親の話を聞いていた――無関心と慇懃な懐疑心のまじったような態度で。それは、「普通の大人がすることをしろ」と言ってくる大人たちに、彼がいつも見せる態度だ。弁護士と父親は、署名しなければ野蛮な国々から破産を迫られるだろう、彼とFTXにとって米国のほうが他の国々より安全だ、と話していた。しかしサムには、そうなのか確信が持てなかった。

サムがぐだぐだ言っているころ、ジョン・レイはサムと彼がつくり出した会社について調べるのに没頭していた。「一体何なんだこれは、という感じだったよ」とレイは言う。「今はただの破産した会社だけど、前は何かしらのビジネスだったはずだ。君たちは何をしていたんだ？　今どういう状況にあるんだ？　なぜこんなに早く破産する羽目になったんだ？ってね」。彼は一瞬、会社には罪がない可能性も考えた――ハッキングされただけとか。「それから、あの坊やに目が行った」とレイは言う。

あの坊やとはサムのことだ。「写真を見て、彼には何かまずいところがあると感じた」。レイは即断即決を自負していた。人を10分間見ればその人物を評価でき、一度下した評価は覆らない。彼はだいたい人間を「善人」「世間知らず」「悪党」の3種類に分類していた。サムは明らかに「善人」ではない。しかし「世間知らず」にも見えない。

後任のCEOが誰になるにせよ、行方不明のカネを探すために、自分を少なくとも情報源として使うだろう、とサムは思っていた。しかしそうはならなかった。１９９０年代、破産処理の世界で働きはじめたころ、ジョン・レイは苦い教訓を得た。彼が後を引き継いだある「悪党」が、自分から話をしてきたあとで、その内容に関して嘘をついたのだ。サムは会社をレイに引き渡してからの数日間、哀れっぽいメールを何度もレイに送りつけた。「なあジョン、本当に話がしたいんだ」。レイはメールを一瞥して思った。「まっぴらだね」

レイはサムと一切コミュニケーションをとらなかったため、当然ながら、サムが何をしたのか、なぜそうしたのかを解明するのはより難しくなった。「ジグソーパズルをしようとしたら、欠けているピースがいくつかあって、しかもパズルの製作者とは話せないという状態だ」。サムの側近たちについても、話した時間の長さは、彼らが何者かを評価するのに十分な程度にすぎない。

ニシャド・シンはレイから見ると「世間知らず」だった。「視野が狭いんだ。テクノロジー、テクノロジー、テクノロジー。自分に解決できない問題はないと思ってる。カネは盗まないし、悪いことは何もしないだろう。しかし自分の周りがどうなってるかまったく理解していない。彼にステーキを頼んだら、牛の尻に頭を突っ込むだろうよ」

破産処理チームは、レイがFTXの新CEOに就任した直後の土曜日に、電話でキャロライン・エリソンに連絡がとれた。彼女は少なくとも、一部の暗号資産が保管されているウォレットの場所を説明することができた。しかしそれ以外は大して役に立たなかった。「彼女はすごく冷たい。ちょっとした言葉から情報を引き出さなくちゃならない。どっからみても変人だよ」キャロラインと話しながら、レイは彼女の居場所を突き止めようとした。彼女はボストンにいると言ったが、レイにはそれが嘘だとわかっていた。彼は本題とは関係のない、表面上は他愛のない会話をした。香港からのフライトは長かった？　そちらの天気はどんな感じ？　FBIはキャロラインを探しており、レイは捜査に協力するつもりだったのだ。[*2]

彼に託された任務は明確でピンポイントだった――「できるだけ多くのカネを見つけ、それを債権者に返すこと」だ。しかしFTXの新CEOに就任するとすぐに、別の、あまり明確でない任務も引き受けることになった――サム・バンクマン・フリードに対する米国連邦検察当局の訴訟を支援することだ。「生まれながらの犯罪者という人間もいれば、生まれたあとで犯罪者になる人間もいる。彼は犯罪者になったほうだと思う。なぜ、どうやって犯罪者になったのかはわからない。おそらく、あの坊やと両親を理解する必要があるんだろう」

その後、すべてが混乱に陥った。サムは書類にサインし、その8分後に気が変わったと言い出したが、サリバン&クロムウェルから破産申請後の変更はできないと通告された。これにより、レイがFTXについての説明を受ける道が開けた。そこで彼は、FTXがバハマや米国だけでなく、トルコや日本など、世界中で暗号資産取引所を30カ所も保有していることを知った。暗号資産の取引が活発に行われている場所であればどこでも、FTXは取引所を設立し、政府の認可を得ようとした。それぞれの取引所には資金があり、理論上は顧客がログインして預金を引き出すことができた。しかしレイが把握できた範囲では（それほど広範囲ではなかったが）、資金は動いていなかった。「銀行口座の情報が記された紙もなかった」

無数の小規模な銀行や、広範囲の暗号資産取引所に、FTXやアラメダ、あるいは彼らが支配する100以上の法人のいずれかが、多額のドルやその他の法定通貨を保管していたはずだ。また、アマゾンのサーバー上には、暗号資産が蓄えられたウォレットにアクセスするためのパスコードがあった。「ウォレットはクラウド上にあった。パスコードを失えば、資金も失われることになる」

資金を見つけるのが困難だったのには、FTX社員（少なくともレイが話をする気になった人物）のなかに、すべての資金の所在を把握している者がいなかったという理由もある。「構造というものがまったくなかった。社員名簿もなければ、組織図もないんだ」[*3]。新しい仕事に就いて6日後、レイはデラウェア州地区の破産裁判所に報告書を提出した。そこには、こう書かれていた。「私のキャリアのなかで、ここまで内部統制が完全に失敗し、信用できる財務情報も完全に欠如している例は、これまで見たことがない」

混乱を引き起こした人々を問いつめる代わりに、レイは以前一緒に仕事をしたことのある凄腕の調査員たちを雇った。彼曰く「本物の大人たち」である。調査会社のナルデロには、元FBI捜査官が多く在籍している（企業理念は「真相解明」）。

一方、暗号資産分野の調査会社チェイナリシスはレイにとって新しい存在だった。レイは部下たちに、「FTXの全社員にZoomでの面談を実施しろ。スケジュール調整の連絡をしてこない者は解雇だ」と指示した。この方法で約80名の社員が解雇された。Zoom面談に応じた者も、ほぼ全員が解雇されることになる。たとえ両手を上げて出てきても撃ち殺されるようなものだ。

あるFTX社員はこう表現する。「彼は、国内にいないすべての人間が犯罪に関わっているかのように振る舞っていましたが、その犯罪が何であるかは把握していませんでした」。破産申請の日に起きた、約4億5000万ドルという謎のハッキング事件について協議するためのZoom会議には、なんとサム本人が現れた。やあ、サムが来たよ！と、レイはサムの調子のいい口ぶりを真似て言った。「一体何が起きていて、誰がハッキングしたのか解明しようとしていたんだ」とレイ。「サムはハッキングについて何も知らない。『ゲイリーに聞いてくれ』と言いつづけたよ。あとでひょっこり現れて、『システムに入るためのパスワードが欲しい』と言ってきた。『とんでもない』って言ってやったよ」

レイは数週間のうちに、FTXとアラメダ・リサーチのなかで起きていたことに詳しい人物をほぼ全員解雇した。例外はただ1人。「あの精神科医にはまだ支払いを続けていると思う」とレイは言う。

それは2023年初頭のことだった。4月下旬には、ジョン・レイはてんてこ舞いになっていた。「まるで生放送番組だよ。1時間ごとに何かあるんだ」。ある日は、どこかの暗号資産取引所から連絡があり、こう言ってきた。「ところで、貴社が当社に開設した口座に1億7000万ドル残っているのですが、返金してほしいですか？」。また別の日には、あるFTX社員から突然電話があり、会社から200万ドルを借りていたが返済したいという。レイが知る限り、そのような貸付記録は存在しなかった。そんな話を聞いたら、他にも記録に残っていない貸し付けがあるのではないかと疑うのは当然だ。

「サムの世界」のなかのカネ探しは、週末に孫たちのためにやったイースターエッグ探しを思い起こさせた。「最後に数を数えるんだ。5個が隠してあると言うと、子どもたちは探すために外に飛び出して、6個持って帰ってくる」。余分に見つかったのは、去年見つけられなかった卵で、黄ばんでいた。レイの孫のティーンエイジャーが彼に言った。「じいちゃんの新しい仕事みたいだね！」。まさにその通り。何個の卵を探しているのか見当もつかず、したがっていつ捜索を打ち切ればいいのかもわからない。

搜索が数カ月進んだ時点で、レイの調査員たちは、誰かが取引所から4億5000万ドルを盗んでいたという事実を発見した。彼らが発見したのは、2022年11月の単純なハッキングではなく、2021年春に起きたビットマックスとモバイルコインに関する複雑なハッキングで、そのときに盗まれた暗号資産の価値は6億ドルだった（盗まれた暗号資産の価格の変動によって、ドルに換算した際の価値は変わる）。ハッカーの居場所は、トルコではなくモーリシャスであることが突き止められた。「彼が自宅に出入りする写真がある」。彼はそのカネの大部分を取り戻せると確信していた。「こういったケースが、他にもたくさんあると信じているよ」。もしレイがサムと話す気になれば、彼はサムから情報を得て、最終的にはハッキングで失われた10億ドル程度のカネを見つけられるだろうと私は考えた。[*4]

サムが言ったように、探していないものが見つからないのは本当だ。一方で、人には見たいと思っているものを見る能力がある。ジョン・レイは犯罪の証拠を見つけることを期待していた。私と会うとき、彼は常に、サムの有罪を証明するように見える新しい証拠を持ってやってきた。たとえば、あるときは、アラメダ・リサーチの2021年の米国税務申告書を発見した。アラメダはそこで、30億ドル以上の損失を申告していた。これが事実であれば、私が作成した貸借対照表で明らかになった、消えた資産を説明するのに役立つだろうと思われた。

しかしそれは、実際にはより大きく、より複雑なパズルのピースにすぎない。その年、アラメダ・リサーチはFTTの空売りをした一方で、彼らの支配下にある別の法人が同じ量のFTTを購入し、その結果、FTTの価格は大幅に上昇していた。

アラメダ・リサーチはこのトレードで数十億ドルの損失を出したが、もう一方の法人はそれと同額の利益を得ている。アラメダ・リサーチの会計規則では、未実現損失を税務上の損失として計上することができ、もう一方の法人の会計規則では、その逆の利益を計上する必要はなかった。アラメダの税務弁護士たち（そこにはサムの父親も含まれていた）は、税務上の損失を計上して利益と相殺するよう主張していた。弁護士の１人が言ったように、それは「偽の損失」だった。

２０２２年６月に、ニシャド・シンが、ＦＴＸからカネを巻き上げようとする人々のいろいろな狡猾な手口について説明してくれたことがある。たとえば、入社してから能力不足であることが発覚し、解雇された社員が何人かいた。すると彼らは、暗号資産会社をゆすることを専門にする法律事務所に駆け込んだ。[*5] ニシャドは、クビになった社員たちが行ったさまざまな告発がでっち上げであることに憤っただけでなく、ＦＴＸは虚偽の告発に対処するコストをかけるより数百万ドルを支払って済ませるだろうと、関係者全員が知っていたことにも腹を立てていた。「問題は米国人社員だ」と彼は言う。「中国人社員はこんなことはしない」

ＦＴＸは最終的に、「暖かい毛布作戦」と名づけた対策を練り上げた。これはゆすり行為に手を染める法律事務所を特定し、その事務所に顧問業務を依頼することでＦＴＸを訴えさせないという作戦だ。当時は巧妙なやり方だと感じられたが、２年後にジョン・レイが書類を振りかざし、サムが内部告発の揉み消しのため多額のカネを払っていたと主張したとなると、そうとも言えない。

ジョン・レイにとって、今回の仕事はイースターエッグ探しのようなものだったが、私から見ると、アマチュア考古学者が未発見の文明を偶然見つけたようなものだった。その文明の習慣や言語について何も知らないまま、彼はただ掘りはじめた。掘り起こされた遺物は、それをつくり、使っていた先住民を困惑させるような解釈をされた。しかし、レイが発見したものを何でもあまりに嬉しそうに話すので、私も、「それはあなたが思っているものとは違うんじゃないかな」とか「実はそれが何か知ってるけど、あなたが考えているようなものじゃないですよ」などと言えなくなってしまう。

あるときレイのチームは、香港にあるコットンウッド・グローブというアラメダ・リサーチの子会社が、ＦＴＴを大量に購入していたことを発見した。アマチュア考古学者にとって、それは「サムの世界」がＦＴＴの価格を人為的に支えていた証拠だった。ＦＴＸが自社発行のトークンのバイバック＆バーンに収益の約３分の１を回す義務があったことを、レイは知らなかったのだ。それを実行していたのがコットンウッド・グローブだった。

発掘作業を傍らで見守りながら、私はときおり発見物に関する推測を彼に向かって大声で叫んだが、レイは呆れたように私を見上げるだけだった。明らかに私は「世間知らず」に分類されていた。あるときレイが、「ゼイン・ハケットという人物について聞いたことがあるか？」と尋ねてきた。彼は名前を間違えていたが、ゼインが破産申請の数週間前に大量の暗号資産を取引所から引き出していたことを発見したというのだ。そしてそれは事実だった。

ＦＴＸ破綻の数週間前、ゼインはいくつかの資産を購入していた。しかしゼインは破綻直後の日曜日にも、１５０万ドル相当の暗号資産を取引所に預け入れていた。その証拠となる受領証も残っている。ＦＴＸが消滅したとき、ゼインの資産の多くも一緒に消えてしまったわけだ。

ゼインの問題は悪党であることではなく、あまりにも人を信じすぎることだった。FTX社員のほぼ全員について同じことが言え、彼らの多くがすべてを失った。FTXの失われた文明は、シニカルな考え方ではなく、信頼の上に築かれていたのだ。

それは、この文明について事前知識のない考古学者にとって、理解しにくい部分だった。レイがサムとその側近たちを見たときの最初の印象が、「サムの世界」に残っていた断片からストーリーをつくりあげる出発点になっていた。その好例が、アラメダ・リサーチが行った何百ものプライベートな投資だ。2023年初頭に初めて会ったとき、レイはこれらの投資がいかに怪しいかについて延々と語った。サムが気前良くカネをばら撒いた理由について、彼にはある仮説があった。サムは友だちを買っていた、というのだ。「彼は人生で初めて、自分がくそったれの変人だっていう事実を無視してもらえたのさ」とレイは言った。

その例として、サムが行ったAI関連企業への投資を挙げた。「アンソロピックという会社に5億ドルも投資している。アイデアだけしかない連中だ。実体がない」。しかし数週間後、グーグル、スパーク・キャピタル他数社がアンソロピックに4億5000万ドルを出資した。これにより、サムが5億ドルで買ったアンソロピックの株は、価値が8億ドルへと跳ね上がった。ある投資家は、この株が小分けにされてゆっくり売却されれば、簡単に10億ドルの値をつけられそうだと考えていた。

レイの部下たちによる集計の結果、FTXは依然として、顧客に対して86億ドルの負債を抱えていることが判明した。これを返済する財源を見つけるには、少なくとも3つの方法があった。ひとつ目はイースターエッグ探しで、銀行や暗号資産取引所にまだ眠っているかもしれない自社の資金を見つけ出すことだ。２つ目は、ドラゴンの巣に残っている資産の売却で、それにはアンソロピック株だけでなく、その他の数百もの未公開の投資や、あまり知られていない暗号通貨の山が含まれる。３つ目は、サムが友だちを買うために投じた資金の回収で、他社のファンドへの投資、政治献金、さらには慈善事業への寄付までもが対象になる可能性があった。

サムがカネをばら撒いた人々からそれを取り戻すために、ジョン・レイは２つのことを証明する必要があった。第１に、ＦＴＸが払ったカネに見合う対価を受け取っていない、という点だ。ＦＴＸの配管詰まりを通常の料金で直した配管工から、代金を回収することはできない。しかし、詰まらない配管を発明するための研究費として助成金を提供した研究者からは、資金を回収できる可能性がある。

ただ、単に対価を得られなかったというだけでは不十分だ。それに加えて、資金が提供された時点で、それはサムが自由に使えるカネではなかったことを証明する必要がある。そして、サムのカネではなかったと言えるのは、資金を提供した時点でＦＴＸが債務超過の状態にあったか、その寸前にあった場合のみだ。こうして、カネを取り戻そうとするレイの取り組みは、彼のチームがまだ明快に答えていない興味深い問いを提起した――いつの時点で、「サムの世界」にある資金が、ＦＴＸにあるはずの資金の総額を下回ったのか？　正確にいつ、ＦＴＸは破産したのか？

レイはその問いに答える代わりに、サムがカネを渡したさまざまな人々に対し、続けざまに訴訟を起こした。その関係書類は面白い読み物だった。法的な文書ではあるが、すべてに言外の意味があった。加えて、レイはそれをメディアの注目を集めるために書いていた。「ストーリーがなければならない」とレイは説明した。「XドルがYに送金された、なんて話は誰も聞きたくないんだ。こういう文書を書くには、子どもの想像力が必要なんだよ」

最初の8カ月半で、彼はこうした資金回収のための訴訟を9件起こした。レイが主に標的にしたのは、内部関係者（サム、サムの両親、キャロライン、ニシャドなど）か、サムが自分の代わりに巨額の投資をしてもらうために資金を渡した相手だった。[*6] 少なくとも私にとっては、彼の最も明白な標的は、FTXの弁護士ダン・フリードバーグだ。

「サムの世界」で、50代前半のダン・フリードバーグは唯一の頼れる大人だった。サムの父に頼まれて、年間数百万ドルを稼いでいた法律事務所フェンウィック＆ウェストの仕事を辞め、サムの行く先々に同行した。FTXの顧問弁護士を務めていたが、同時にベビーシッターでもあった。親を震え上がらせ、すべてを思い通りにする赤ん坊の面倒を見るようなものだ。フリードバーグはサムと一緒に香港に行き、その後バハマに移住したが、バミューダショーツ姿では場違いに見えた。

サムが「大人たちがくだらないことを心配しろってうるさい」と愚痴をこぼすとき、頭にあったのはたいていフリードバーグだ。彼の名前は多くの公式文書に記載されているが、明らかに、会社が順調なときでもサムや会社運営に大した影響は及ぼしていなかった。顧客からの預金を受け入れる銀行口座の開設や、「暖かい毛布作戦」の実行には協力していた。しかし、FTXが破綻した週に真っ先に逃げ出し、すぐに米国当局とFBIに駆け込んだ。そのときも、FTXとアラメダとの間で何が起こったのか正確には把握しておらず、何があったにせよ、それは悪いことだと思っていたにすぎない。そして彼は完全に、完璧に打ちのめされていた。ある意味で、効果的利他主義者たちの熱狂に飲み込まれていたのだ。「私はあそこでサムのようになりたかった」と彼は自分の想いを表現した。

フリードバーグが最も重大な罪を犯したのは、FTX破綻後ではないかと私は考えている。彼はFTXに入社後、コインベースにあった自分の口座から、約100万ドル相当の暗号資産をFTX USに移動させていた。

サリバン&クロムウェルが破産処理の主導権を握ってFTX内で起きたすべての出来事の証拠を握るのを阻止するために、他の債権者による訴訟に加担しようとしたが失敗した。破産判事に連絡するよう彼に求めた者はいなかったが、フリードバーグは独断で、デラウェア州の破産裁判所に申請書を提出した。その内容は、ジョン・レイの報告書を凌駕するほどの文学的エネルギーに満ちていた。それによると、2020年末、フリードバーグは、サリバン&クロムウェルのパートナー、ライン・ミラーをFTX USの顧問弁護士として雇った。ミラーは当時、将来的にサリバン&クロムウェルに戻ることを望んでいるとフリードバーグに話しており、そのためFTXの法律業務をできるだけ同事務所に流す必要があったと書いている。FTXはその後、サリバン&クロムウェルに対して、1000万ドルから2000万ドルの報酬を支払っている。ある事例では、本来ほんのわずかなコストで済むはずの業務に対して、彼らは650万ドルを請求したとフリードバーグは主張する。

いずれにせよ、すべてが崩壊し、FTXの破産が明らかになった週に、弁護士たちは対応を話し合った。他の弁護士たちと共にフリードバーグも辞職した。1人だけ残ったのがミラーで、彼はサムに破産書類に署名するよう促し、サリバン&クロムウェルによる破産手続きを勧めた。フリードバーグの主張によれば、FTX USを破産手続きに含めるよう主張したのもミラーだった。FTX USは完全に別個の事業体であり、支払能力も残っているように見えたにもかかわらずだ。[*7]

ミラーがこのようなことをしたのには2つの理由があるとフリードバーグは主張する。第1に、彼らにとって有益な破産手続きを、バハマなどの国ではなく米国で進める根拠を強化するため。第2に、サリバン&クロムウェルへの支払いに充てられる2億ドルの資金をFTX USが保有していたためだ。フリードバーグは破産申請書の最後に、こう記した。「サリバン&クロムウェルに深刻な懸念を抱く元FTX社員は私だけではない。報復を恐れて、元社員や現社員は声を上げることができないのだ」

米国の破産制度には管財人と呼ばれる存在があり、彼らは苛立たしい存在だが、彼ら自身も苛立つことが多い。米司法省に雇われる管財人は、破産で利益を得る(また刑事事件に関係する証拠を握る)内部関係者をチェックする役割を担っている。しかし管財人に与えられた法的権限は、破産判事(元破産弁護士であることが多い)に向かって不平を言うことくらいだ。FTX事件を担当することになった米国管財人のアンドリュー・バラは、ジョン・T・ドーシー判事に送った書簡のなかで、サリバン&クロムウェルによる破産処理を認めるべきではなく、監視のために独立審査官を任命すべきだと強い口調で求めた。

しかし、ドーシーはこの要請を却下した。ダン・フリードバーグの要請も同様に退けた。サリバン&クロムウェルが破産処理を主導するかどうかを決める公聴会では、証人は直接またはZoomで参加することが許可されていた。フリードバーグは招かれていないのにZoomで参加し、宣誓して証言したいと申し出た。ドーシーはこれも却下した。

法廷の外では、フリードバーグは「サムの世界」で起きたことについて知っているほうだったし、サリバン&クロムウェルが果たした役割については最も深く把握していた。しかし法廷内では、彼の経験は重視されなかった。そして、この件はこれで決着したかのように思われた。米国の破産判事は、裁判でどの証拠を採用するかについて絶大な権限を持っているのだ。

ところが6月下旬、ジョン・レイが破産裁判所でダン・フリードバーグを訴えたため、再び彼に注目が集まった。ライン・ミラーとダン・フリードバーグの争いについて、レイは独自の見方を示した。ミラーを「世間知らず」、フリードバーグを「生まれながらの犯罪者」と考えたのだ。

ダン・フリードバーグは罪に問われていなかったし、司法省の捜査にも協力していた。レイにはフリードバーグを犯罪で起訴する権限がなかった。そこでレイは、FTXからフリードバーグへ支払われたカネの全額返還を求める訴訟のなかで、彼がフリードバーグの不正行為と見なしたものを列挙した。また、フリードバーグに返還を求めるカネもリスト化していたが、その大部分は、ひとつの項目に集約されていた。レイはこう書いている。「2020年7月、FTXグループはフリードバーグに1億2322万1128枚のセラム・トークンを付与した。これは2020年にソラナ財団によって発行されたデジタル通貨だ……原告の破産申請時、セラムの価値は1トークンあたり約0・33ドルと推定されており、したがってフリードバーグの保有するセラムは3376万5972・20ドルの価値があった」

この文章以前、レイはセラム（とソラナとFTT）については「サムのコイン」とか「クソコイン」と呼ぶだけだった。彼の暗号資産に対する見方は人間に対する見方と少し似ていて、「良いクソ」と「悪いクソ」があるだけだった（「世間知らずのクソ」はなかった）。私は彼と議論しようとしなかったが、それはある意味では彼が正しいと思ったからだ。

それでも、彼が着目しない重要な違いがあった。FTTの保有者は、FTXからの安定した収益というキャッシュフローを受け取っていたため、それは企業の株式に近い存在だった。ソラナは、ビットコインの1万倍近くのトランザクションを毎秒処理できるため、サトシの当初のビジョンである「交換手段」となる点において、おそらくビットコインより優れた設計だった。いずれにしても十分に多くの人々がそのストーリーに信憑性を見出したため、ソラナには本物の市場が存在し、サムが積み上げたトークンには依然として価値があった。

それに比べてセラムは、怪しい存在だった。セラムはむしろ、サムが心のなかで延々と続けている、私的なボードゲームの通貨のようなものだ。

セラムは、たとえばニューヨーク証券取引所やFTXにさえ取って代わるだろうブロックチェーンへの、サムの賭けだった。ブロックチェーンは単に、誰がいつ何を所有したかという記録を共同で管理するものにすぎないが、あらゆる種類の取引を追跡することができる。少なくとも理論的には、すべての金融取引を追跡することが可能だ。フリードバーグが受け取っていたセラム・トークンは、その保有者に対して、ソラナ・ブロックチェーン上で発生するすべての金融取引における割引、投票権、そして少額の手数料の一部を付与していた。それは素晴らしい話に聞こえた。問題は、ソラナ・ブロックチェーン上での金融取引が比較的少なかったことだ。サムは単純に、ソラナの創設者たちとこのアイデアを思いつき、１００億個のセラム・トークンをつくって、その大半を自分で保有しながらも、一部を給料として社員に渡していた。

サムがフリードバーグたち社員に報酬として渡していたセラム・トークンは、破産申請の時点で、１トークンあたり33セントで取引されているようだったが、その本当の価格は不透明だった。ＦＴＸ社員のセラム・トークンは「ロック」されており、一定期間が経過し「アンロック」されるまで、社員が売却することは禁止されていた。そして、そのアンロックを行うのは他ならぬサムだった。当初このトークンは、１年目の終わりから7年かけて段階的にアンロックされる計画だった。社員は最初の１年が経過した時点で、保有量のうち7分の１を売却することが可能となり、それ以降も毎年7分の１ずつアンロックされていく予定だった。

セラムが創設されて間もなく、その価格が急騰した。サムは明らかにそれを予想していなかった。今や社員たちは自分が法外な金持ちになったように感じた（理論上、ダン・フリードバーグが保有していたセラムの価値は、２０２１年9月のピーク時点で10億ドルを超えていた）。サムの目には、社員全員が急に、１日14時間働く意欲をなくしてしまったように映った。そこで彼は、まさにサムらしい行動に出た。社員のセラム・トークンの設定を変更したのだ。社員たちと交わしたセラム契約の細則には、サムにセラムの「ロック期間延長権」を留保する条項が盛り込まれていた。そこでサムはその権利を行使して、すべての社員のセラムを7年間ロックすることにしたのだ。

社員たちは、サムがルールを途中で変更できるゲームが好きなことを知っていた。そして今回、一度ルールを変更したということは、それを繰り返すかもしれないということだ。その結果、社員のセラムに対する熱意は薄れてしまった。「自分がそれを持っているのか、いないのかもよくわからなくなりました」とラムニクは言う。彼はFTX入社前に自ら市場でトークンを購入していたのだが、それまでサムによってロックされてしまったことに苛立っていた。

「7年たてばわかるんだろうけど」

一般のセラム・トークンの市場すら、芳しいものではなかった。ダン・フリードバーグが、1億2000万枚のセラム・トークンを市場価格で売却できる可能性はゼロだった。実質的に7年間、もしかしたらそれ以上も所有できないセラム・トークンの価値を、誰が推測する気になるだろうか？ ゼロではないのか？ フォーブス誌はサムの保有資産を評価する際、その価格がピークのときでさえ、彼のロックされたセラム・トークンは存在しないものとして扱い、ゼロと評価していた。

しかしどういうわけか、ジョン・レイの訴訟書類のなかでは、ロックされたセラムが「良いクソ」に分類されている。まるで一流の紳士たちがこぞって愛飲する最高級ワインのように。いつかそうなる日が来るのかもしれない。しかし、セラムが真剣に検討されるべきトークンであるなら、サム・バンクマン・フリードと彼がつくり出した世界を、別の視点で見る必要がある。セラムに最高値がついたとき、サムが保有していたセラムの市場価値は、なんと670億ドルにも達した。2022年11月7日、サムのセラムの山はほとんどロックされたままだったが、それでも数十億ドルの「価値」があった。ロック状態のセラムですらそれだけの価値があるのなら、ＦＴＸは破綻する直前まで支払能力があったことになり、ジョン・レイは、サム・バンクマン・フリードが巨額の資金をばら撒いた多くの幸運な人々から資金を取り戻す根拠を失ってしまう。

イースターエッグ探しが始まってから半年がたち、たとえサムのセラムが無価値だったとしても、ＦＴＸは破綻の直前まで資金的に健全だったという妥当な主張ができた。この探索活動は、サムの動機や手法を熟知していない者が予想した以上にうまくいった。

２０２３年6月末、ジョン・レイは各種の資金回収活動に関する報告書を提出した。「これまでに、債務者は約70億ドルの流動資産を回収し、さらなる回収も期待される」と彼は述べている。正確な回収額は73億ドルだった。そこにはセラムも、大規模な資金回収も、モーリシャスの男によって盗まれたカネも、アンソロピックへの出資も、その他ほとんどの非公開投資も含まれていない。

残りのポートフォリオに入札することを検討していたある投資家は、賢く売却されれば、少なくとも20億ドルは得られるだろうと私に語った。そうなると、回収額は93億ドルに達する。ＣＺに、ＦＴＸから引き出した22億７５００万ドルを返還させる前ですら、である。レイは、ＦＴＸ破綻の日から私がずっと抱いていた疑問、「あのカネは全部どこへ行ったのか?」に対する答えに近づいていた。答えは、「どこにも行っていない」だった。それはまだそこにあったのだ。

キャロラインは最初に有罪を認め、検察が暗に示した取引をすべて受け入れた。ゲイリーとニシャドもすぐそれに続いた。「サムの世界」で何が起きたのか正確にはわかっていない人々が、まるですべて承知しているかのように振る舞った。驚くほど多くの人々が、この犯罪は最初から明らかだったはずだと考えたが、決してそうではなかった。暗号資産事業者に銀行サービスを提供している米銀行の株を空売りしたヘッジファンドのマネージャーは、銀行に損害を与えようと、銀行のＦＴＸのような暗号資産関連の顧客企業について日常的に悪意のある噂を流していた。

もし彼らが本当にＦＴＸの実態を知っていたら、確実にそれを口にしただろう。しかし、誰も言及しなかった。サムやＦＴＸに疑念を表明していた人々でさえ、隠された秘密を知っていれば必ず指摘したはずの、ある単純な事実を言い当てられなかった――「ＦＴＸにあるはずの顧客の預金は、実際はアラメダ・リサーチにある」と。

バハマ当局はサムを収監し、いつものようにサムが引き起こしたさまざまな混乱劇を経て、米国へ彼の身柄を引き渡した。ニューヨーク南部地区連邦検事局による起訴状で、米司法省はサムを各種の犯罪で告発したが、その後保釈金として2億5０００万ドルを支払うことを許可した。実際はサム自身が2億5０００万ドルを納めたわけではなく、両親が自宅を抵当に入れ、サムが保釈金を踏み倒すリスクを引き受けた。つまり仮釈放時に違反があれば、理論上、彼らは2億5０００万ドルを米政府に支払うことになる。彼らはそんな大金を持っていなかったが、検察側は気にしなかった。

彼らが望んでいたのは、サム・バンクマン・フリードはまだ最低でも2億5000万ドルの資産を持っている、と報道されることだったようだ。その報道が出ると、よく考えもせず発言してしまう習慣の大勢の人々が、ツイッターに、2億5000万ドルも払えるなら彼の有罪は確実だ、と投稿した。だが大半の人は、報道を待ちもしなかった。FTXが破産を申請した日に、J・レヴィックと名乗る男が、ジョー・バンクマンにメールを送ってきた——「あんたの息子は汚い、けがらわしい典型的な犯罪者で、かぎ鼻の利己的な欲深いユダヤ人だ」。こうしたメッセージを、バンクマン・フリード家は山のように受け取ることになる。ジョーはそのメッセージに、こう返信した。「レヴィックっていうのはユダヤ人の名前じゃないのかね?」

かつてない速さで人々の注目が集まり、世論の風向きは瞬く間に固まった。遠くから見ている人々にとっては、サムが法廷に立つ前から、「サムの世界」で起きたことをどう判断するか決めるのは簡単だった。

彼らにとって、サムが犯した罪の性質に疑問を呈することはほぼタブーだ。[*8] しかし近くで見ると、そこに疑問を抱かずにはいられない。彼や彼のビジネスに近い人ほど、多くの疑問を抱く。たとえばゼイン・タケットは、サムがなぜ2021年の終わりに、単にアラメダ・リサーチ内の顧客預金を暗号資産金融機関からのローンに置き換えなかったのか理解できなかった。当時のアラメダなら、問題なく250億〜300億ドルを借りることができた。なぜそれだけ借りて、88億ドルの顧客資金をFTXに戻し、アラメダが破綻しても道連れになるのはFTXではなく、暗号資産金融機関になるようにしなかったのか?

ラムニクには別の疑問もある。彼とサムはアラメダの資金を数十億ドルも投資に回したが、サムがアラメダの抱えるリスクに注意を払うのをラムニクは一度も見たことがなかった。サムの関心は常に他のことにあるようだった。ラムニクがサムにぶつけたかった疑問はこうだ。「なんで去年1年間、ストーリーブック・ブロールばかりやってた？」

もちろん、私にも疑問がある。最初の疑問は、金融業界の基本に関するものだ。この金融ドラマに登場する人物は、誰も金融関係者らしい行動をとっていない。ゲイリーはアラメダ・リサーチの一部を所有していたが、FTXの株式のほうがはるかに価値があった。ニシャドはFTXの大きな部分を所有し、アラメダ・リサーチは所有していなかった。キャロラインはアラメダ・リサーチを経営していたが、FTXの株式しか所有していなかった。

ところが、FTXを危険に晒す形でFTXからアラメダ・リサーチに資金を移動させることに、彼らの誰一人として関心を示さなかった。むしろ彼らは、自分たちのカネを動かしたように感じていた。それなのに、少なくとも暗号資産の価格が暴落しはじめた2022年の晩春まで、おそらくそれ以降も、自分の財産をリスクに晒すことに誰も反対を表明しなかった。なぜだろう？

そしてもちろん、もし裁判が行われることになれば、その中心となる疑問がある。2022年に米国政府によって犯罪で告発された者の90%は、取引に応じ、有罪を認めた。無罪となったのは0・5%にも満たない。政府を相手に裁判をするのは、まるで物理的にも心理的にも圧倒的に有利な相手チームと、アウェー戦をするようなものだ。サムは裁判を受けることに固執し、詐欺の意図はないと主張した。しかし彼が無実であると他人に納得させるためには、なぜ彼に最も近かった3人の側近が、今は有罪を認めようとしているのか説明する必要がある。罪を犯していないのに、なぜ罪を犯したと言うのか？　なぜ彼ら自身が、自分は罪を犯したと信じているように見えるのか？

今やサムには考える時間がいくらでもあり、長い時間をかけて、この点を考えた。人間性とは彼にとって常にパズルのようなものだが、パズルなら解くことができる。彼はキャロライン宛ての返事のように、メモを書いてみた。その数日後、彼の事件を担当するルイス・A・カプラン判事が、連邦検察当局の要請に応じてサムに箝口令（かんこう）を出すことになる。しかしその時点で、彼にはまだ自分の考えを共有することが許されていた。「人は、社会的に受け入れられない考えを抱くことが、非常に難しいようだ」と彼は書いた。「たとえそれを口に出す必要が一切なくてもだ」。彼は、いつものビジネスメモのような調子で、この興味深い仮説を続けた。

1　たとえ人気があるものについてでも、たいていの場合、批判することは簡単だ。完璧なものなどなく、良いものに含まれる悪い部分を指摘しても、罰を受けることはないからだ。

2　そして、社会的に称賛されているものを称賛するのも簡単だ。

3　しかし、投獄されるかもしれないという恐れ以上に人々を怖がらせるのは、自分は社会から軽蔑されるような人間だと、自分自身に対して認めることらしい。

そしてサムは、こう付け加えた。「仮に公になったら他人から厳しく批判されるような考えを持つことは、公に悪者となるより難しい場合がある。……言い換えれば、ときには考える勇気のほうが、行動する勇気よりも難しいということだ」。社会的圧力が一定のレベルまで達すると、人は自分の真のアイデンティティを保つよりも、その圧力に屈してしまうほうが簡単なのだ。

サムがこうした考えを書き記していたのは、子ども時代を過ごした自宅の一室だった。彼は振り出しに戻ったのだ。足首には監視装置が付けられ、サンダーと名づけられたジャーマン・シェパードに守られていた。警備を雇う余裕がなかった両親が、代わりにこの大型犬を買ったのだ。サンダーはドイツから空輸され、命令があれば人を嚙み殺すように訓練されていた。しかしその命令はドイツ語で、サムの両親は覚えたが、サムは覚えていない。

犬はサムを守るためにそこにいたが、サムは犬に対して何の興味も湧かなかった。ジョーは『犬の気持ち』という本を買って読んだが、サムは相変わらず本なんてばかげている、ブログ記事ぐらいの短さでいいと思っていたし、どちらにしろサンダーの気持ちなどどうでもよかった。そのため、サムは犬と同じ部屋にいると、いつも何か事故が起きそうな気がした。他人との間でよく生じる、何か恐ろしい誤解が起きるのではないか、と。

どのような事故が起きるにせよ、その確率を予測するのは難しい。隕石が落下する確率よりは低いだろうが、制御が効かなくなったＡＩが人類を地球上から消し去ってしまう確率よりは高いだろう。しかし、もし自分の番犬に食べられてしまうようなことがあれば、それはいかにもサム・バンクマン・フリードらしいのかもしれない。

終章

すべてが崩壊した週の終わり、皆が逃げ出したあとで、ジョージ・ラーナーはオフィスにやって来た。しばらく歩き回り、最後にジャングル小屋27番に入り、サムのデスクにたどり着いた。倒れたキングを見つけたのはそのときだ。誰かがオフィスのチェス盤から駒を取り出して、キングをサムのキーボードの上に倒して置いたのだ。ジョージはそれを取り除いたが、それ以外はそのままにした。

それから半年が過ぎても、オフィスはほとんど同じ状態で放置されていた。バハマの破産管財人が接収し、資金が尽きるまでオフィスとして使用していたが、まるで神聖な埋葬地のように保存しろと指示されていたかのようだ。額装されたステフィン・カリーのジャージは、そのまま壁に掛かっていた。机には、使っていた人たちの雑貨やコーヒーマグ、さらにはメガネまでが、崩壊が起きたときとまったく同じ場所に残されていた。棚にはまだ、体に悪そうなビーガンスナックが詰め込まれ、冷蔵庫にはＦＴＸビールが積まれていた。缶の側面には「海賊による海賊のためのビール」と書かれていた。

かつての住人たちの多くは、すべてが夢だったかのように感じはじめていた。ＦＴＸでの経験はそれまでの人生とあまりにもかけ離れていたので、本当の出来事だと信じるのが難しくなっていたのだ。彼らは一斉に目を覚まし、眠りに落ちる以前の自分に戻っていった。そんな彼らの姿を、リアルタイムで見ることができた。コンスタンス・ワンは魔法の島を離れる前から、夢から覚めて将来を描くプロセスを始めていた。「私に目標は必要でしょうか？」と彼女は私に尋ねた。「サムは私に目標があると思わせてくれました。だけど今、目標が必要なのかわかりません。あるいは、私の目標が何なのかも」

彼ら全員が去ったあと、私はあるものを探しに島に戻った。ジャングル小屋を探し回ったあげく、私も他の人々同様、それも想像の産物だったのではないかと思いはじめていた。しかし最後にもう一カ所だけ、確認すべき場所があった。誰もあえて捜索しようとしなかった古い倉庫群だ。それは、アルバニー・リゾートとジャングル小屋を結ぶ、サムが毎日運転していた道のすぐ脇にあった。一見すると、価値のあるものを保管しておくような場所ではない。ジャングルが少し削られたところに、金属の波板でできた古びた小屋が並んでいる。しかしまさにここで、私はそれを見つけた。10棟あったＦＴＸの名無しの小屋のひとつにあったのだ。木箱の宛名はライアン・サラメ。倉庫の奥まで運ぶのが大変だったのか、入り口付近に捨て置かれていた。タングステンのキューブである。

謝辞

エリザベス・ライリーとジェイコブ・ワイズバーグは本書の一部を読み、コメントをくれた。ウィル・ベネットとクリスティーナ・ファーガソンは、暗号資産やその他の疑問点についてリサーチを行い、私1人ではとうてい到達できないほどの深い理解を可能にしてくれた。パメラ・ベインとバルデス・ラッセルは、バハマへの訪問を待ち遠しいものにしてくれた。ニック・イーからはゲームについて学び、デヴィッド・チーからはストーリーブック・ブロールを教わることができた。ジャネット・バーンは今でも私の校正者と見なされているが、本を出すたびに、彼女の影響力は通常の校正者では到達し得ない領域まで広がりつつある。そして編集者のトム・ペンと、もちろんスターリング・ローレンスには、ここでは書き表せないほどの感謝の念を抱いている。

原注

第2章

＊1　サムが大学2年生のときに書いたブログからの引用だが、彼は高校3年生のときからこのような主張をしていた。

＊2　マットは成長してゲームクリエイターになった。彼の創ったゲームのひとつが「ストーリーブック・ブロール」だ。

＊3　そうしたトーナメントに参加するのは、圧倒的に男性、それも特定のタイプの男性だった。プレイヤーの体臭があまりにきつくなったので、最終的にトーナメントのルールに清潔さの基準が含まれるようになったことが、このゲームの文化について何かを物語っている。

＊4　サムが大学2年生のときに書いたブログより。彼は同じ主張を中学1年生のときからしている。

第3章

＊1　ジェーン・ストリート・キャピタルは他のＨＦＴ業者と同じく、自分たちが何をやっているのか世間に知られないほうがいいと考えていた。ある元社員は、「ニューヨーク・タイムズ紙に初めて自分たちの記事が掲載されたときは、原発がメルトダウンしたような騒ぎでしたよ」と振り返っている。彼およびその他10人のジェーン・ストリートの現社員および元社員は、そこでの出来事を理解するのに協力してくれたが、身元を明かさないことを望んでいる。

＊2　サムのメールアドレスはフィボナッチ数列になっている。前の2つの数の和が並び、0 1 1 2 3 5 8 13と続く。

第4章

＊1　このことは、ジェーン・ストリート・キャピタルについて何かを物語っている。サムがジェーン・ストリートに入社した2014年、バーチュ・ファイナンシャルが米国証券取引委員会に株式公開を申請した。その目論見書には、同社が1238日間取引を行ったなかで、損失を出した日は1日だけだったと記載されていた。毎日取引して毎日利益を出すという1年間が、ちょうど終わったところだった。どうすればそんなことができるのだろうか？ と疑問に思うかもしれない。それに答えるのは本書の範囲外だが、2014年に私が書いた『フラッシュ・ボーイズ』という本の一部で取り上げている。ここで重要なのは、HFT業者はある程度の距離から見るとどれも似たようなものに見える（彼らの取引は自動化され、いずれも金融市場で仲介者として行動している）一方で、その儲け方はそれぞれ異なっていたという点だ。バーチュやシタデルのような企業は、米国の証券取引所にカネを払ってスピードの利点を得ており、それによって、市場で他者と取引する際にほとんどリスクを負わないようにすることができた。この点が、彼らが損失を出さなかった理由の説明になっている。また彼らは毎日の取引を終える際に、市場でのポジション（持ち高）を解消していた。彼らに何らかのスキルがあるとすれば、それは他者よりも速いスピードで、株式市場の全体像を把握できることだった。だからこそ、彼らは若い人材を探すとき、リスク判断ができるトレーダーよりもマシンのスピードを上げることができるコンピュータープログラマーを欲しがったのだ。ジェーン・ストリートは米国の株式市場のスピード競争に本気で取り組んだことがなく、おそらくそれを後悔しただろう。ジェーン・ストリートの相対的な強みは常に、たとえばニューヨーク証券取引所のような、HFT業者に提供される優位性を購入することのできない、より公平な市場にあった。バーチュやシタデルのような企業がスピード勝負をしていたとすれば、ジェーン・ストリートのような企業は頭脳勝負をしていたのである。

第5章

＊1　2017年の終わりには、バークレーはオックスフォードに代わって効果的利他主義の財政的中心地となっていた。その理由のひとつは、フェイスブックの共同創業者であるダスティン・モスコヴィッツと彼の妻カリ・ツナが、数十億ドル規模の財産の大半を効果的利他主義のために寄付する意向を示したことだが、他にも理由があった。オックスフォードは依然としてこの運動の知的中心地だったが、ベイエリアは、効果的利他主義者のヘッジファンドを立ち上げるために必要な資金を集めるのに、最も適した場所となっていたのである。

＊2　暗号通貨の価格を追跡しているサイトであるCoinMarketCapによれば、2018年末までに2177種類の異なる暗号通貨が流通していた。その時価総額は、ビットコインの約600億ドルから、SHADEというトークンのわずか20ドル未満に至るまでさまざまだった。こうした多種多様な暗号通貨は、少なくとも、何らかの特別な目的やプロジェクトに役立つと謳われていた。たいていその創造者が、企業のミッション・ステートメントに相当するものを発表していたのだ。たとえばセックスコインは、人々が性玩具を購入するのを容易にすることを目指しているとされた。プーチンコインはロシア経済を支援し、「ロシアの人々とその大統領に敬意を表するためにつくられた」とされた。ホットポテトコインは最高で、ある意味で最も正直だった。純粋なギャンブルのための仕組みであるとされ、わずか30日で自滅した。

第6章

＊1　現時点での暗号通貨に関する説明はこれで終わりだ。サム・バンクマン・フリードが数十億ドル規模で暗号通貨を取引する際に、暗号通貨について知っていたこと、あるいは知る必要があったことは、これだけだったからだ。ビットコインとは何かに関する初心者向けの詳しい説明は、これまでも多くのライ

ターが手がけており、それをここでもう一度繰り返す必要はないだろう。たとえばブルームバーグ・ビジネスウィーク誌に掲載された、マット・レヴィンによる4万字にも及ぶ素晴らしい記事、"The Crypto Story"を参照されたい。不思議なのは、ビットコインが理解しがたいものである点だ。ビットコインの説明は幾度となく行われているが、どういうわけかその理解は長続きしない。説明されて理解したつもりになっても、翌朝目が覚めると、もう一度説明を聞かなければならない気がするのである。

＊2 当時はそうだった。現在はその逆だ。暗号通貨の専門家たちが、ビットコインのすべての取引がブロックチェーン上で永遠に保存されるという事実を利用し、取引の追跡や分析を行うツールを構築したからだ。

＊3 もちろん、別の視点も考慮する必要がある。ベンチャーキャピタリストたちが、この風変わりな新しい暗号資産起業家をどう見ていたかという点だ。リビット・キャピタルのニック・シャレックは、こう振り返る。「彼と電話で話しました。彼にひとつ質問したら、1時間ぶっ通しで話しつづけました。2つ目の質問をしたら、また1時間話しつづけたんです」。他の多くのベンチャーキャピタリストと同様、シャレックもサムの無邪気さに驚いた。「何かを決めるとき、それが１００万ドルの決断なら5秒で決める、と彼は言いました。１０００万ドルなら数分、1億ドルなら数時間かけるって。本気なの？　と思いましたよ。そんなの、規制当局やジャーナリスト、いや誰にも言っちゃいけないことでしょう」。この無邪気な仕事中毒者が金融業界を制覇しようとしている。しかも、どうやってそれを成し遂げるのかについて、もっともらしい話をしている。「彼が説明していたビジネスを構築するには、彼らは世界最大の暗号資産取引所になり、さらには世界最大の金融機関になる必要がありました」とシャレックは言う。他の人たちと同様、シャレックにも、サムがそれまで付き合ってきた起業家とは違うことがすぐにわかった。「彼はショーマンでもセールスマンでもありません。組織づくりに関して型破りな考え方を持っています。彼にとってはすべてが確率で、何もないところから確率を引き出してきました。そし

て、その確率をころころ変えるのです。寝る場所はビーズチェアの上でした。すべてを1人でやっていたし、私たちの意見には特に興味がないようでした。それは構わないのですが、変わった人だな、直接会って話さないと、と私たちは思ったんです」。しかし彼に直接会うことはできなかった。香港政府は世界的なパンデミックへの対応として、入国者全員に14日間のホテル隔離を義務づけていたのだ。ベンチャーキャピタル史に残る大ブームのさなか、投資家たちはＺｏｏｍを介してサムを理解し、受け止めた。

第7章

＊１　これは注釈だ。そして今から説明することは、当時実際に起きた出来事と同様に、この物語から気をそらすことになるだろう。しかしサムが行おうとしていた事業の精神を把握し、これから起きることを理解するためには、その背景と、ある人物について知る必要がある。１９７０年代、バハマは保険業界の規制を設けるのが遅れた。そして規制の整備に素早く動いたバミューダに、当時ブームとなっていた再保険業界が進出したことで、巨大な潜在的な経済的機会を奪われてしまった。バハマはクルーズ船観光に完全に依存することとなり、その代償を払い、リスクに晒されていた。そして、そのリスクが現実のものとなった。新型コロナの影響でクルーズ船がすべて運休し、経済が打撃を受けたのだ。２０１５年、クリスティーナ・ロールという女性が、バハマ証券委員会事務局長に就任した。バハマ証券委員会は金融規制機関であり、彼女はその最高責任者となった。彼女の特筆すべき点は、尊大な態度を一切とらないところだった。彼女は静かで思慮深く、世の中の動きに好奇心を持っていた。そして、金融サービスがバハマの中流階級を拡大する、数少ない方法のひとつであることを認識していた。２０１８年末までに、彼女はさまざまな国際会議に参加して金融規制当局者によるプレゼンテーションを聞き、誰もが暗号資産を扱いたがらないことに気づいた。そして、米国の規制当局もまだ行っていないことに、腰を据

えて取り組もうと決意した――暗号資産金融の大部分を合法化するための、新たなルールの制定である。「この技術が消え去ることはありません」と彼女は言う。「そして、この技術によって起きることは、私たちが想像できないような形で金融サービスを混乱させるでしょう」。彼女はリスクを認識していた。ある金融活動を許可する規制を作成しても、それを誰がどのように利用するのか、誰にも予測できない。「私たちは誰も心に描いてはいませんでした。誰が来るのかわかりませんでした。当初は、バハマは非常に小さいので、誰もすぐには気づかないだろうと思っていました。けれど少なくとも市場のプレイヤーにはなれるだろう、と」。そして２０２１年の夏も終わりに近づいたころ、突然、世界で最もホットな暗号資産取引所の創設者が現れたことで、クリスティーナ・ロールは天才ではないかと受け取られるようになった。しかし彼女は警戒を怠らなかった。「私が恐れているのは、ある朝起きたとき、予想もしていなかった大きな見出しが目に飛び込んでくることです」と、彼女は２０２２年初めに語った。「なぜなら、大勢の人々が舞台袖から見ていて、『ほら言ったじゃないか』と言おうとしているからです。暗号資産の懐疑論者はたくさんいますからね」。この点を覚えておいてほしい。

＊２　ＮＢＡ選手のステフィン・カリーは当初申し出を断っていたが、後日考えを変えた。また後に、テイラー・スウィフトがＦＴＸからの資金提供を断ったという報道が流れたが、それは完全には正確でない。ＦＴＸはスウィフトに年間２５００万～３０００万ドルを支払うことで合意していたが、サムが契約締結に慎重になっていた。「彼女は契約したがっていました」とナタリー・ティエンは言う。「でもサムは、彼女のチームへの返事を先延ばしにしつづけたんです」。また、スウィフトとＦＴＸの交渉に深く関わった別の人物は、「テイラーは断っていません。サムが署名するのを待っていたのに、彼がしなかったのです」と話している。

＊３　トム・ブレイディとの契約には５５００万ドルが支払われたが、それ以上の代償を払うことになる（当時は取るに足らないものと思われた）。それはジゼル・ブンチェンとの１９８０万ドルの抱き合わせ契

約だ。それにより、あるファッションマーケティング・コンサルタント主導のセレブ・キャンペーンが展開され、そのコンサルタントはすぐに独自のアイデアを自由に打ち出すようになった。サムがよく経緯を理解しないままアナ・ウィンターとZoomで会って、メットガラはどこで開催されるのか必死で考えることになったのも、そのコンサルタントのお膳立てだった。間もなくサムの顔が、ファッション誌の特集や全国のバス停で見られるようになった。その後彼は、そのコンサルタントを解雇した。「それはすべて、ジゼルとのセレブリティ契約の一部でした」と、サムのメディア活動を管理していたナタリー・ティエンは言う。「とても居心地が悪かったです。サム自身を含め、FTXの誰もそのアイデアをいいと思っていませんでした」

＊4　FTXは60台ほどの社用車も購入した。「サムにBMWを買ったのですが、返品させられました」とライアンは言う。「私は『サム、君の資産は400億ドルもあるんだぜ。それにここは道が荒れてるし』と言ったのですが、とにかくそうなりました」

第8章

＊1　フリンはあるポッドキャストで、オルタナ右翼のグループ「ティンバー・ユニティ」の味方をした。ティンバー・ユニティは、絶滅危惧種である北マダラフクロウの生息地での経済活動に対する規制が過度であるとして不満を述べていた。「都会には、『ほら見て、フクロウがいる！　素敵じゃない？』なんて言う人たちがいる」とフリンは語った。「『私たちはこのフクロウが好きだから、地域社会の生活を台無しにしてやるんだ』ってね……それはまるで『ああ、私は動物園のこの展示が、あなたの知り合いの全員よりも好きだ』と言っているようなものだ」。実際には、そうした都会の人々の多くが、彼の選挙区の有権者だった。

＊2　エリック・グライテンズとエリック・シュミットの双方が、即座にトランプの支持を受けたのは自分だ

と主張し、トランプの影響力は中和された。彼らのうちエリック・シュミットが予備選挙と本選挙で勝利し、現在は米連邦議会上院議員として活動している。

第9章

＊1　情報通の部外者にとっても、それほど驚くべき内容ではなかった。フォーブス誌の記者で、サムの資産を調査するよう命じられたスティーブ・アーリックは、この記事を見たとき「2年前に我々が知っていたことを知ることができて、おめでとう」と独り言を言ったという。

＊2　ここの説明は、ほんの少し簡略化している。FTXは先物取引所なので、顧客に資金を貸して取引をさせている。そのため、顧客資金の全額を常に手元に置いておくことは期待されていない。しかし2019年当時の同社のセールスポイントは、資金を貸し出した顧客のギャンブルをより適切に評価する方法を見つけたことであり、実際そうだった。そのため、顧客に対する融資から損失を被ることはないはずだった。

＊3　当然ながら読者の皆さんは、どうして私がこの会話を知っているのか、と疑問に思うだろう。あるいはサムが言うように、「この話が本当である確率は？」と。この会話は、その直後のサムの記憶によるものだ。この危機をめぐる残りの記述は、サムの住居にいた他の人々によって裏付けられている。この点がさまざまな確率の計算にどう影響するのかは定かではないが、起こらなかったと思うことは記述から除外した。それが何を意味するのかは、また別の問題だ。

＊4　私はこの様子を遠くから見ていたのだが、ちょっとした奇跡のようだった。

第10章

＊1　サムは私に似たようなことを言っていた。「誰もリスク管理システムについて尋ねてこなかった。もし

聞かれたらどうしていたかわからない。2つのうちのどちらかをしたと思う。違う質問に答えるか、わけのわからないことを並べ立てるかだ」

＊2 暗号資産業界との取引に乗り出した銀行は、大きな代償を払うこととなった。2023年春に経営破綻した米国の地方銀行4行のうち、3行が初期から暗号資産企業と取引していた（シリコンバレー銀行、シルバーゲート銀行、シグネチャー銀行）。残りの1行であるファースト・リパブリック銀行は、暗号資産金融のエコシステムでは特に重要な存在ではなかったが、サム・バンクマン・フリード名義の口座に20万ドルの預金があった。

＊3 SECがバイナンスを相手どって起こした訴訟では、世界最大規模の暗号資産取引所であるバイナンスが、社内のトレーディング・チームを使って取引量を操作し、数十億ドル相当の顧客資金を引き出して、CZが所有するメリット・ピーク・リミテッドと呼ばれるトレーディング会社に送金していたことなどが告発されている。

＊4 そうではなかった。その文書は記者たちの手に渡り、彼らがそれを下院金融サービス委員会に転送したのだ。委員会のメンバーは文書を見て、サムの母親と同じ感想を抱いた。

第11章

＊1 最初の7カ月間だけで、各種の専門家に支払われた各種の報酬は2億ドルを超え、そのなかでいちばん稼いだのはサリバン&クロムウェルだった。しかしそれは始まりでしかなかった。ある債権者による調査では、破産に関連する各種のアドバイザーたちは最終的に、合計で10億ドルの報酬を得るだろうと予測されている。

＊2 FBIはニューハンプシャーにある彼女の両親の別荘を家宅捜索中に、キャロラインを発見した。彼女はナッソーからナシュアに移っていたのだ。

あるにはあったが、ジョージが作成した組織図と同じくらいつかみどころのないものだった。ナタリーがそれを私にくれたとき、彼女の声は、まるで機密文書を渡すかのようなささやき声だった。

＊3

FTXの元社員たちは、レイが雇った調査員たちには懐疑的だった。「サムの世界」では、膨大な数の仮想ウォレットが管理されており、見つけたいものを探すためにはそれなりの知識が必要となる。「彼らはウォレットの中身について何もわかっていません」とある元社員は言う。「5年たってもわからないでしょう」。例として、サムが2021年9月にオークションを通じて2440万ドルで購入した、101個のデジタルアート「ボアード・エイプ・ヨット・クラブ（BAYC）」NFT〔非代替性トークン〕の存在を指摘した。それはレイの回収済み資産リストには載っていなかった。香港の元社員は、他にも同様のものがあると考えている。

＊4

このような、FTXに対する攻撃の少なくとも1件を担当した弁護士の1人であるカイル・ロッシュは、実際には無実の暗号資産会社をゆすった方法を解説する動画を公開後、所属事務所から解雇された。彼は薬を盛られ、騙されてこの内容を言わされたと主張している。この話もまた別の機会にしよう。

＊5

7億ドルの返還を求め、マイケル・キーブス（彼のファンドであるK5グローバルにサムが出資していた）に対して起こされた訴訟において、レイはキーブスが主催し、サムが出席した2022年2月11日のディナーパーティーに言及している。『『スーパーネットワーカー』という評判通り、彼のディナーパーティーには過去の大統領選の候補者、有名俳優やミュージシャン、テレビのリアリティ番組のスター、さまざまな億万長者たちが参加していた」と彼は書いている。その後、彼はサムが書いたメモを引用した。そのメモでは、キーブスは「僕らが活用すべきあらゆる人間関係を1人で提供してくれる人物」であり、「無限のつながり」をもたらしてくれるだろう、と描写されていた。実はそのディナーパーティーには、サムと一緒に私も参加していた。私たちのどちらも、そしてサムの仲間たちも、キーブスのことをまったく知らなかった。パーティーの招待状は突然届き、ゲストの顔ぶれについてはほんの少し

＊6

ほのめかされていただけだ。サムはもともとロサンゼルスに行く予定があったので、（いつものように）土壇場になって、招待が本物かどうか確かめに行くことにしたのだ。彼は主催者の名前（Kives）をどう発音するかも悩んでいた（彼は「カイブス」と推測したのだが、後に「キーブス」だとわかった）。社員たちは、この招待が、サムをビバリーヒルズの家に連れて行き、誘拐するための策略ではないかと心配していた。アダム・ジェイコブスは数名の社員を連れて車で後を追い、サムが助けを求めたらパーティー会場に乗り込んで、サムを救出する準備をしていた。そんな状態で、そしてもちろん短パン姿で、サムはまったく知らない人の家に乗り込んだ。案内された裏庭には、すでに60人ほどの招待客が集まっていた。そこにいたのは、ヒラリー・クリントン、レオナルド・ディカプリオ、クリス・ロック、ケイティ・ペリー、ケイト・ハドソン、オーランド・ブルーム、ジェフ・ベゾス、ダグ・エムホフ、そしてカーダシアン家から少なくとも4人といった面々だった。私は一瞬、目の前の光景が、FOXニュースが文化戦争における彼らの主張を示すために脚本を書いた芝居のように思えた。その後、熱狂的な共和党支持者であるダラス・カウボーイズのオーナー、ジェリー・ジョーンズと、ロサンゼルス・ラムズのオーナーである〝サイレント・スタン〟・クロエンケ（トランプの大統領就任式の費用を援助するために100万ドルを寄付した人物だ）も見かけた。サムは携帯電話を取り出し、ジェイコブスにメールした——招待は本物だったみたい、と。

＊7　ジョン・レイは私に対してそれは違うと言ったが、証拠は提示しなかった。2022年11月初旬にこの問題を調査したチームに所属していたFTX USの元社員は、「私たちが米国事業の貸借対照表上で計算したときには、それは支払能力のある事業体でした」と語っている。

＊8　基本的に誰も疑問を呈そうとしなかったが、素晴らしい例外が1人いる。ケビン・オレアリーだ。彼の影響力についてはさまざまな評価があるだろうが、勇気があることは認めるべきだろう。

訳者あとがき

本書は2023年10月に刊行された、*Going Infinite: The Rise and Fall of a New Tycoon*（無限を目指す：新たな大富豪の栄光と没落）の邦訳である。著者は日本でもお馴染みのマイケル・ルイス。本書は発表されるや否や米国で大きな注目を集め、ニューヨーク・タイムズ紙のベストセラーリスト第1位を獲得。エコノミスト誌、ニューヨーカー誌、ガーディアン紙といった有力紙誌の書評で絶賛された話題作である。

最初に著者について触れておこう。マイケル・ルイスは米国の著名なノンフィクション作家で、これまで多くの作品を世に送り出してきた。マイケル・ルイスの新作だから、という理由で本書を手に取ったという方も多いに違いない。彼の代表作と言えば、ブラッド・ピット主演で映画化もされた『マネー・ボール』が挙げられるが、ルイスはもともと投資銀行ソロモン・ブラザーズでキャリアをスタートさせた人物であり、デビュー作の『ライアーズ・ポーカー』をはじめ、『世紀の空売り』、『フラッシュ・ボーイズ』といった極上の金融ノンフィクションを数々手がけてきた。その系譜に連なるのが本書『1兆円を盗んだ男』というわけだ。

本書はルイスが２０２１年の末頃に、本作品における主人公とも言える「新たな大富豪」、サム・バンクマン・フリードに会いに行く場面から始まる。彼は元トレーダーで、暗号資産取引などで財を成し、自ら暗号資産取引所のＦＴＸを立ち上げた人物だった。

２００９年に世界初の暗号通貨であるビットコインが登場すると、それを取引するための場所が必要になり、２０１０年代に入ると暗号資産取引所の立ち上げが相次いだ。ＦＴＸは開設が２０１９年と後発だったが、市場ニーズに合わせたサービスを提供することで成功を収め、多額の資金調達にも成功。バンクマン・フリードは瞬く間に億万長者となり、暗号資産界隈でも注目を集めるようになった。本書に登場する表現を借りれば、それはフェイスブック創業者のマーク・ザッカーバーグに匹敵するほど。しかしあまりに急に表舞台に出てきたためか、彼の多くは謎に包まれていた。ルイスはそんな彼の素性を、とある人物から頼まれて探りに来たのだった。

そしてルイスは、この奇妙な人物に一瞬で興味を抱く。それから彼を追い始めるのだが、タイミング良くと言ったら不謹慎だろうか、取材開始からおよそ1年たった２０２２年11月、ＦＴＸは突如として破綻する。しかもバンクマン・フリードには、巨額の詐欺の容疑もかけられた。そうした状況下で出版された原著は、まさにタイムリーな本として、米国で大きな話題となった。本書はこの壮絶なＦＴＸの破綻、そしてサム・バンクマン・フリードの失墜という大事件を軸に、彼はいったい何者だったのか、なぜ30歳にもならない若さで「大富豪」になり得たのか、手にした大金で何をしようとしていたのかを描ききっている。

本書で重要となるキーワードのひとつに、「効果的利他主義（EA：Effective Altruism）」がある。これは今、米国のテック業界で宗教と呼ばれるほどの普及を見せている思想で、限られたリソースを最も「効果的」に活用することで、他者の幸福を最大化することを目指すという考え方だ。本文中にも説明がある通り、1970年代に哲学者ピーター・シンガーが唱えた「浅い池」と呼ばれる思考実験が基になっている。多くの人は、子どもが浅い池で溺れているのを見たとき、たとえ自分の新しい靴がダメになってしまうとしても、迷わず池に飛び込んでその子を救うだろう。ならば遠くで苦しんでいる子どもを救うために、自分の持つ靴、すなわち資産を、援助のために送るのが正しい行いのはずだ――この考え方から、他人のために自分の資産を使おう、そのために資産を増やすことにも取り組もうという思想にまで発展していく。

それが効果的利他主義という形で具現化されたのは、2000年代に入ってからだ。本書にも登場するトビー・オードやウィリアム・マッカスキルといった人々がこの思想を体系化し、さらに「お金をたくさん稼いで寄付してくれる人」の予備軍を集めるため、有名大学の優秀な若者を精力的に効果的利他主義にリクルートしはじめた。そうして効果的利他主義を信奉するようになった大物の1人が、サム・バンクマン・フリードだったというわけだ。

これまで巨大な金融詐欺事件を起こした犯人たちは、私利私欲のためにカネを奪った。しかし効果的利他主義者であるバンクマン・フリードの行動は、それほど単純に理解できるものではない。そのためか、ルイスは本書において、バンクマン・フリードに対して時おり同情的な姿勢を見せている。

原著が出版された後の2024年3月、一審の判決が下され、サム・バンクマン・フリードは詐欺と共謀に関する7つの罪により、25年の実刑判決を受けた（ただし4月に彼の弁護士から控訴の申し立てが行われている）。裁判を担当したルイス・カプラン判事は、彼が「恐ろしい犯罪に手を染めたことを一言も反省していない」と述べている。また、本書でも解説されているように、米国でサム・バンクマン・フリードへの批判が強くなったのは、彼の人格や人物像に関するセンセーショナルな報道があったからだとも言える。日本では金融詐欺事件としては報じられたものの、サム・バンクマン・フリード個人についてはさほど報じられなかった。彼は本当に「巨悪」だったのか。

ルイスが膨大な取材を基に描いた本書を読みながら、皆さん自身で考えてみていただくのも面白いだろう。

最後にひとつ、邦題のサブタイトルにも関連してくる本書のキーワードについて説明しておきたい。それは「クリプト（crypto）」という単語の訳し方だ。

クリプトとは「隠された」や「秘密の」を意味する古代ギリシャ語のクリプトス（kryptós）に語源を持つ接頭辞で、それに「書く」という意味のグラフィア（graphia）が続くことで、暗号学や暗号化技術を意味する「クリプトグラフィー」という単語が生まれた。すると「クリプト」自体が「暗号の」という意味も持つようになり、そこから「クリプトカレンシー（暗号通貨）」や「クリプトアセット（暗号資産）」といった造語が生まれる。その結果、現在では単に「クリプト」と言うだけで、暗号通貨や暗号資産を指すようになった。

暗号通貨と暗号資産は似ているが少し異なる。もともとビットコインなどを指す言葉として「暗号通貨」という表現が使われていたのだが、技術の進化により、「通貨」の範疇に収まらないものが増えてきた。そのため、より大きな概念として「暗号資産」という言葉が使われるようになったのである。原著では「暗号通貨」と明示的に記されている箇所もあったが、単に「クリプト」と表記されていることが多かった。その場合、大半は「暗号資産」と訳したが、文脈上「暗号通貨」と訳している箇所もある。

またお気づきの通り、邦訳のサブタイトルには「仮想通貨」という言葉が使われている。これは日本の場合、「暗号資産」を指すときにも「仮想通貨」と表記される場合が多く、この呼び方が定着していることから、採用することを決めた。この辺りは、本書の内容を瞬時に伝えるための工夫と考えていただきたい。

ぜひ、このマイケル・ルイスの新たな傑作となる本書を、日本の読者の皆さんにもお楽しみいただけたら幸いだ。

小林啓倫

1兆円を盗んだ男
仮想通貨帝国FTXの崩壊

二〇二四年六月二五日　一版一刷
二〇二四年七月二二日　　二刷

著者　マイケル・ルイス
訳者　小林啓倫
発行者　中川ヒロミ
発行　株式会社日経BP
日本経済新聞出版
発売　株式会社日経BPマーケティング
〒一〇五‐八三〇八　東京都港区虎ノ門四‐三‐一二
ブックデザイン　鈴木成一デザイン室
本文DTP　マーリンクレイン
編集　石純馨
印刷・製本　シナノ印刷株式会社
ISBN978-4-296-11999-8　Printed in Japan

本書籍に関するお問い合わせ、ご連絡は左記にて承ります。
https://nkbp.jp/booksQA

著者紹介

マイケル・ルイス（Michael Lewis）

一九六〇年ルイジアナ州ニューオーリンズ生まれ。プリンストン大学で美術史専攻後、ロンドン・スクール・オブ・エコノミクスで修士号を取得（経済学）。ソロモン・ブラザーズでの債券セールスマンとしての経験をもとに執筆した『ライアーズ・ポーカー』で作家デビュー。ブラッド・ピット主演で映画化された『マネー・ボール』をはじめ、『世紀の空売り』『フラッシュ・ボーイズ』『最悪の予感』など、多数の世界的ベストセラーがある。

訳者紹介

小林啓倫（こばやし・あきひと）

一九七三年東京都生まれ。筑波大学大学院修士課程修了。システムエンジニアとしてキャリアを積んだ後、米バブソン大学にてMBA取得。著書に『FinTechが変える！金融×テクノロジーが生み出す新たなビジネス』（朝日新聞出版）など、訳書に『ランサムウエア追跡チーム』（日経BP）など。